Rolf L. Temming

Nebenbahnen
Eine Epoche deutscher Eisenbahngeschichte

Rolf L. Temming

Nebenbahnen

Eine Epoche
deutscher
Eisenbahngeschichte

Frontispiz:
Hundertjährige Tradition im Verkehrsmuseum
Dresden: die legendäre IV K
Foto: Verkehrsmuseum Dresden

Fotos stellten freundlicherweise zur
Verfügung:
Archiv Fromm (1), Archiv Rbd Dresden (1),
Archiv R. Preuß (1), Archiv Schilp (8),
Archiv Steinke (1), Asshauer (4),
Baumgart (1), BD Nürnberg (6), Berger (2),
Brüggemann (1), Dampfbahnfreunde Kahlgrund (2),
Dampfzug-Betriebs-Gemeinschaft Hildesheim (1),
DB (1), Deutsches Dampflokomotivmuseum
Neuenmarkt-Wirsberg (2),
Deutsches Museum München (2), Dollwet (1),
Ehlen (2), Eisenbahnfreunde Zollernbahn (1),
Eisenbahnmuseum Neustadt/Weinstraße (3), Elsässer (3),
Feldbahnmuseum Frankfurt (Main) (1),
Feldschlößchen-Brauerei Rheinfelden (3),
Freund (1), Höhne (2), Huber (1), Kemmer (1),
Köster (1), Morneburg (1), Nassauische Touristik-
bahnen (1), Neun (1), Preuß, E. (3),
Regionales Eisenbahnmuseum Hamm (1),
Reichert (5), Rhätische Bahn (2), Schad (1),
Schäff (2), Schultz (1), Simon (1),
Spreewald Museum (1), Steinke (1), Tatzel (1),
Verkehrshaus der Schweiz (1),
Verkehrsmuseum Dresden (1),
Verkehrsmuseum Nürnberg (41), Willhaus (2),
Zwanzig (1).
Die übrigen Fotos stammen vom Autor.

Temming, Rolf L.:
Nebenbahnen. Eine Epoche
deutscher Eisenbahngeschichte. –
Berlin: Transpress, 1993. – 168 S.:
200 Abb.

ISBN 3-344-70771-X

© 1993 by transpress Verlagsgesellschaft mbH,
Borkumstr. 2, 13189 Berlin
Lektor: Dr. Rolf Neustädt
Gestaltung: Jürgen Schumann/Regine Bach
Satz: Satzstudio MediaSoft Berlin
Druck: C. F. Rees, Heidenheim
Bindung: E. Riethmüller, Stuttgart

Inhalt

Einleitung

Nebenbahnen – wir wollen hier den Begriff nicht im Sinne der »Bahnordnung für Eisenbahnen untergeordneter Bedeutung von 1878« interpretieren; Nebenbahnen im Sinne dieses Buches sind die vielen Bahnen, die das grobmaschig geknüpfte Netz der Hauptbahnen ergänzen, die feineren Zwischenfäden bilden, die das Land an die Stadt, an wirtschaftliche Prosperität und Zivilisation banden, an den »Fortschritt«, wie es das fortschrittsgläubige Jahrhundert auf den Punkt brachte. Ob man sie Sekundär- oder Vizinalbahnen, Klein- oder Lokalbahnen nannte, in Normalspur oder Schmalspur baute, für Pendler, Ausflügler, Langholz, Rüben oder Kohlen. Die Zuordnung geschieht nicht, weil ein Stück Eisenbahn in eine bestimmte juristisch definierte Kategorie paßt. Diese Nebenbahnen entstanden meist zwischen den letzten Jahren des 19. Jahrhunderts und dem Ersten Weltkrieg. Es waren die letzten Eisenbahnen, die gebaut wurden, und diejenigen, die als erste die Krise der Eisenbahn zu spüren bekamen.

Damit haben Nebenbahnen eine ganz spezifische Geschichte, ihre Schicksale sind ähnlich, vieles wiederholt sich. Um den Leser nicht zu ermüden, haben wir Typisches und Untypisches herausgesucht und nebeneinandergestellt, ein Mosaik geschaffen, das »die Nebenbahn« zeigt. Vollständigkeit war also weder das Ziel, noch ist sie das Ergebnis.

Dabei geht es nicht (nur) um das liebenswürdige, verträumt- und etwas vertrottelt-romantisch-sentimentale Bimmelbahnklischee, das die Nostalgie der Nebenbahn überstülpen möchte, und das bei Streckenstillegungen und Abschiedsfahrten immer wieder strapaziert wird. Nebenbahnen waren nur zu einem kleinen Teil Schmalspurbahnen (wenn auch alle Schmalspurbahnen Nebenbahnen waren oder sind). Nebenbahnen, insbesondere diejenigen, die zur Erschließung und zum Abtransport von Bodenschätzen angelegt wurden, sind oft für hohe Transportleistungen gebaut und mit schweren leistungsfähigen Fahrzeugen versehen worden.

Dieses Buch erscheint zu einem Zeitpunkt, an dem Nebenbahnen wieder ins Gespräch gekommen sind – als diejenigen, die die Lebensfähigkeit des Systems Eisenbahn überhaupt in Frage stellen. Welche positiven oder gar negativen Auswirkungen veränderte Trägerschaften, aufgeteilte Kompetenzen und mancherlei andere Konzepte und Modelle, mit denen wir uns hier beschäftigen wollen, nach sich ziehen, wird sich erst sagen lassen, wenn diese ein paar Jahre lang ausprobiert worden sind.

Eins aber meint der Autor zu wissen: Mobilität, technisch als Verkehr praktiziert, ist ein wesentliches Indiz für das Funktionieren unserer Wohlstandsgesellschaft und unsere Lebensqualität geworden – die tatsächliche wie die eingebildete. Dieser Stellenwert der Fortbewegung von Mensch und Gut hat im 20. Jahrhundert dazu geführt, daß der Staat, das heißt die Gemeinschaft der Steuerzahler, alljährlich tief in den Säckel gegriffen und darüber hinaus Eigentum der Gemeinschaft zur unentgeltlichen Benutzung wie zu unentgeltlichem Verbrauch freigegeben hat. Erst dadurch wurden großzügige Konzepte der Raumordnung und Siedlungspolitik machbar, erst dadurch konnte ein internationaler Markt der Gebrauchsgüter wie der touristischen Leistungen entstehen, der unsere Lebensgewohnheiten geprägt hat. Diese Art von Lebensqualität kann nicht Gegenstand wirtschaftlichen Wettbewerbs sein.

Natürlich werden wir, die wir Verkehr aller Art alljährlich mit Milliarden subventionieren, mehr oder weniger sanft unter Druck gesetzt von verschiedenen Interessengruppen von der die Fahrwege und Fahrzeuge produzierenden Industrie bis zu den Wirtschaftsgruppen, die von der Mobilität leben und den Verbrauchern, die meinen, ohne die Mobilität nicht leben zu können. Aber der Preis der Mobilität nimmt zu, so drastisch, daß wir ernsthaft überlegen müssen, ob wir sie auf die Dauer finanzieren wollen und können oder gezwungen sind, unseren Lebensstil anderen Vorbildern anzupassen. Dabei spielt es grundsätzlich keine Rolle, ob nach den heute üblichen Abrechnungssystemen sich der eine Verkehr, wie TGV und ICE, »rechnet«, der andere, wie der mit Schülermonatskarten auf ländlichen Strecken, nicht, oder ob wir Kraftfahrzeugspedition gegen Eisenbahn, Kreuzfahrt gegen Flugtouristik ausspielen. Wir haben ein Lebensmodell geschaffen, das ohne gut funktionierende Verkehrssysteme zur Hölle wird.

Nicht die Bilanz eines Unternehmens kann aussagen, was uns Verkehr kostet. Das kann nur eine volkswirtschaftliche Gesamtrechnung, die alle durch den Benutzer und die Gemeinschaft zu tragenden Kosten und Nachfolgekosten, den Verbrauch von Ressourcen, die Auswirkungen auf das Leben der nächsten und übernächsten Generation einschließt. Ich meine, daß die schienengebundenen Verkehrsmittel in einer solchen Gesamtrechnung nicht schlecht abschneiden würden. Deshalb bin ich von einer Renaissance des schienengebundenen Verkehrs überzeugt, der Haupt- und Nebenbahnen, der Fernverkehrs- und Nahverkehrssysteme umfaßt, vielleicht ergänzt durch weitere, die heute in der Erprobung stehen, vielleicht erst auf dem Papier vorhanden sind oder gar erst in den Köpfen phantasiereicher Konstrukteure ihre Form finden, gar eine Form, die flexibler ist als die der herkömmlichen Eisenbahn und individuellen Wünschen der Fortbewegung eher entsprechen kann, ohne so mörderisch zu sein wie das Automobil.

Das bedeutet, daß in einem zukunftsträchtigen Verkehrskonzept auch ein Platz für Nebenbahnen sein muß. Die Bedienung der Fläche kann nicht allein dem Straßenverkehr überlassen sein, ohne daß alle Mißhelligkeiten, unter denen heute die Bewohner der Metropolen stöhnen, sich Zug um Zug auch über das »flache« Land ziehen. Nebenbahnen, die ihre Existenz in unserer Zeit retten konnten und für die Zukunft Chancen haben sollen, müssen moderne, durchrationalisierte und oft vielseitige Dienstleistungsunternehmen sein. Sie sind ein notwendiger Teil unseres Verkehrswesens, das nicht allein aus Vorzeigezügen und Riesenlokomotiven, aus Größten, Schnellsten, Stärksten und Schönsten bestehen kann.

1

Ein neues Zeitalter

Es läßt sich heute kaum vorstellen, welchen Wert die Eisenbahn für die Menschen des 19. Jahrhunderts hatte. Ohne Telefon und Radio, ohne Fax und Fernsehen, ohne das jederzeit und fast jedermann zur Verfügung stehende Auto (und das Flugzeug – um die Liste der modernen Transportmittel zu vervollständigen) bildete die Eisenbahn allein die Brücke zur großen weiten Welt. Sie befreite West- und Mitteleuropa aus den Fesseln der vor-industriellen Zeit, setzte Hoffnungen und Aktivitäten frei, denn die Verkehrsverhältnisse hatten sich seit dem Mittelalter kaum verändert: Pferd und Wagen hatten bis dahin den Standard gebildet, der Vornehme ritt, der noch Vornehmere wurde in einer Sänfte getragen – und für den Rest der Reisenden blieb Schusters Rappen das ihrem Stande angemessene Fortbewegungsmittel.

Die Produktion von Waren und Ideen und deren Austausch bildeten ein Gespann, das sich gegenseitig antrieb und nun zum raumgreifenden Trab ansetzte. Die »Vortheile, welche Leipzig und Dresden, ganz Sachsen und Deutschland durch ein solches Unternehmen erlangen werden«, beschrieb der große Eisenbahnpionier Friedrich List 1833 so: »Wenn man in wenigen Stunden, ohne alle Beschwerde, und mit unbedeutenden Kosten, von einer Stadt zur anderen gelangen kann, werden beide gleichsam in ein Gemeinwesen ver-

schmelzen: Leipzig wird die Vorstadt von Dresden, Dresden die Vorstadt von Leipzig werden. Die Bewohner beider Städte werden alle Vortheile einer großen Stadt erwerben, ohne ihre Nachtheile in den Kauf zu erhalten. Wissenschaft und Kunst, Handel und Gewerbe, das gesellschaftliche und Familien-Leben, jedes Verhältniß, jede Thätigkeit und Kraft wird durch diese Verbindung gewinnen und der wohlthätige Einfluß dieser Wechselwirkung wird mit jedem Tage sichtbarer werden. Die verschiedenen Nahrungsstände von Leipzig und Dresden werden persönlich zusammen treten können, um über gemeinsame Interessen zu berathen. Eben so die Gelehrten und Künstler. Es wir leicht seyn, an beiden Orten zugleich Geschäfte zu betreiben. Der in Leipzig residirende buchhändlerische Unternehmungsgeist wird das in Dresden residirende Kunsttalent für seine Zwecke in Thätigkeit setzen können. Jedes ausgezeichnete Concert oder Schauspiel wird von den Bewohnern beider Städte besucht werden. Das Personal des Schauspiels, des Orchesters und alle anderen Künstler werden gleichsam in beiden Städten zu Hause seyn. Bis auf den gemeinen Arbeiter, wird sich diese Wohlthat der leichteren und schnelleren Bewegung erstrecken.

Leipzig wird sich wohlfeile Steinkohlen verschaffen und damit das unentbehrlichste Mittel zur Erzeugung bewegender

Kraft, das wichtigste Material für die meisten Gewerbe und eines der unentbehrlichsten Bedürfnisse der Familie. Es wird alsdann nur von uns abhängen, ob wir zugleich eine bedeutende Fabrikstadt werden wollen.

Leipzig wird durch wohlfeile Hausteine und sonstige Baumaterialien in den Stand gesetzt werden, öffentliche Verschönerungen vorzunehmen, wohlfeilere und schönere Privatgebäude anzulegen und nützliche Anlagen zu machen.

Die Zufuhr von Lebensmitteln wird größer seyn, die große Masse unserer Mitbürger wird besser wohnen, besser und wohlfeiler leben; es wird mehr zu arbeiten und mehr zu verdienen geben.«

Soweit Friedrich List im Jahre 1833. Um seine weiteren prophetischen Worte in die Tat umzusetzen, bedurfte es allerdings noch eines guten halben Jahrhunderts und – eines neuen Konzepts, das der Nebenbahn: »Ganz Sachsen wird teilnehmen an dem Aufschwung der Industrie. Es wird die Riesen wecken, die jetzt in seinen Bergen schlafen, und sie zu seinem Dienst verwenden. Durch seine mineralischen Schätze, wie durch seinen Gewerbefleiß berufen, in dieser großen Nationalangelegenheit das Panier zu tragen, wird es seine Bestimmung erfüllen, wenn Jeder nur nach Kräften thut, was sein eigenes, wohlverstandenes Interesse fordert.« Eben diese Verheißung eines flächendecken-

Eisenbahnen in Deutschland um 1870

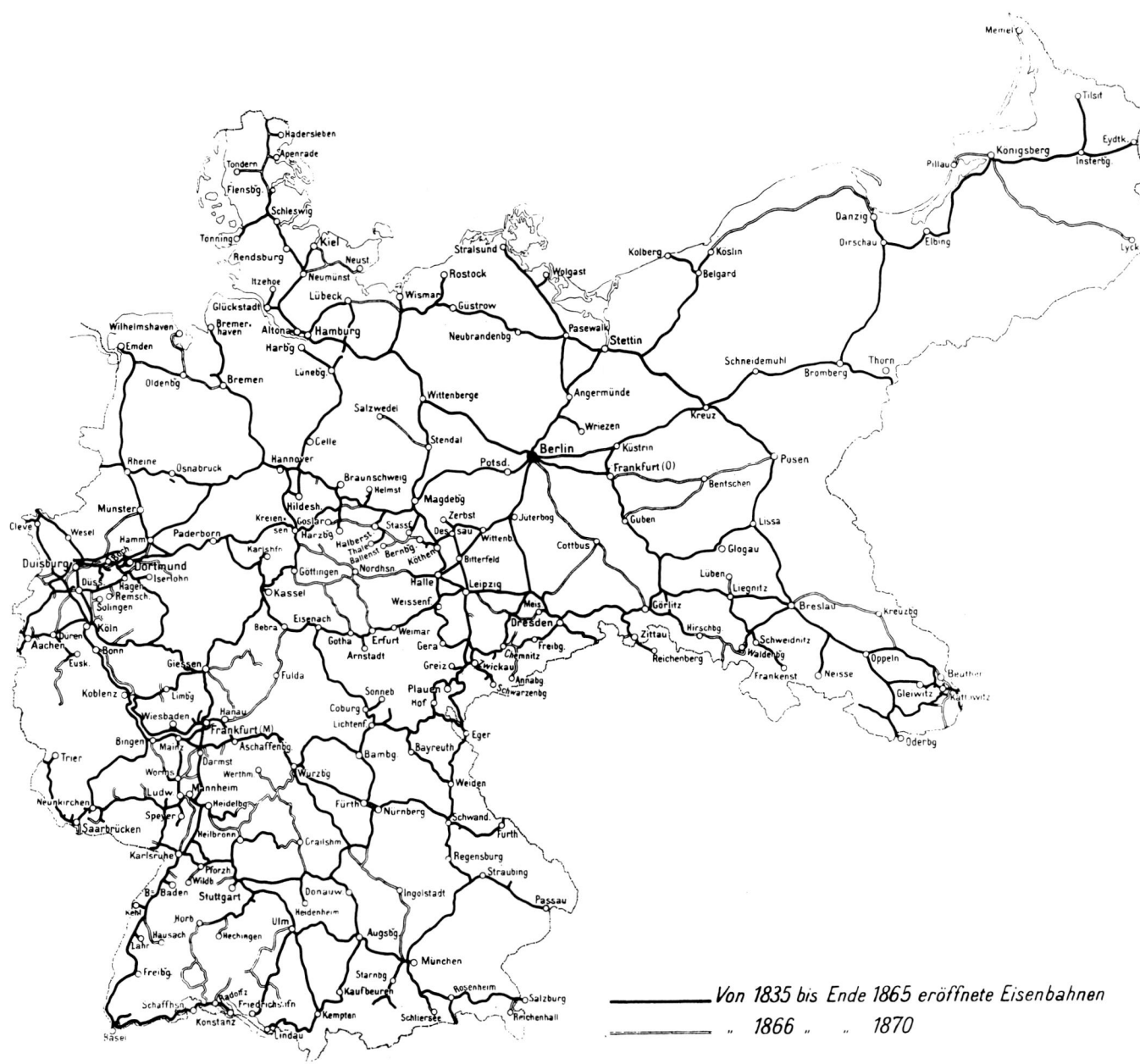

——————— *Von 1835 bis Ende 1865 eröffnete Eisenbahnen*

━━━━━━━ *„ 1866 „ „ 1870*

den, durch den Bau von Eisenbahnen gegebenen Wohlstands konnte, bei allem Respekt vor dem Meister, sein im letzten Satz zutage tretender manchester-kapitalistischer Optimismus nicht erfüllen.

Die ersten öffentlichen Eisenbahnen wurden nach Kriterien von Umsatz und Rendite, nach dynastischen und militärischen Gesichtspunkten geplant und gebaut. Teilweise sah man in der Eisenbahn eine Ergänzung des Netzes der Wasserstraßen, zumindest für die Massenfracht. Ein Beispiel dafür ist die Köln-Mindener Eisenbahn als Klammer zwischen Rhein und Weser. Doch waren solche Erwägungen im Zuge steigenden schnellen Personenverkehrs bald überholt.

Innerhalb weniger Jahrzehnte wurde so ein Netz von Eisenbahnverbindungen geschaffen, das die Hauptorte und einige Standorte aufstrebender Industrie miteinander verband und dort zweifellos wesentliche Teile der von List vorausgesehenen Entwicklungen ermöglichte. Dann aber trat Stagnation ein. Es waren die Verbindungen weitgehend gebaut, von denen man heute sagen würde, daß sie »sich rechnen«. Einen Schub an Innovation gaben militärische Überlegungen. Der preußische Generalstab hatte im Krieg von 1870/71 den Wert der Eisenbahn für eine bewegliche Kriegsführung erkannt und bestand auf der »Kanonenbahn«, die Berlin mit der größten preußischen Garnison im Westen, Koblenz, verbinden sollte und weiter mit Trier und Metz.

Derweil sahen diejenigen, die in den Maschen des noch groben Netzes lebten, wie die Segnungen der neuen Zeit an ihnen vorbeigingen. Das Gefälle zwischen Stadt und Land, wirtschaftlich wie kulturell, wurde immer größer, die Landflucht verstärkte sich, und ganze Landstriche drohten zu veröden.

So heißt es in einem Gutachten, das die 1301 Einwohner zählende »aufstrebende Gemeinde« Schwiegershausen im Harz in Auftrag gab, um ihren dringenden Wunsch nach einer ihren Ort berührenden Eisenbahnstrecke zu untermauern: »Im Personenverkehr gibt die Bahn ihren Anwohnern die lang ersehnte Gelegenheit, in

einem Tag in die Kreisstadt mit ihren verschiedenen Behörden fahren zu können; für Göttingen kommt dann noch hinzu, daß das ganze Bahngebiet zum Landgericht Göttingen gehört, und daß seine Bewohner auf die Universitätsstadt mit ihren Kliniken angewiesen sind. Den zahlreichen im Hinterland wohnenden Bauhandwerkern, die tagsüber oder meist die ganze Woche von Hause fort sind, oder täglich Märsche bis zu 20 km zurücklegen müssen, um zum Arbeitsort zu gelangen, wird eine bequeme Gelegenheit geboten, täglich in ihre Familie zurückzukehren und in der freien Zeit ihre Parzelle intensiver zu bewirtschaften, als das heute möglich ist. Der bedenklichen Abwanderung vom Lande würde nur so gesteuert werden. (Das Dorf Waake, das vor 25 Jahren ca. 1 000 Einwohner zählte, hat heute noch 536.) Die Steinbrüche dortselbst haben wegen der teuren Landfrachten den Betrieb einstellen müssen. Ebergötzen ist im Lauf der letzten Jahre von 1 000 auf 750 Einwohner zurückgegangen, die meisten Bauhandwerker des Ortes ziehen nach Göttingen, obwohl aus wirtschaftlichen und sozialen Gründen ihr Verbleiben im Heimatort wünschwenswert wäre ...«

Übrigens rechnete später die Industrie- und Handelskammer (das Objekt entwik-

kelte sich zum Dauerbrenner) vor, daß eine Schmalspurbahn nur ein Viertel bis ein Fünftel dessen kosten würde, was für eine Bahnlinie in Normalspur aufzubringen wäre: »Jene sollen sich eine Bimmelbahn zulegen ...«

Oder zitieren wir aus der Geschichte der Merzig-Büschfelder Eisenbahn: »Als um die Jahrhundertwende im Zuge der industriellen Entwicklung der Ausbau des Eisenbahnnetzes im wesentlichen als abgeschlossen betrachtet werden konnte, erkannten die maßgeblichen Männer des Kreises Merzig schon frühzeitig, daß das Hinterland der Stadt Merzig, insbesondere jedoch der vordere Hochwald, verkehrsmäßig erschlossen werden müßte, weil die Bewohner dieses Gebietes zum großen Teil in der Hüttenindustrie und im Saarbergbau beschäftigt waren und die damaligen Verkehrsverhältnisse nicht den Bedürfnissen entsprachen. Während der private Verkehr zwischen Wadern und Merzig durch die Postkutsche bedient wurde, wurden die Arbeiter zum Übergang auf die Staatsbahn zum Wochenbeginn und -ende mittels Pferdefuhrwerk von den Hochwalddörfern nach Merzig und zurück gebracht.«

Werner Drescher resümiert für die Strecke Zeitz–Camburg: »Für die wirtschaftliche Entwicklung des Gebietes war die Bahn von großer Bedeutung. Sie brachte nicht nur für die Landwirtschaft Vorteile, sondern führte auch dazu, daß der Abtransport von Kohle und Baustoffen, die hier gewonnen wurden, wesentlich effektiver geschehen konnte. Die Gruben Waldau, für die ein Anschlußgleis angelegt wurde, und Grotzschen hatten den größten Anteil am Güterverkehr. Auch in Schkölen und Osterfeld entstanden Betriebe, für die die Bahn von Nutzen war. In der Landwirtschaft entwickelte sich besonders der Zuckerrübenanbau. Die Zuckerrüben konnten auf kürzestem Wege nach Camburg bzw. Zeitz in die Zuckerfabriken

Am Beginn der Eisenbahngeschichte stehen Nebenbahnen, zum Beispiel für lokale Transportaufgaben in englischen Kohlengruben. Blenkinsops Zahnradlokomotive aus dem Jahre 1811

Stellen wir einmal zusammen, welche Gründe immer wieder für den Bau einer Eisenbahnlinie vorgebracht wurden, so kommt zu den in Schwiegershausen in den Vordergrund gestellten »socialen« noch die drängende Frage für die Honoratioren, ihre Kinder als Fahrschüler in die höheren Lehranstalten schicken zu können, statt bisher nur die Wahl zwischen Internat/Pensionat und Hauslehrer zu haben.

Meist aber stehen die wirtschaftlichen Interessen an der Spitze:

- Bodenschätze wie Erze und Steine können nicht (mehr) ausgebeutet werden, weil der teure Abtransport das unwirtschaftlich macht.
- Land- und forstwirtschaftliche Erzeugnisse (vom Stammholz bis zur Holzkohle) sind außerhalb des engen eigenen Bereichs nicht (mehr) konkurrenzfähig, sei es wegen der hohen Transportkosten, sei es, daß Waren wie Obst und Gemüse nicht frisch genug auf den Markt gelangen. Wesentlich dabei war, daß nicht nur die eigene Situation sich nicht verbesserte, sondern sich das Konkurrenzverhältnis zuungunsten derer verschob, die auf dem »platten Lande« dem Fortschritt der Eisenbahn entsagen mußten.
- Die Industrie war durch überdurch-

gebracht werden. Neben Zuckerrüben waren Kohle, Getreide und Kartoffeln die Güter, die vorwiegend zu befördern waren. Im Reiseverkehr hatte die Strecke nur lokale Bedeutung ...«

Im Weserbergland rechneten die Interessenten vor, daß der begehrte Sollinger Mergel nun nicht mehr »unter den größten Schwierigkeiten des Transports im gebirgigen Lande von tausenden von Fuhren auf Tagesreisen per Achse« verfrachtet werden müsse, und daß sich nun der Bezug dieses wertvollen Stoffes bis zu einer Entfernung von 200 km lohnen würde. Auch die Basaltbrüche würden besser auszubeuten sein. Man rechnete mit lebhaftem Absatz im gesamten norddeutschen Raum, zumal der Sollinger Basalt mit seiner grobkörnigen Struktur ein Pflaster ergäbe, das weniger glatt und gefährlich für Pferde sei. Und es soll hinzugefügt werden, daß diese Nebenbahn, deren Planung sich von den 60er Jahren bis zu ihrer Fertigstellung 1910 hinzog, als Teil eines Verkehrssystems zu sehen ist, mit Feldbahnen für Rüben und Steinbrucherzeugnisse einerseits und einem Anschluß an die Weser-Frachtschiffahrt in Bodenwerder andererseits. Von der »Wohltat, einer Eisenbahn theilhaftig zu werden« ist die Rede, und davon, daß die Bahn »eine Lebensfrage« sei.

Klassischer Dreiklang: Dorf – Gastwirtschaft – Bahnhof. Fehlt da nicht die Kirche?

Hier ist der Bahnhof genau dort, wo man ihn haben möchte: mitten im Dorf.

Die Eisenbahn erschließt das Land. Die Achertalbahn im Eröffnungsjahr 1898 in Furchenbach. Man beachte den Gepäck-/Postwagen mit seitlichem Gang.

schnittlich hohe Kosten für heranzuführende Rohstoffe und Energie, wie Kohle, benachteiligt. Sie kämpfte um ihr Überleben, an Erweiterungen oder gar Neuanlagen war meist nicht zu denken.

– Und schließlich war alles, was mit Pferd und Wagen statt auf Eisenbahnschienen herangefahren oder gar auf den Rücken von Tragtieren oder in der Kiepe auf den eigenen Buckel geladen wurde, dadurch teurer, wenn man es überhaupt am Ort erstehen konnte und nicht zum Kauf in die Stadt fahren mußte.

Oft gab es ein erbittertes Ringen um die Linienführung von neu anzulegenden Strecken, weil jeder Ort einen Bahnhof haben wollte. Dabei wurden die absurdesten Pläne aufgestellt, Fernbahnen in das ei-gene Tal zu ziehen, ganz im Gegenteil zu dem heutigen Bestreben, die großen vielbefahrenen Trassen aus dem eigenen Lebensbereich herauszuhalten. Bei einer Fahrt durch das Siegerland, eine frühindustrielle Landschaft, kam mir so recht zum Bewußtsein, daß ein rauchender Schornstein bis in unser Jahrhundert keine Horror auslösende Sache war, sondern ein Zeichen von Prosperität und Wohlstand und daß der Schornstein, der nicht rauchte, Nichtbeschäftigung und Not bedeutete.

Es entstand vielerorts eine kräftige Lobby von Fabrikanten und ländlichen Grundbesitzern, der ostelbische junkerliche Großgrundbesitz bewies dabei besondere Durchschlagskraft.

Oft ging dem Bau von Eisenbahnen eine Verbesserung der Straßen voraus. Französische Genie-Offiziere hatten Wis-senschaft und Technik entwickelt, Napoleon die »Chaussee« in ganz Europa bekannt gemacht. Nun sah man den Bau einer guten, die wirtschaftliche Entwicklung fördernden Straße zwar als einen zu begrüßenden Fortschritt an, das konnte aber nicht alles sein, was die neue Zeit zu bieten hatte.

Eine andere Lösung, mit überschaubarem Aufwand die Vorteile der ebenen, leistungsfähigen Schienenbahn zu nutzen, war keineswegs neu: Seit Jahrhunderten fuhren in Bergwerken – im Erzgebirge, im Harz und im Haller Land – Loren auf höl-

Bahnhof-Anröchte *West. Landes- e. ö. Straße Lippstadt- ... Warstein.* *Gruss aus*
Wirt B. Bongard *Anröchte*

zernen Schienen, seit Jahrzehnten in englischen Bergwerken auf eisernen, und die
wurden oft von Pferden gezogen. Eine Pferdebahn war auch die 1832 zwischen Linz
und Budweis (die Donau und Elbe, also
das Schwarze Meer und die Nordsee miteinander verbinden sollte). Pferde gehörten auch zur ersten Eisenbahn des großen

George Stephenson, da seine Auftraggeber
den neuen Lokomotiven nicht ganz trau-
ten. Kurz – an vielen Orten wurden Pferdebahnen gebaut, vorwiegend dort, wo sich
der Verkehr mit lokomotivbespannten Zügen nicht lohnen würde – und sie waren
trotzdem oft die Vorstufe zu einer Dampfeisenbahn.

Mächtig stolz war man in Anröchte (bei Lipp-
stadt in Westfalen) auf Eisenbahn und Bahnhof.
Heute gibt es dort keine Eisenbahn mehr.

2

Ganz einfach: Nebenbahn

Es waren viele an der Errichtung von Nebenbahnen interessiert und rechneten sich persönliche Vorteile aus, wenn der eigene Wohnort einen Bahnhof bekäme. Niemand aber drängte sich, sie zu finanzieren, denn es war vorauszusehen, daß solche Bahnen – bis auf wenige Ausnahmen – in den roten Zahlen steckenbleiben würden. Und es verwundert nicht, daß die Regierungen der deutschen Länder die regional oder gar lokal geprägten Wünsche – dem aktuellen Trend entsprechend – an diejenigen zurückverweisen wollten, denen die Bahn zu Nutz gebaut werden sollte. Es war ein jahrzehntelanges Tauziehen der Interessengruppen, das von Land zu Land anders ausging, was schließlich dazu führte, daß neben staatlich finanzierten und betriebenen Bahnen im Jahre 1920 in Deutschland 411 private Klein- und Nebenbahnen existierten, davon 121 mit schmaler Spur.

Grundsätze

Möglich wurde dieser zweite Eisenbahn-Frühling durch eine Gesetzgebung, die – in den 70er Jahren des vorigen Jahrhunderts beginnend – Eisenbahnen unter bestimmten Bedingungen von einem Teil der strengen, meist der Sicherheit dienenden Auflagen befreite und auch den Bau einfacherer Schmalspurbahnen förderte. Da-durch wurde manches machbar, was bis dahin als unmöglich galt. Die so entstehenden Eisenbahnen wurden Nebenbahnen genannt, auch Sekundär- und Lokalbahnen, Kleinbahnen, in Bayern Vizinalbahnen.

Erste Überlegungen, wie sich der Aufwand senken und die Rentabilität neuer Eisenbahnstrecken gewährleisten ließ, stellte die Technik-Versammlung des Vereins Mitteleuropäischer Eisenbahn-Verwaltungen (VMEV) 1865 in Dresden zusammen:

»1. Die sekundären Bahnen sollen dieselbe Spurweite erhalten, wie die Hauptbahnen und sich unmittelbar an letztere anschließen.

2. Sie sind mit möglichster Kostenersparnis eingleisig, wo notwendig, mit stärkeren Steigungen und schärferen Kurven, schwächerem Unter- und leichterem Oberbau anzulegen, auch in den Dimensionen, namentlich der Breite der Dammkrone und des Schotterbetts, geringer zu halten.

3. Die Ausdehnung und Einrichtung der Stationen ist bis aufs notwendigste zu beschränken.

4. Der Betrieb mit Lokomotiven sei auch bei sekundären Bahnen Regel. Die Maschinen sind auch nach Zulässigkeit der Steigungsverhältnisse entsprechend der schwächeren Konstruktion der Bahn und zur leichteren Befah-rung der Kurven möglichst leicht, vierräderig und mit kleinen Rädern anzuwenden.

5. Der Übergang der Güterwagen von den Hauptbahnen auf die Nebenbahnen ist zur Vermeidung der Umladung zuzulassen. Das eigene Betriebsmaterial der Nebenbahnen ist möglichst einfach und ökonomisch, jedoch so einzurichten, daß es auf die Hauptbahnen übergehen kann.

6. Die verminderte Geschwindigkeit und Seltenheit der Züge gestatten auch die Weglassung der meisten jener kostspieligen Einrichtungen, die bei Hauptbahnen im Interesse der Sicherheit und der polizeilichen Überwachung mehr oder weniger für notwendig erachtet werden.«

Vergleicht man die Grundsätze mit den später erlassenen Ordnungen, so könnte man in der Sprache unserer Tage sagen, daß hier »ein Schritt in die richtige Richtung« getan wurde. Es fällt aber auf, daß die Möglichkeit der Vereinfachung und Verbilligung des Eisenbahnbaus und -betriebs durch Reduzierung der Spurweite unbeachtet blieb. Es ist anzunehmen, daß aus den Erfahrungen lediglich mit dem grobmaschig gespannten Netz der ersten Eisenbahnjahrzehnte die Bedeutung des lokalen und regionalen Verkehrs unterschätzt wurde. Dazu gehört auch der Gedanke, Nebenbahnen ausschließlich mit

»Die Lokomotiven sind entsprechend der schwächeren Konstruktion der Bahn und zur leichteren Befahrung der Kurven möglichst leicht, vierrädrig und mit kleinen Rädern anzuwenden.« Bayerische Nebenbahnlok D VI BERG von 1883 im Eisenbahnmuseum Neustadt/Weinstraße

Spartanisch anmutende Anlagen in Freital-Hainsberg

vierrädrigen Lokomotiven mit kleinen Rädern zu betreiben. Es wird dazu aus der sächsischen Eisenbahnhistorie von Erich und Reiner Preuß angemerkt, daß sich die Staatsbahnen zunächst hüteten, ihren Passagieren die angepeilten Vereinfachungen zuzumuten und darauf warteten, daß sie zunächst von Privatbahnen ausprobiert würden.

Vielleicht ist die fast weltweite Akzeptanz der stephensonschen Spurweite darauf zurückzuführen, daß die ersten Eisenbahnen auf relativ flachem unproblematischem Terrain gebaut wurden und den meistbefahrenen und -begangenen Routen oder denen folgten, auf denen ein reger Frachtverkehr, insbesondere an Massengütern, zu erwarten war. Denn es hatte schon vorher in Gruben und Hütten wesentlich schmalere Bahnen gegeben, und auch in England entstand 1832 eine Pferdebahn, bei der wegen schwieriger Geländeverhältnisse eine Spurweite von nur 600 mm (englisch 1'11½") gewählt wurde.

»Ein Umschwung zugunsten einer zweckmäßigen Anwendung von Schmalspurbahnen setzte erst im siebten Jahrzehnt des 19. Jahrhunderts ein«, schrieb August Boshart im Jahre 1911, »und kam besonders im französischen Lokalbahnge-

setz von 1865 zum Ausdruck, durch welches die Schmalspur, wenigstens stillschweigend, der Vollspur gleichgesetzt wurde. Die Veranlassung hierzu war das von zahlreichen Departements gleichzeitig an die französische Regierung herangetragene Verlangen nach dem Bau von Bahnen geringerer Bedeutung, die bei vollspuriger Ausführung außerordentlich hohe Baukosten bei voraussichtlich schlechten finanziellen Ergebnissen erfordert hätten. Indes stieß der Bau von Schmalspurbahnen bei der Bevölkerung infolge der vermeintlich darin liegenden Zurücksetzung anfangs auf Widerstand, so daß erst zehn Jahre später die Eröffnung der ersten schmalspurigen Linie in Frankreich erfolgte. ...

Der Verein Deutscher Eisenbahnverwaltungen, dem bekanntlich außer den deutschen und österreichischen auch eine

Reihe anderer Bahnen angeschlossen sind, schenkte dem Bau von Schmalspurbahnen erst 1867 in den »Grundzügen für die Gestaltung der Sekundäreisenbahnen« Beachtung. Erst nachdem einige schmalspurige Bahnen mit sehr geringen kilometrischen Baukosten gebaut worden waren und befriedigende Betriebsergebnisse gezeigt hatten, (Ocholt-Westersteder Bahn in Oldenburg, Feldabahn in Thüringen), wurde in weiterem Umfange – in größerem Maßstabe besonders in Sachsen – der Bau schmalspuriger Lokalbahnen in Angriff genommen. 1892 sprach sich die preußische Regierung grundsätzlich für die Zulassung der Schmalspur bei Klein-

Eisenbahnbau in Wertingen um 1905 (Strecke Mertingen–Wertingen bei Augsburg)

bahnen aus. In Österreich hatte vor allem die bei der Okkupation Bosniens im Jahre 1878 ursprünglich nur zu militärischen Zwecken gebaute Bosnabahn die Verwendbarkeit der Schmalspur erwiesen.

Es liegt im Wesen der Schmalspurbahn, daß ihre Leistungsfähigkeit je nach ihrer Spurweite meist erheblich hinter jener der Vollbahn bleibt, und daß ihre Anwendung nur dort berechtigt ist, wo geringere Betriebserfordernisse vorliegen.«

Halt, muß hier gerufen werden, denn die Geschichte hat nicht gehalten, was sich Boshart im Jahre 1911 von ihr versprochen hat. Kluge Techniker und Manager haben Schmalspurbahnen zu einer Effektivität verholfen, die ihre Leistungsfähigkeit kaum hinter denen auf Normalspur fahrenden zurückbleiben läßt. Als Beweis für diese nicht vorhergesehenen Leistungen dienen beispielsweise die Rhätische Bahn in der Schweiz und die Bahnen im südlichen Teil Afrikas mit ihren riesigen Garratt-Gelenklokomotiven. Und neben dem Rollmaterial ist es auch die Ausstattung einer Bahn, zum Beispiel mit Signal- und Sicherungseinrichtungen, die ihre Leistungsfähigkeit bestimmt. In dieser Hinsicht sind zumindest die Bündner »normalspurlike«. Aber das ist auch ein Kostenfaktor.

Doch wollen wir nach diesem Zwischenruf wieder Boshart das Wort geben: »... besitzt sie der vollspurigen Bahn gegenüber vor allem den Vorteil leichter Anschmiegsamkeit an das Gelände. Dadurch werden häufig die Baukosten so weit erniedrigt, daß sich die Anlage einer Bahn in Gegenden als lohnend erweist, für welche der Bau einer Vollbahn aus wirtschaftlichen Erwägungen ausgeschlossen wäre. Auch die Grunderwerbskosten stellen sich meist wesentlich niedriger. ... Von hoher kultureller Bedeutung ist der Bau von Schmalspurbahnen zur Aufschließung wenig bebauter Gebiete, die erst im Anschlusse an den Bahnbau wirtschaftlich aufgewertet werden können. Hier erweist sich der Bau einer Schmalspurbahn häufig selbst dann als erfolgreich, wenn später nach erfolgter dichter Besiedelung des Gebietes der Bau einer Vollbahn in Aussicht genommen werden muß, ein Vorgang, der bei der Besiedelung mancher

nordamerikanischer Gegenden vorgekommen ist. Ein Nachteil der Schmalspurbahn ist neben der geringeren Leistung die Notwendigkeit eines Umladens der Güter beim Anschlusse an ein vollspuriges Hauptspurnetz.«

Hier wollen wir August Boshart endgültig das Wort entziehen, denn er ist noch einmal von der Historie überholt worden: Rollbock und Rollwagen haben das Problem des Übergangs von Wagenladungen auf eine andere Spur zwar nicht gelöst,

mein als das Prinzip, mit einer Lokomotive und angehängten Wagen auf Schienen zu fahren. Während die einen Bedürfnisse nach Transport von Menschen und Gut befriedigen, sollen die anderen durch das Angebot diese Bedürfnisse erst schaffen. Und während die einen großen Aufwand fordern, um von Benutzern und Nicht-Benutzern Gefahren abzuwenden, solle man hier die Gefahren von vornherein vermeiden. Als Voraussetzungen dazu wurden die Herabsetzung der Geschwindigkeit und die Masse des einzelnen Fahrzeugs

»... besitzt sie der vollspurigen Bahn gegenüber vor allem den Vorteil leichter Anschmiegsamkeit an das Gelände.« Rhätische Bahn (1 000 mm) im Albulatal

Bernina-Bahn, Kreisviadukt bei Brusiou. Ein Bauwerk, das so nur für die schmale Spur denkbar ist.

wie des gesamten Zuges gegenüber der Normalspurbahn angesehen.

Danach nennt die Bahnordnung für Eisenbahnen untergeordneter Bedeutung, die am 1. Juli 1878 in Kraft trat, eine Reihe von Erleichterungen gegenüber dem sonst üblichen Betriebsreglement, von denen hier die wichtigsten aufgeführt sind:
- Die Bahnüberwachung kann bei Geschwindigkeiten bis zu 15 km/h fortfallen und sich bei bis zu 30 km/h auf Übergänge und sonstige besonders gefährdete Stellen beschränken.
- Statt der Pflicht zur dreimal täglichen Revision der Strecke genügt eine einmal tägliche.
- Die Zahl der zu besetzenden Bremsen wird wesentlich herabgesetzt.
- Bahneinfriedigungen sind nicht erforderlich.
- Barrieren an Bahnübergängen sind nur erforderlich, wenn die Geschwindigkeit 15 km/h übersteigt.

aber doch wesentlich entschärft, wie die nachfolgend zu besprechenden sächsischen Schmalspurbahnen belegen.

Sekundärbahnen, so argumentierte man, hätten eigentlich mit den bis dahin gebauten Eisenbahnen kaum etwas ge-

Oft genug fuhr die Nebenbahn auf dem Straßenplanum, wie hier die Trusetalbahn. Die Lok 99 4552 ist heute Rangierlok in Zittau.

– Sperrsignale an den Bahnhöfen und Vorsignale für Weichen auf freier Strecke können fortfallen.

– Für die Abnutzung von Radreifen an Lokomotiven und Wagen gelten großzügigere Bestimmungen.

Da allein die Einsparungen durch die fortfallende Bahnbewachung in einem dichtbesiedelten Gebiet wie Sachsen 10 000 Mark pro Meile und Jahr ausmachten, beeilten sich zum Beispiel die Sächsischen Staatseisenbahnen, auf einer ganzen Reihe von Bahnstrecken von zusammmen 499 km Länge den vereinfachten Betrieb einzuführen, diese also – obwohl durchweg als Hauptbahnen ge- und ausgebaut – zu Sekundärbahnen im Sinne der Bahnordnung für Deutsche Eisenbahnen untergeordneter Bedeutung zu erklären.

Schließlich ist der Nebenbahngedanke

unvollständig ohne den gemischten Zug, der sowohl Personen- als auch Güterwagen mit sich führt, ganz gleich, ob es sich dabei um einen lokomotivbespannten Zug handelt oder um einen kräftigen Triebwagen, der Personen befördert und Güterwagen zieht. Der Vorteil: Der gemischte Zug war immer ein Kostenfresser, der es ermöglichte, mit gleichem Aufwand einen dichteren Fahrplan zu gestalten. Gleichzeitig aber benötigte er (von Fall zu Fall, je nach Anfall und Art der Wagenladungen) durch Rangieren wesentlich längere Fahrzeiten. Und logischerweise mußte, je mehr die Zeit dem Geld gleichgesetzt wurde, der gemischte Zug dem unerbittlichen Minutenzeiger weichen.

»Projekt einer Sekundärbahn Schiltach–Schramberg«

Nach so viel Theorie mag ein Einblick in die Praxis erfrischend wirken. Es geht um die württembergische Sekundärbahn Schiltach–Schramberg, die als Staatsbahn

II. Ordnung in Schiltach von der Kinzigbahn ihren Ausgang nehmen sollte, und »an wenigen Fabriken und Gehöften vorbei« sich in »schmalem und vielgewundenen Thale hin« nach der »sehr gewerbereichen Stadt Schramberg« ziehen sollte, deren Bedürfnis sie vorzugsweise, aber nicht ausschließlich zu dienen die Aufgabe hatte. Um Kosten zu sparen, wurde die Genehmigung erteilt, zwei Drittel der Strecke auf die Straße zu legen, während das restliche Drittel, schon wegen derer für die Eisenbahn »unbrauchbaren« Kurven als »selbständiges Bahnstück« herzustellen sei. Nach allseitigem Wunsch der Schramberger Fabrikanten (das ist die Lobby!) wurde die Bahn in normaler Spurweite geplant. Dazu gab es eine Reihe von Auflagen, von denen die ersten fünf zitiert werden sollen:

»1. Die Fahrgeschwindigkeit der Züge soll höchstens 15 Kilometer pro Stunde betragen. Sodann soll

2. die Krümmung der Bahn 100 Meter,

3. die Steigung 1:70 im Maximum nicht übersteigen;

4. die fast durchweg nur 6 Meter, also für Straßen- und Bahnverkehr zu schmale Staatsstraße soll um 2,3 Meter, also auf eine gesamte Breite von 8,3 Meter verbreitert werden …

5. Das Betriebsmaterial incl. Lokomotive soll auf die Schienen keinen größeren Druck als 8 700 Kilogramm pro Achse ausüben …«

Württembergisch war die Finanzierung geregelt: »Die Erbauung von Sekundärbahnen wäre für Württemberg schon früher angezeigt und wesentlich nützlich gewesen; dieselben hatten aber lange Zeit in Württemberg keinen Boden gefunden. Es war insbesondere der Abgeordnete und langjährige vielvermögende Referent der zwei-

ten Kammer, Moriz Mohl, der in allzugroßem Wohlwollen gegen die betreffenden Landesteile und im Sinne ausgleichender Gerechtigkeit – weil er nämlich jeden Bezirk allen übrigen gegenüber für schwer benachteiligt hielt, wenn seine Bahn nicht als Vollbahn erbaut würde – sich der Erbauung von Bahnen zweiter Ordnung entgegensetzte.« Und G. von Morlok berichtet in seiner »Rückschau auf die Erbauung der Königl. Württ. Staats-Eisenbahnen«, man habe zwischen 1880 und 1888 eine ganz neue und eigenartige Form der Zahlungsleistung bei Sekundärbahnen eingeführt: Soweit die Baukosten nicht zu verzinsen seien – und das ergab eine Vorausschätzung von Kosten und Einnahmen

durch die Königliche Eisenbahnverwaltung – sei der fehlende Rest von der Bevölkerung der betreffenden Gegend zu decken, und zwar vor Beginn des Baus – sicherheitshalber.

Dazu gibt Morlok einen verblüffenden Kommentar. Er beklagt die Benachteiligung der Lokalbahnen gegenüber den Transitbahnen bei der Berechnung von Reinertrag und Rente für die einzelnen Strecken, weil auf den Transitbahnen der Durchgangsverkehr wesentlich zur Deckung der Kosten beitrage, während diese bei den Lokalbahnen fast ausschließlich von den unmittelbaren Anliegern aufgebracht werden müßten.

Preußische Eisenbahngesetze

Lassen Sie uns nun einen Blick in die preußischen Eisenbahngesetzgebung und Eisenbahnfinanzierung werfen. Mit dem »Gesetz über die Eisenbahnunternehmungen« vom 3. November 1838 hatte Preußen das Eisenbahnwesen der Privatinitiative überlassen und dieser frühzeitig einen gesetzlichen Rahmen gegeben. Doch mit dem dichter werdenden Netz ergaben sich in Ballungsgebieten wie dem Ruhrrevier chaotische, abstruse Situationen. Jede Bahngesellschaft hatte ihre Bahnhöfe und Sammelstellen, viele Kilometer Schienen verschiedener Gesellschaften liefen nebeneinander, die Eifersüchteleien und Reibungsverluste gingen zu Lasten der Verfrachter. So lagen in Dortmund die Bahnhöfe der Köln-Mindener und der Bergisch-Märkischen Eisenbahn gleich nebeneinander, ein Verbindungsgleis aber gab es nicht. Statt ein sinnvolles Netz zu knüpfen, hatten die Konkurrenten sich bemüht, die Rosinen zu picken.

»Privatbahnen denken zunächst an ihren eigenen Profit und nicht an den gesamtwirtschaftlichen Nutzen ihrer Tätig-

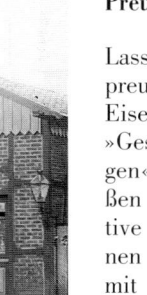

Kerkerbachbahn im Bahnhof Heckholzhausen

Einholen eines sieben Wochen auf der Strecke Karlstal–Grüntal im Schnee begraben gewesenen Eisenbahnzuges. Bahnhof Ober-Schreiberhau im Riesengebirge am 1. März 1905

keit«. Das Argument war stichhaltig, mußte doch ein solches Unternehmen bei Strafe des Untergangs Dividende erwirtschaften, sonst liefen ihm die Investoren davon. Und das war in der Zeit der Depression schwierig.

Parallel dazu entwickelte sich der »Reichseisenbahngedanke« als logische Fortführung der Reichsgründung auch auf der Schiene. Die Eisenbahn geriet zwischen die Mahlsteine der großen Politik, und es geschah das, was meist in solchen Fällen geschieht, nämlich nichts. Die Länder stemmten sich gegen die Reichseisenbahn und meinten die Zentralgewalt. Bismarck zog daraus die Konsequenzen und begann, die preußischen Eisenbahnen zu verstaatlichen. Damit konnten sie als Mittel der Wirtschafts-, Struktur- und Militär-

politik eingesetzt werden. Der Erfolg dieser Aktion war durchschlagend, wie die nachstehenden Zahlen beweisen:

Nebenbahn-Atmosphäre breitet sich aus, wenn Museumszüge unterwegs sind, hier in Sulzach (Kocher) mit der 80 106.

	1876	1896
Staatsbahnen	4 409 km	27 663 km
Privatbahnen unter staatlicher Verwaltung	2 959 km	–
Privatbahnen unter eigener Verwaltung	9 777 km	1 762 km

War nun der Anteil der Nebenbahnen an den Preußischen Staatsbahnen 1880 11 %, so lag er 1896 bei 32 %, die 166 km Schmalspurbahnen eingeschlossen. Dazu kamen ab 1892 die durch das Gesetz vom 28. Juli desselben Jahres definierten Kleinbahnen, unterteilt in Straßenbahnen und nebenbahnähnliche Kleinbah-

nen. Das waren Bahnen von lediglich lokaler Bedeutung (und solche ohne Lokomotiven), die der preußische Staat gern der Initiative privater Investoren überließ und zu deren Ermutigung er kostspielig sich auswirkende Auflagen möglichst vermied und sich lediglich eine Aufsicht über Bau und Betrieb vorbehielt. In den »Ausfüh-

Zweiachsige Naßdampflokomotiven wurden von den großen Lokomotivfabriken in Serien gebaut. Hier die Lok Nr. 3 des damaligen Eisenbahnmuseums Viernheim mit der typischen Mittelpufferkupplung

rungsanweisungen zu dem Gesetz über Kleinbahnen und Privatanschlußbahnen« lautete das so: »Das Gesetz … bezweckt, durch feste und zweckmäßige Ordnung der Rechtsverhältnisse … die Entwicklung dieser wichtigen Verkehrsmittel zu fördern. Es beschränkt demzufolge die Einwirkung der Organe des Staates bei der Genehmigung von Unternehmungen der bezeichneten Art, sowie bei der Aufsicht über dieselben auf das geringste Mass dessen, was für die Sicherung der

von ihnen wahrzunehmenden öffentlichen Interessen nothwendig ist, und gewährt den Unternehmungen innerhalb der hiernach gezogenen Grenzen volle Bewegungsfreiheit.« Neben den Fragen der technischen Sicherheit, dem Bau von Gleisen und Weichen, Drehscheiben, Brücken, der Ausrüstung von Lokomotiven und Wagen, soll uns das Dreiecksverhältnis von Obrigkeit, Bahn und Fahrgast interessieren.

Es ist wohl kein Zufall, daß zunächst von der Verpflichtung zum Bau von Anschlußgleisen (im Bedarfsfall) die Rede ist, also von der Sicherstellung des vorteilhaften Transports von Gütern, ehe über Fahrgäste, Fahrpläne und Beförderungsgelder und Vorbehalte sowie Anforderungen der Aufsichtsbehörden dazu gespro-

chen wird, wobei »im Wesentlichen nur der Grad des an dem Betriebe der Bahn bestehenden öffentlichen Verkehrsinteresses den Maßstab abgeben« konnte. Fahrpläne und Tarife waren zumindest in den ersten Jahren nach Eröffnung der Bahn in das Belieben der Betreiber gestellt, das dann einsetzende Recht der Behörde beschränkte sich auf die Festsetzung von Höchstpreisen im Hinblick auf die finanzielle Situation des Unternehmens (für die Art der Rechnungsführung gab es Vorschriften). Fahrpläne und Tarife waren öffentlich auszuhängen, sie mußten auf alle Personen und Güter gleichmäßig Anwendung finden. Umfangreiche Bestimmungen gab es auch über die Verpflichtung zum Transport von Post bis hin zu der Bestimmung, daß die Postverwaltung berechtigt sei, »auf ihre Kosten an den Bahnwagen einen Briefkasten anbringen und dessen Auswechselung oder Leerung an bestimmten Haltestellen bewirken zu lassen.«

Hatte die preußische Regierung die Verantwortung für den Bau von Kleinbahnen in die Hände der interessierten Kreise legen (oder abschieben) wollen, so war die Rechnung ohne den Wirt aufgestellt worden. Dieser Wirt war die aggressive ostelbische Agrarlobby. Zwischen 1880 und 1910 wurden rund 11 000 km Kleinbahnen, fast ausschließlich in den östlichen Landesteilen, gebaut, und der Staat schoß trotz aller guten Vorsätze, den Geldbeutel des Steuerzahlers zu schonen, etwa 100 Millionen Mark zu. Dabei ergab sich ein interessanter Effekt insofern, als einerseits die Anlage von Eisenbahnen die vorhandene Wirtschaftsstruktur stärkte, andererseits Neuinvestitionen aber dort getätigt wurden, wo die besten Verkehrsverhältnisse bestanden. Das ergab »unerwünschte Konzentrationsbewegungen«, zumal hier im Lande der Großagrarier Strukturen der Landwirtschaft und der Weiterverarbeitung landwirtschaftlicher Produkte nicht ohne die Besitzverhältnisse am Boden zu sehen oder gar zu ändern waren.

Immerhin hatten sich bis 1910 die Relationen so verändert, daß in den wirtschaftlich schwächeren Ostgebieten zwar nicht so viele Eisenbahnschienen pro Quadratkilometer lagen wie im Westen, aber auf den Kopf der Bevölkerung bezogen mehr als dort – und die Agrarlobby war nach wie vor unzufrieden, sie forderte, kein Punkt dürfte mehr als eine halbe deutsche Meile (etwa 3,75 km) von der nächsten Eisenbahn entfernt sein.

Ludwig Thoma: »Die Lokalbahn«

Die Streitigkeiten, die vielerorts um die Klein- und Lokalbahnen ausgetragen wurden, haben immer wieder Schreiber und Zeichner zur Satire angeregt. Das Thema, wie die große weite Welt (oder die Sehnsucht nach ihr, verkörpert durch die Eisenbahn) auf die Denk- und Handlungsweisen von Kleinstadthonoratioren stößt, war

einfach zu schade, es zu verschenken. In allen Variationen wurde es zu mehr oder weniger bissigen Zeichnungen verarbeitet und zu literarischen Werken, heiteren Schwänken, Bühnenstücken, wovon hier eine kurze Szene aus Ludwig Thomas »Die Lokalbahn« vorgestellt wird:

»Beringer: … Die Leute tun ja so, als ob die ganze Welt von ihrer Bahn abhinge.

Major: Es ist doch klar, daß sie sich darum kümmern.

Beringer: Gewiß. Aber das Ministerium hat definitiv entschieden, und da hilft alles Reden nichts mehr.

Major: Man kratzt sich, wo's einen juckt.

Beringer: Die Bahn ist ja genehmigt.

Major: Aber wie! Der Bahnhof kommt eine Viertelstunde vor die Stadt hinaus.

Beringer: Bis jetzt hat man zur nächsten Station drei Stunden mit dem Omnibus fahren müssen.

Major: Das ist doch kein Grund, daß man die Bahn unpraktisch anlegt, wenn man sie schon einmal baut.

Frau Bürgermeister: Ich habe gemeint, die ewige Streiterei nimmt ein Ende; warum ist jetzt auf einmal wieder der Spektakel?

Major: Weil vorgestern ein Schreiben herauskam. Bis dahin hat man noch eine schwache Hoffnung gehabt.

Beringer: Das Ministerium hat die Hetzerei satt bekommen und erklärt: ›Entweder – oder‹.

Major: Sehr einfach. Entweder – oder.

Beringer: Ja. Entweder kommt die Bahn dorthin, wo die Regierung sie haben will – oder sie kommt überhaupt nicht.

Frau Bügermeister: Mein Mann hat so eine Andeutung gemacht, aber er hat mir nichts Näheres gesagt.

Major: Er ist ja deswegen in die Stadt, damit er den Minister noch umstimmt. Das wird was helfen! Wenn die Herren überhaupt sehen wollten, wäre es nicht zu dem Projekt gekommen.

Beringer: Herr Major, ich habe als Jurist vielleicht so viel Verstand wie ein Normalbürger von Dornstein. Aber ich maße mir nicht an, in technischen Fragen mitzureden. Für mich ist maßgebend die Behörde; sie wird ihre Gründe haben.

Major: Freilich hat sie Gründe. Aber keine sachlichen.

Beringer: Ich muß wirklich bitten.

Major: Bitten S'nicht lang und schauen Sie einmal her! (Er stellt den Brotkorb vor sich hin.) Das ist Dornstein? Verstanden?

Frau Bürgermeister: Geht das schon wieder an?

Major: Jetzt misch dich einen Augenblick nicht drein. Schauen Sie einmal her, Herr Amtsrichter! Ich habe ja nicht so viel Verstand wie ein Jurist, aber das kann ich Ihnen doch zeigen. (Nimmt wieder den Brotkorb.) Also, das ist Dornstein. Nicht wahr?

Beringer (gelangweilt): Nun ja.

Major: Da rechts liegt Pertenstein. (Legt eine Semmel hin.) Von daher soll die Bahn gehen. Also, meint man, geht sie auf dem schnurgeraden Weg hierher südlich. Der Boden ist eben und fest. Noch dazu käme der Bahnhof hart an die Stadt. Alle Gründe sind dafür. Aber nein, nichts da! Die Bahn muß hieroben (deutet) um die Stadt herum, durch nasses Terrain, schneidet den Garten vom Bierbrauer Schweigel durch, und der Bahnhof liegt weitmächtig draußen. Sehen Sie da sachliche Gründe?

Beringer (nervös): Ich bin eben nicht Techniker. Ich sehe sie nicht, aber sie sind jedenfalls vorhanden.

Major (sieht ihn einen Augenblick an): Ja so. Da hätte ich mir die Arbeit sparen können. Tun wir den Bahnhof wieder weg! (Schiebt den Brotkorb zurück.)

Frau Bürgermeister: Das ist das Gescheiteste. Ihr werdet ja doch nicht einig.

Major: Allerdings.

Beringer: Ich finde es – abgesehen von allem anderen – so zwecklos, an einer beschlossenen Sache rütteln zu wollen.

Major: Auch dann, wenn man das Unrecht sieht?

Beringer: Was, Unrecht!

Major: Warum soll man Verstecken spielen? Jedermann weiß, daß der Baron Reisach für seine Ziegelei den Umweg durchgesetzt hat.

Beringer: Er ist einmal der größte Industrielle im Bezirk.

Major: Dann soll er sich selber ein Gleis bauen.

Beringer: Ich begreife nicht, warum Sie sich darüber aufregen. Es muß ihnen doch peinlich sein, wenn die Leute fortwährend über die Autorität losziehen.
Major: Das ist mir ganz wurst. Ich begreife vielmehr nicht, wie einem bloß das gelten kann, was mit einem Amtssiegel petschiert ist.«

Daß Ludwig Thoma hier nicht geflunkert hat, beweist die Geschichtsschreibung. Es ging manchmal recht hemdsärmelig zu, wenn die Interessen aufeinanderprallten, und es ging um Gedeihen und Konkurrenzfähigkeit und oft um viel Geld. So kostete die Gemeinde Erbsen im Weserbergland, von der gleich noch die Rede sein wird, der Bahnbau genau 125 Mark pro Einwohner. Das waren damals drei bis vier Monatseinkommen, und es mußte ein drückendes Darlehen aufgenommen werden, obwohl Erbsen keinen direkten Bahnanschluß bekam:

»Für Erbsen und für Fehrlingsen war neben der Wirtschaft an der Landstraße die Anlage einer Haltestelle von der Eisenbahn-Direktion vorgesehen. Der derzeitige Pächter des Gutes hat dies zu hintertreiben gewußt, indem er der Eisenbahndirektion ohne Wissen der Gemeinde mitteilte, Erbsen wünsche dringend einen Bahnhof mit Güterverkehr; an einer Haltestelle ohne Güterbahnhof hätte die Gemeinde kein Interesse.« So der Ortschronist. Die Großagrarier hatten in den Dörfern schon durch ein undemokratisches Wahlsystem das Sagen, und denen ging es in erster Linie um die Verlademöglichkeiten für ihre Zuckerrüben sowie um Entlademöglichkeiten für Kunstdünger. Eine Haltestelle für Personenzüge dagegen hätte der Bevölkerung die Möglichkeit des täglichen »Pendelns« zu industriellen Arbeitsplätzen gegeben, um dem Lohndiktat der örtlichen Arbeitgeber zu entfliehen. Übrigens war auch die kostenlose Hergabe von Land eine probate Möglichkeit, die Lage von Bahnhöfen zu bestimmen.

Es hat in der gesamten Geschichte der deutschen Eisenbahn Privatbahnen und (seit 1838) Staatsbahnen gegeben, und derzeit gibt es diese Unterscheidung auch noch, bundeseigene und nichtbundesei-

gene Bahnen genannt. Wenn heute wegen der unbefriedigenden Finanzlage der bundeseigenen Eisenbahnen wieder von Privatisierung die Rede ist (es ist gar nicht lange her, daß der Bundesbahn- und Reichsbahn-Vorsitzer Dürr erklärte, Eisenbahnstrecken wie zum Beispiel die sächsischen Schmalspurbahnen könnten nur durch Privatisierung eine Überlebenschance erhalten), so drängt sich dem kritischen Betrachter ein Vergleich auf: »Am 1. April 1949 übernahm die Deutsche Reichsbahn die Spreewaldbahn in ihre Betriebsführung. ... Als erste, von den Spreewaldeisenbahnern begrüßte Maßnahme, erfolgte die Anpassung der niedrigen Löhne an die der deutschen Reichsbahn.« (Harald Großstück, Die Spreewaldbahn)

Eine Handvoll Zahlen

Hier will ich Ihnen etwas Statistik zumuten, die Zahlen über die Deutsche Reichsbahn-Gesellschaft am 1. April 1920. Wesentlich erscheint mir dabei die Verteilung von Hauptbahnen, Nebenbahnen und Schmalspurbahnen in den einzelnen Teilgebieten:

Land	Hauptbahnen km	Nebenbahnen km	Schmalspurbahnen km
Preußen	20 060	14 325	245
Bayern	4 903	3 508	115
Sachsen	1 812	1 038	520
Württemberg	1 609	426	121
Baden	1 580	291	27
Hessen	811	496	–
Mecklenburg-Schwerin	453	642	–
Oldenburg	334	339	8

Dazu kommen die Privateisenbahnstrecken, von denen für Preußen eine Liste vom 31. März 1920 vorliegt. Es sind bis auf eine Ausnahme alles Nebenbahnen. Manchen Eisenbahnfreund wird die Aufstellung nostalgisch stimmen:

Normalspurige Eisenbahnen

Ahaus–Enschede 13,95 km
Altona-Kaltenkirchen-Neumünsterer Eisenbahn 67,05 km

Bentheimer Kreisbahn 73,78 km
Brandenburgische Städtebahn 125,58 km
Crefelder Eisenbahn 62,80 km
Dahme-Uckroer Eisenbahn 12,53 km
Eisern-Siegener Eisenbahn 14,24 km
Elmshorn-Barmstedt-Oldesloer Eisenbahn 52,66 km
Fredersdorf–Rüdersdorf 5,35 km
Freien Grundner Eisenbahn 13,74 km
Georgs-Marienhütter Eisenbahn 9,00 km
Greifswald-Grimmener Eisenbahn 48,43 km
Hildesheim-Peiner Kreisbahn 31,44 km
Hoyaer Eisenbahn 6,30 km
Ilmebahn 13,25 km
Köln-Bonner Eisenbahnen 56,68 km, davon 21,92 km Hauptbahn
Köln-Frechen-Benzelrather 14,32 km
Königsberg-Cranzer Eisenbahn 48,53 km
Kreis Oldenburger Eisenbahn 43,65 km
Lausitzer Eisenbahn 80,91 km
Löwenberg-Lindow–Rheinsberger Eisenbahn 37,60 km
Meppen-Haselünner Eisenbahn 29,00 km
Neuhaldensleber Eisenbahn 30,64 km
Neustadt-Gogoliner Eisenbahn 41,60 km
Niederlausitzer Eisenbahn 113,30 km
Paulinenaue-Neuruppiner Eisenbahn 30,30 km

Peine-Ilseder Eisenbahn 7,95 km
Prignitzer Eisenbahn 61,95 km
Reinickendorf-Liebenwalde-Groß Schönebecker Eisenbahn 62,02 km
Stendal-Tangermünder Eisenbahn 13,23 km
Stralsund-Triebseer Eisenbahn 33,73 km
Teutoburger Waldeisenbahn 101,33 km
Wittenberge-Perleberger Eisenbahn 10,54 km
Zschipkau-Finsterwalder Eisenbahn 32,92 km

Schmalspurige Eisenbahnen

Bröltaler Eisenbahn 88,50 km
Brohltal-Eisenbahn 25,01 km
Kerkerbachbahn 35,11 km
Köln-Bonner Eisenbahnen 36,33 km
Kreis Altenar Schmalspurbahn 41,39 km
Kreisbahn Eckernförde–Kappeln
   28,70 km
Rhene-Diemelbahn 8,88 km

Nicht zu vergessen die Teilstrecken von grenzüberschreitenden Bahnen, die auf preußischem Boden liegen:

normalspurig

Alsterbahn, Braunschweigische Landeseisenbahn, Braunschweig-Schöninger Eisenbahn, Farge-Vegesacker Eisenbahn, Halberstadt-Blankenburger Eisenbahn, Hamburger Walddörfer-Bahn, Liegnitz-Rawitscher Eisenbahn, Mecklenburgische Friedrich Wilhelm-Eisenbahn, Mühlhausen-Ebelebener Eisenbahn, Nauendorf-Gerlebogker Eisenbahn, Oschersleben-Schöninger Eisenbahn, Osterwieck-Wasserlebener Eisenbahn, Rinteln-Stadthagener Eisenbahn, Ruppiner Eisenbahn, Vorwohle-Emmenthaler Eisenbahn, Westfälische Landeseisenbahn;

schmalspurig

Gera-Meuselwitz-Wuitzer Eisenbahn, Gernrode-Harzgeroder Eisenbahn, Nordhausen-Wernigeroder Eisenbahn.
   Dazu kommen nebenbahnähnliche Kleinbahnen, die in Preußen am Stichtag 31. März 1920 9091 km ausmachten (den juristischen Begriff Kleinbahnen gab es nur in Preußen). Von diesen ist ein großer Teil den Eisenbahnen zuzuordnen.
   Die schmalste Schmalspur öffentlicher Eisenbahnen – lassen wir einmal die Parkbahnen unberücksichtigt – ist 600 mm, die Feldbahnspur. Erstaunlich ist, daß eine Bahn dieser Spurweite, die Mecklenburg-Pommersche Schmalspurbahn, ein Streckennetz von 216 km unterhielt und 44 Dampflokomotiven, zum Teil mit Schlepptender.

3

Eine Bahn in jedes Tal

Nebenbahnen wurden allerorten gebaut. Es gibt tabellarische Zusammenstellungen, die das Datum der Inbetriebnahme, Anfang und Endpunkt der Strecke, die Entfernung, vielleicht noch die Spurweite und den Betreiber nennen. Wir wollen diese Angaben mit Leben füllen und unternehmen deshalb von vornherein nicht den Versuch, alle Nebenbahnen zu nennen. Dafür wollen wir einige aus der Masse auswählen und beschreiben. Seien sie erwähnenswert, weil sie typisch für viele andere stehen – in ihrer Entstehungsgeschichte etwa – oder seien sie erwähnenswert, weil sie eine Besonderheit unter vielen anderen bilden.

Bröltalbahn: Älteste Schmalspur-Dampfeisenbahn

Zunächst: Es gibt viele »älteste« in der Geschichte der Eisenbahnen. Das ist manchmal etwas verwirrend. Neben den ältesten Eisenbahnen überhaupt stehen die ältesten des öffentlichen Verkehrs, die ältesten Fern- und Schmalspurbahnen, die dampfbetriebenen, die Staatsbahnen, die grenzüberschreitenden und was es sonst noch für Bahnen geben mag. Kein Wunder, reicht doch die Geschichte der eisernen Bahnen bis weit in das 18. Jahrhundert zurück, die der Schienenbahnen aus Holz bis ins Mittelalter. Nennt der Chro-

nist also die Bröltalbahn – eine 1862 gebaute Pferdebahn, auf der ab 1863 Lokomotiven fuhren – die älteste Schmalspurbahn Deutschlands, so liegt dem wohl ein Verständnis zugrunde, das Bahn gleich Eisenbahn und Eisenbahn gleich Dampfbetrieb setzt. Wir müssen das einfach sagen, wenn wir Eisenbahngeschichte betreiben wollen, stehen wir doch damit im Gegensatz zum deutschen Reichsgericht, das 1879 den Begriff Eisenbahn wie folgt definierte: »Eine Eisenbahn ist ein Unternehmen, gerichtet auf wiederholte Fortbewegung von Personen oder Sachen über nicht ganz unbedeutende Raumstrecken auf metallener Grundlage, welche durch ihre Konsistenz, Konstruktion und Glätte den Transport großer Gewichtsmassen bzw. die Erzielung einer verhältnismäßig bedeutenden Schnelligkeit der Transportbewegung zu ermöglichen bestimmt ist und durch diese Eigenart in Verbindung mit den außerdem zur Erzeugung der Transportbewegung benutzten Naturkräften, wie Dampf, Elektrizität, tierische, menschliche Muskelkraft, bei geneigter Bahn auch schon die eigene Schwere der Transportgefäße und deren Ladung usw. bei dem Betriebe des Unternehmens auf derselben eine verhältnismäßig gewaltige, je nach den Umständen nur in bezweckter Weise oder auch Menschenleben vernichtende und die menschliche Gesundheit verletzende Wirkung zu erzeugen fähig ist.«

Die Geschichte der Bröltalbahn (der Brölbach mündet bei Hennef in die Sieg) gibt einen unterhaltsamen Einblick in die Verhältnisse, die zum Bau einer Nebenbahn führten und die Schwierigkeiten, die dabei überwunden werden mußten.

Am Anfang der Story – man schrieb das Jahr 1820 – steht die Entdeckung eines Vorkommens von Eisenerz und Kalkstein im Tal des Brölbachs, das nicht rentabel abzubauen war, da jegliche Infrastruktur (wie man das heute nennt) fehlte. Der Entdecker, ein Obergeometer mit Namen Johann Wolfgang Windgassen, erwarb deshalb ein günstig an der Sieg gelegenes Grundstück und erhielt dazu vom preußischen Staat die Erlaubnis, eine Eisenhütte mit Hochofen, Walz- und Reckwerken anzulegen, um mit Hilfe von Wasserkraft und von Holzkohle, die in den umliegenden Wälder gewonnen werden konnte, die Erze zu verhütten.

Doch ehe es dazu kam – es war mittlerweile 1838 geworden – hatte ihn sein Kompagnon aus dem Unternehmen gedrängt. Es lag kein Segen auf dem »Friedrich-Wilhelms-Hütte« genannten Werk, auch nicht auf den Versuchen, die Erze an Ort und Stelle zu verhütten. Die Produktion erlahmte, erlag, und man verkaufte an den Kölner Kaufmann Johann Jakob Langen. Damit begann auch an der Sieg das industrielle Zeitalter. Langen ergänzte seine Hütte um eine Maschinenfabrik und eine

Eisengießerei, es wurde 1855 der »Sieg-Rheinische Bergwerks- und Hüttenverein« gegründet, und er ging zielstrebig daran, das Transportproblem seines Unternehmens zu lösen, denn die Konkurrenten im Siegerland hatten bereits Bahnanschluß.

Da tobte nun eine heiße Debatte: Die Eisenbahn von Köln nach Kassel und weiter nach Berlin sollte durch das Bröltal führen, Langen war natürlich einer der eifrigsten Fürsprecher. Doch dann siegte die Siegtal-Lobby, man mußte im wahrsten Sinne des Wortes andere Wege finden, die Verkehrsmisere zu überwinden. Das gelang Schlag auf Schlag. 1860 bauten die Anliegergemeinden mit staatlicher Unterstützung eine »Bezirksstraße« durch das Bröltal, auf der nun das Erz mit Pferde- und Ochsenkarren »bequem« zur Eisenbahnverladung nach Hennef geschafft werden konnte.

Im gleichen Jahre noch wurde eine Transportgesellschaft gegründet, die den Bau und den Betrieb einer Pferdebahn durch das Bröltal zur Aufgabe hatte. »Action-Commandit-Gesellschaft Friedrich Gustorff & Co.«. Friedrich Gustorff übrigens war ein Bruder von Langens Stiefmutter, Langen selbst als Generaldirektor der Hütte ebenfalls Gesellschafter. Bei den Überlegungen hatte die neue Straße eine große Rolle gespielt, denn die Bahn sollte »im Straßenplanum« liegen, was die Anliegergemeinden auch ohne besondere Geldvergütung gestatteten, soweit der »gewöhnliche Straßenverkehr« nicht beeinträchtigt werde (man tut etwas für die ansässige Industrie, um sie nicht zu vergraulen). Heller waren die Bürgermeister bei der Frage der notwendigen Brücke über die Sieg. Sie drückten durch, daß die Bahn eine für Bahn und Straßenfahrzeuge gleichermaßen benutzbare Brücke errichtete und die Fähr-Gerechtsame ablöste. Die Bahnstrecke war 22,5 km lang und wurde in 785 mm Spur gebaut.

Im Bröltal boomte es. Es gab Arbeit, die Schornsteine rauchten, alle waren zufrieden – vor allem Herr Langen und seine Aktionäre, denn durch den Bahnbau hatten sich die Kosten gegenüber dem bisherigen Transport mit Pferd und Wagen auf der Straße von 1,90 Mark pro Tonne Gestein

auf 47,5 Pfennig ermäßigt. Als 1863 eine Lokomotive eingesetzt wurde (Achsfolge C, 120 PS, Preis 18 000 Mark), benötigte man für dieselbe Transportleistung nur noch ein Viertel des Personals, denn die Lokomotive war schneller und zog 140 t gegenüber den 5 t des Hafermotors.

Zunächst gab es Bedenken und Proteste und Auflagen. Einige Monate lang wurde jeder Zug von einem Polizisten begleitet, der mit gezücktem Notizbuch und Bleistift festhielt, ob, wann und wo die Eisenbahn zur Gefahr geworden wäre, ob und wo Pferde, Ochsen oder Kühe vor dem Dampfvehikel scheuten. Dann hieß es: »Außer dem zur Lenkung und zur Bedienung des Zuges erforderlichen Personale müssen jedem Zuge wenigstens noch zwei Leute beigegeben werden, um scheu werdende Tiere zu beruhigen oder bei anderen Störungen, Wegräumen von Hindernissen usw. hilfreiche Hand zu leisten.«

1865 wurde eine zweite Lokomotive gleichen Typs erworben, aber die Erzförderung ging rapide zurück: Ein Aus wäre unvermeidlich gewesen, hätte man nicht das Verkehrsangebot erweitert, sich um andere Kunden bemüht, mit einem Zuschuß des preußischen Staates eine neue Strecke nach Waldbröl gebaut und den Personenverkehr aufgenommen.

Dazu wurde 1869 eine Aktiengesellschaft gegründet und die nun dem allgemeinen Verkehr dienende Bahn dem preußischen Gesetz über Eisenbahn-Unternehmungen vom 3. November 1838 unterstellt. Es kam eine neue Blütezeit. Statt der eingestellten Eisenerzförderung erschlossen neue Aktionäre Basaltvorkommen, denn: Um nicht die Touristenattraktion Siebengebirge abzutragen, mußten die Basaltblöcke nun weit aus dem Westerwald zu den Verschiffungshäfen am Rhein gebracht werden. Wieder war die Bröltalbahn Instrument der industriellen Interessen eines Eigentümers. Nach einer Kapitalaufstockung wurde die Heisterbacher Talbahn, eine 750-mm-Schmalspurbahn, angekauft, die ebenfalls mit der Abfuhr von Basalt diente, um den Markt zu »ordnen«. 1902 war eine größte Betriebslänge von 87,3 km erreicht, 1912 gab es 16 Lokomotiven, 37 Personenwagen und 587 Güterwagen sowie 34 (!) Industrie-An-

schlußgleise, da war es bis zu Krieg und Inflation mit ihren Rückschlägen nicht mehr weit.

Mehr eine Fußnote ist, daß eine Menge von der Bröltalbahn angefahrenen Basalts zur Abschließung und teilweisen Trockenlegung der Zuidersee verwendet wurde. Eine Konjunktur, der eine um so spürbarere Depression folgte.

Sachsen: Schmal ist beautiful

Die Sächsischen Staatsbahnen ergriffen freudig (und mit beiden Händen) die Möglichkeiten, die ihr die 1878 in Kraft getretene »Ordnung für Bahnen untergeordneter Bedeutung« bot. Sie stuften eine ganze Reihe von Bahnen, die als Hauptbahnen gebaut waren, aber nicht dem Durchgangsverkehr dienten, zur Nebenbahn ab. Dabei wurden allein durch den Fortfall der Bewachung der Bahnübergänge 10 000 Mark pro Meile und Jahr eingespart:

Limbach–Wittgensdorf 6,40 km
Pockau–Olbernhau 10,59 km
Niederschlema–Schneeberg 5,15 km
Penig–Narsdorf–Rochlitz 19,19 km
Werdau–Weida–Mehltheuer 67,66 km
Herlasgrün–Falkenstein 22,10 km
Großbothen–Wurzen 25,22 km
Stollberg–St. Egidien 19,46 km
Plagwitz–Gaschwitz 9,79 km
Höhlteich–Wüstenbrand 13,06 km
Jägersgrün–Adorf 32,41 km
Zwota–Klingenthal 8,04 km
Roßwein–Hainichen 19,92 km
Weipert–Annaberg 19,05 km
Reitzenhain–Pockau 30,23 km
Bienenmühle–Moldau 13,27 km
Riesa–Nossen 33,53 km
Zeithain–Elsterwerda 21,65 km
Neustadt–Dürrröhrsdorf 16,06 km
Altenburg-Zeitzer Bahn mit den anschließenden Privatkohlenbahnen 40,91 km
Gaschwitz-Meuselwitzer Bahn mit den anschließenden Privatkohlenbahnen 29,27 km
Staatskohlenbahnen Potschappel–Hermsdorf, bei Potschappel, bei Oelsnitz i/E und bei Lugau 24,92 km
Privatkohlenbahnen bei Oelsnitz i/E und bei Lugau 11,61 km.

*Die Weißeritztalbahn am Eingang des Rabenau-
er Grundes*

*Eine sächsische IV K, später als 99 516 bezeich-
net, in Rothenkirchen als Denkmallokomotive*

Neubauten erfolgten fast ausnahmslos
als Nebenbahnen, so daß bis Ende 1885
1 027 km normalspurige und 511 km
schmalspurige Nebenbahnen entstanden.

Im weiteren wurde die schmale Spur bevorzugt. Allerdings gingen dem heftige De-
batten im Landtag voraus, welche den Bau
einer ersten Strecke von 1877 bis 1880
verzögerten. Die 750-mm-Spur wurde festgelegt, weil sich diese und ähnliche Spur-
weiten bei anderen Bahnen bereits bewährt hatten und man annahm, daß man
eine Gleichheit und deshalb einen kosten-
günstigen Übergang zu den Arbeits- und
Huntegleisen in Steinbrüchen, Bergwer-

ken, Industrie und Landwirtschaft herstellen könne.

So waren im Jahre 1895 17 Schmalspurstrecken in Betrieb und vier weitere im Bau oder in der Planung, und rund 12 % des sächsischen Staatseisenbahnnetzes bestand aus Schmalspurstrecken. Später wurde das Schmalspurnetz auf 541 km erweitert, von dem große Teile inzwischen stillgelegt sind:

Wilkau–Carlsfeld 41,65 km 1881/97 bis
     1967/79
Hainsberg–Kipsdorf 26,34 km 1882/83
Mügeln–Döbeln 19,89 km 1884 bis
     1964/68
Radebeul–Radeburg 16,55 km 1884
Klotzsche–Königsbrück 19,49 km 1884,
     1897 auf Normalspur umgestellt
Zittau–Hermsdorf 15,92 km 1884/1900
     bis 1945
Oschatz–Mügeln–Kemmlitz 17,08 km
     1885, seit 1975 nur Güterverkehr
Mosel–Ortmannsdorf 13,94 km 1885 bis
     1951
Potschappel–Nossen 38,79 km 1886/99
     bis 1974
Wilischthal–Thum 15,81 km 1886 bis
     1972
Mügeln–Nerschau–Trebsen 23,94 km
     1888 bis 1968/72
Schönfeld–Meinersdorf 29,80 km
     1888/1911 bis 1967/76
Gründstädtel–Oberrittersgrün 9,36 km
     1889 bis 1971
Mügeln–Geising-Altenberg 41,60 km
     1890/1923, 1938 Umstellung auf Normalspur
Bertsdorf–Jonsdorf 3,83 km 1890
Oschatz–Strehla 11,08 km 1891 bis 1972
Wolkenstein–Jöhstadt 24,22 km 1892/93
Taubenheim–Dürrhennersdorf 12,04 km
     1892 bis 1945
Herrnhut–Bernstadt 10,10 km 1893 bis
     1945
Hetzdorf–Großwaltersdorf 13,56 km
     1893/1916 bis 1951/68
Kohlmühle–Hohnstein 12,13 km 1897
     bis 1951
Mulda–Sayda 15,48 km 1897 bis 1966
Cranzahl–Oberwiesenthal 17,35 km 1897
Klingenberg–Frauenstein 19,71 km 1898
     bis 1972

Reichenbach–Oberheinsdorf (1 000 mm) 5,40 km 1902 bis 1962

Nebitzschen–Kroptewitz 6,31 km 1903 bis 1962

Meißen-Triebischtal–Wilsdruff 17,55 km 1909 bis 1966/69

Garsebach–Lommatzsch 15,68 km 1909 bis 1972

Mertitz–Gärtitz 18,63 km 1911 bis 1969/70

Potschappel–Hainsberg 3,25 km 1913 (nur Dienstfahrten)

Klingenthal–Georgenthal 4,11 km 1917 bis 1964

Oberdittmannsdorf–Colmnitz 18,47 km 1921/23 bis 1972

Eine Übersicht, die Ledig und Ulbricht 1895 veröffentlichten, besagt, daß der geringste Krümmungshalbmesser bei den sächsischen Schmalspurbahnen (Spurweite 750 mm) 50 m ist gegenüber 170 m bei Normalspurbahnen. Allerdings bemühte man sich nach den ersten Erfahrungen, über 100 m zu bleiben, wegen der Betriebserschwernisse und des starken Verschleißes. Die stärkste Neigung beträgt 1:40 gegenüber 1:30 damals bei den Normalspurbahnen, die Gleise sind leichter und die Zahl der Schwellen geringer. Als 1885 wegen des Ankaufs der Fairlie-Lokomotive auf der Strecke Hainsberg–Kipsdorf (Weißeritzbahn) die Achsfahrmasse auf mehr als 5,2 t erhöht wurde, mußte die Zahl der Schwellen vermehrt werden, ab 1888 stellte man sich für den Verkehr mit der Lokomotive III K auf 7,25 t Achsfahrmasse ein. Auf Drehscheiben wurde verzichtet, da der gesamte Verkehr mit Tenderlokomotiven abgewickelt wurde.

Wesentlich für die einfachere Anlage der Schmalspurstrecken war auch der Verzicht auf repräsentative Hochbauten. Nicht nur, daß Brücken durchweg aus Holz hergestellt wurden, statt des Empfangsgebäudes auf den Stationen gab es – auch nur bei lebhaftem Personenverkehr – meist nur eine kleine Wartehalle, und ebenso selten war ein Bahnsteig. Auch

Historische Fahrzeuge der sächsischen Schmalspurbahnen auf dem Bahnhof Radebeul Ost

dort, wo in größeren Stationen ein festes Bahnhofsgebäude mit beheizten Warteräumen gebaut wurde, verzichtete man auf den Restaurationsbetrieb. Eine Besonderheit der sächsischen Schmalspurstrecken ist, daß sich der Sitz der Betriebsleitung mit Wirtschafts- und Wohngebäuden in der Regel an der dem Hauptbahnanschluß entgegengesetzten Endstation befindet.

Die Besatzung eines Zuges bestand neben dem Lokomotivpersonal – Lokomotivführer und Feuermann – aus einem beamteten zugführenden Schaffner und einem im Tagelohn stehenden Bremser. Später wurde der durch die Einführung der Heberlein-Bremse überflüssig. Der Schaffner verkaufte und kontrollierte die Fahrkarten, fertigte das Gepäck ab und überwachte das Verladen der Stückgüter, wenn er nicht selbst Hand anlegen mußte. Auf unbesetzten Stationen stellte er die Weichen. Der Lokomotivführer gab das Abfahrtszeichen. Für die Kommunikation waren nur Morseapparate oder Fernsprecher an den End- und größeren Zwischenstationen vorgeschrieben, Signale wurden nicht aufgestellt.

Zeitweise gab es auf bestimmten Stationen »Vertragseisenbahner« oder »Agenten«. Das war zum Beispiel ein Gastwirt, der, wenn der Zug eintraf, für eine Viertelstunde Eisenbahner wurde, Weichen stellte oder Stückgut verlud, wofür er von den Versendern oder Empfängern Gebühren erheben durfte, denn die Eisenbahn zahlte ihm nichts.

Erwähnenswert ist auch der »Streckenschlüssel«. Es ging um den Schlüssel für die auf freier Strecke liegenden Anschlußweichen einer Bahnstrecke. Der konnte nur abgezogen werden, wenn die Weichen und Gleissperren wieder in die ursprüngliche für den Durchfahrtsverkehr vorgesehene Lage gebracht worden waren. Der Zugführer eines Güterzugs mußte dem Fahrdienstleiter den Streckenschlüssel vorzeigen, ehe der die Strecke für weitere Züge freigab.

Die Müglitzbahn hat fast immer Saison

Die Bahn, die von Heidenau (früher Mügeln) an der Elbe zwischen Dresden und Pirna hinaufführt ins Erzgebirge nach Al-

Der Bahnhof Glashütte in Sachsen an der Müglitztalbahn

tenberg, gehört zu den wenigen, die als Schmalspurbahn angelegt und später auf Normalspur umgebaut wurden. 1890, als die Eröffnung stattfand, brauchte der Zug für die 36 km 2 1/2 Stunden, 86 % der Strecke lag in der Steigung, bis 1:30, insgesamt stieg der Zug von 119 auf 754 m über NN, der kleinste Krümmungshalbmesser war 80 m. Es gab unterwegs 14 Bahnhöfe, Haltestellen und Haltepunkte.

Trotz des erfreulichen und oft Verstärkungszüge erfordernden saisonalen Wintersports bestimmten vom ersten Tage an die Frachten das Bild. 14 »Zweiggleisanlagen«, wie der Fachmann das volkstümliche Anschlußgleis bezeichnet, soll es 1895 gegeben haben, ein weiteres sollte nach dem Wunsch der Fabrikherren direkt zur Elbe zur Umladung des Transportguts auf Schiffe gelegt werden, aber da spielten die Sächsischen Staatsbahnen nicht mit, wollten sie doch nicht Zubringer ihrer schärfsten Konkurrenz werden.

Da sich Industrieansiedlungen und Bahnverkehr gegenseitig förderten, kam es im unteren Müglitztal zu Engpässen bei der Transportkapazität, die 1918 Pläne für eine durchgreifende Verbesserung entstehen ließen. Zweigleisiger Ausbau bis Weesenstein hieß die eine Möglichkeit, Ausbau auf Normalspur die andere. Wir hätten hier eine ganz große Besonderheit gehabt: eine zweigleisige Schmalspurbahn. Daran aber war nicht gedacht, vielmehr ging die Planung in die Richtung zweier parallellaufender eingleisiger Schmalspurstrecken, eine für den Güterverkehr, die andere für den Personenverkehr. Es setzte sich schließlich aber die Ansicht durch, es sei günstiger, die Schmalspurbahn durch eine Normalspurbahn zu ersetzen. Der Rückgang der Verkehrseinnahmen wurde als ein Warnsignal dafür angesehen, daß die Industriebetriebe mit der Abwicklung ihrer Aufträge nicht zufrieden seien. Die Umstellung einer Schmalspurbahn auf Normalspur hatte es schon einmal gegeben, als 1897 die Schmalspurbahn Klotzsche–Königsbrück einfach umgenagelt wurde. Im engen Müglitztal aber mußte eine neue Bahn mit weitgehend neuer Linienführung gebaut werden, und gleichzeitig sollten die Schwachpunkte der Schmalspur-Müglitztalbahn beseitigt

Blick über das Müglitztal bei Glashütte zum Südportal des Pilztunnels, aus dem ein Personenzug mit einer Lokomotive der Baureihe 84 kommt, eine Aufnahme von 1939

werden, ihre Anfälligkeit gegen Hochwasser und die vielen niveaugleichen Bahnübergänge. Nach langen Jahren der leeren Kassen paßten die neue Bahnstrecke und vor allem die Verbesserung und Entschärfung der Müglitztalstraße in das demonstrative Arbeitsbeschaffungs- und Straßenbauprogramm Hitlers und wurde 1934 in Angriff genommen. Nach vielen Schwierigkeiten mit Naturschützern und der Natur selber konnte der erste durchgehende Zug am 24. April 1939 fahren.

Schon 1900 hatte man speziell für die Müglitztalbahn leistungsfähigere Lokomo-

tiven angeschafft, die V K (D n2v), die sich aber nicht bewährte und zum größten Teil auf andere Strecken kam. Auch in der Normalspurzeit gab es eine Konstruktion speziell für diese Bahnstrecke mit ihren besonderen Schwierigkeiten und hohen Leistungsanforderungen, die engen Kurvenradien von 100 m und Steigungen von 1:27 kombiniert mit 170-m-Radien: die Baureihe 84 (vgl. Seite 77). Schließlich bescherte uns die Müglitztalbahn auch noch die Altenberger Wagen.

Damit kommen wir auf die Besonderheiten des Personenverkehrs auf dieser Strecke, die immer Saison hat, weil am Wochenende, wenn der Güterverkehr ruht, die Ausflügler und im Winter die Skisportler für Verkehrsspitzen sorgen, die nur so bewältigt werden können, daß rollendes Material zwischen dem Dresdener Vorortverkehr (unter der Woche) und dem Müglitztal (am Wochenende) hin und her geschoben wird. Kurz und leicht mußten die Wagen der Bauart Heidenau-Altenberg sein, für enge Kurven und starke Steigungen geeignet. Gleichzeitig wurde Platz benötigt, im Vorraum die »Brettl« unterzubringen und trotzdem einen flotten Fahrgastfluß zu gewährleisten. Der war besonders wochentags im Dresdener Vorortverkehr vonnöten. Die vierachsigen Wagen waren über die Puffer nur 18 335/19 310 mm lang und 25/26 t schwer und lagen mit 368 kg Masse je Sitzplatz in der dritten Klasse weit unter dem Durchschnitt.

Für die winterlichen Spitzen mußte auch der Bahnhof Altenberg (den es erst seit 1923 gibt, bis dahin trug der Bahnhof im darunter gelegenen Geising den Namen Geising-Altenberg) geplant werden.

Zunächst mußte alles etwas größer werden – die Kreuzungsgleise unterwegs, die Gleise im Endbahnhof Altenberg, denn Normalspurzüge sind länger als Schmal-

Altenberger Wagen mit der Lokomotive 50 2347 vom Bw Pirna vor dem Personenzug 2861 in Altenberg (Erzgeb) im Mai 1967

Straßenseite des Empfangsgebäudes des Bahnhofs Altenberg (Erzgeb) kurz nach der Fertigstellung 1939

spurzüge, und man rechnete mit durchlaufenden Wintersport-Sonderzügen, die nicht aus den kurzen Wagen des Typs Heidenau-Altenberg bestehen würden – dafür wurde ja die Normalspurbahn auch gebaut. So teilte man in Halbzüge mit drei Wagen für den Wochentagsverkehr, in Stammzüge mit sechs Wagen für den Ausflugsverkehr, Sonderzugverkehr mit normalen langen Eilzugwagen (mit zwei Lokomotiven bergan) und Doppelzüge für den Rückreiseverkehr am Sonntagabend, die nicht überall hielten, so daß die Bahnsteig-Überlängen nur für wenige planmäßige Halte vorzusehen war.

Die überlieferte Rechnung der Planer ist faszinierend: 6 000 Fahrgäste am Wochenende, davon 5 000 am Sonntagmorgen. Das macht zehn Stammzüge zu sechs Wagen mit je 500 Passagieren, davon 124 Stehplätze, die im Abstand von einer Viertelstunde fahren können. Fahren nun diese zehn Stammzüge als fünf Doppelzüge am Abend wieder herunter, so können sie aber nur, weil man den müden Skifahrern keine Stehplätze zumuten will, 3 760 Reisende befördern. Für den Rest werden also zusätzliche Züge gebraucht, mit Wagen, die im Laufe der Woche nach Altenberg gebracht und dort abgestellt werden müssen, da am Sonntag für solche Leerfahrten keine Möglichkeit gegeben ist. Lokomotiven für die Zusatzzüge standen bereit, da die Doppelzüge talwärts ja nur eine Lokomotive benötigten. Die Aufgabe war nun, Wagen und Lokomotiven auf den zwar großzügig aussehenden, aber nie ausreichenden Gleisen des Bahnhofs Altenberg so abzustellen, daß sie in der notwendigen Reihenfolge wieder ins Tal geschickt werden konnten. Es mutet wie eine Denksportaufgabe an und hat die Verantwortlichen sicher manches graue Haar gekostet.

Harz – Paradies der Nebenbahnen

Wer die Eisenbahnkarte Norddeutschlands anschaut, sei es eine aktuelle oder eine historische, der wird einen Flecken sehen, den er bei näherem Betrachten als das uralte Harzgebirge erkennt, ein riesiger Buckel, der sich aus der norddeut-

schen Tiefebene erhebt. Die großen Eisenbahnstrecken umgehen ihn sorgsam. Zu bestimmten Zeiten streckten sie ihre Nebenbahnen als Fühler in Richtung des Oberharzes aus, inzwischen sind die meisten dieser Fühler gekappt, durch gut ausgebaute Straßen ersetzt. Es gibt (noch) eine Harzquerbahn über das Hochplateau, eine das Gebirge über- oder durchquerende Hauptbahn hat es nie gegeben.

Verfolgen wir einmal, wie dieser Stachelring um das Gebirge, das seit dem Mittelalter durch seine Erzgruben wirtschaftlich interessant war, gelegt wurde, so ergibt sich folgendes Bild, das nachzuzeichnen sicherlich reizvoll ist, um so die Entwicklung noch einmal mitzuerleben:

Von Braunschweig (erste Staatseisenbahn Deutschlands)
1843 Bad Harzburg wird erreicht,
1866 (von Vienenburg) Goslar, gebaut durch die Hannoversche Staatseisenbahn, verpachtet an die Braunschweigischen Eisenbahnen,
1875 (von Vienenburg über Grauhof) Langelsheim, durch das Tal der Innerste nach Lautenthal, gebaut durch die Magdeburg-Halberstädter Eisenbahn-Gesellschaft, erreicht
1877 Clausthal-Zellerfeld.
1914 Anschluß nach Altenau durch die Preußische Staatsbahn, in der die vorgenannten Gesellschaften aufgegangen waren.

Von Halberstadt–Quedlinburg
erreicht die Magdeburg-Halberstädter Eisenbahn-Gesellschaft
1862 Thale, dort wird der Bahnbau eingestellt.
Die Halberstadt-Blankenburger Eisenbahn-Gesellschaft erreicht
1873 Blankenburg am Harzrand,
1877 Hüttenplatz (als Industriebahn)
1885 Rübeland (Zahnradbahn, mit braunschweigischer Konzession (vgl. S. 49),
1886 Elbingerode West, im selben Jahr Königshütte, Tanne.
1907 entstand eine Verbindungsbahn von Elbingerode zum Schmalspurbahnhof Drei Annen Hohne der Harzquerbahn und von Blankenburg entlang des Harzrandes nach Thale.

Von Northeim

1884 baute die Preußische Staatsbahn eine Stichbahn von der Strecke Northeim–Nordhausen, beginnend in Scharzfeld, nach Bad Lauterbach und erweiterte diese im selben Jahr. Den Anschluß an die Bergstadt St. Andreasberg stellte eine Zahnradbahn her.

1931 verlegte die Deutsche Reichsbahn-Gesellschaft eine Industrie-Stichbahn vom Bahnhof Herzberg der Strecke Northeim–Nordhausen in das Siebertal. Eine weitere Normalspur-Stichbahn führte von Ellrich nach Zorge.

Damit endete der Ausbau der Normalspurbahnen im Harz. Wenn Sie die Linien auf einer Karte nachzeichnen, so ist klar zu sehen, wo die wirtschaftlich wesentlichen Regionen des Gebirges sind. Als feine Fäden im Netz der Eisenbahnen wurden einige Schmalspurbahnen (1 000 mm) errichtet, die, soweit sie nicht längst abgebaut sind wie die Südharz-Eisenbahn, Chancen haben, als Touristenbahn erhalten zu bleiben. Das heißt nicht, daß sie zur Zeit ihrer Anlage nicht eine lange Reihe von Industrieanschlüssen bedient hätten. 23 führt eine Liste der Harzquerbahn auf, acht die Südharz-Eisenbahn, darunter die Hütten in Wieda und Tanne, Schotterwerke und das Granitwerk Wurmberg, für dessen Erzeugnisse das nur dem Güterverkehr dienende Gleis zwischen Braunlage und Wurmberg verlegt worden war.

Es handelt sich um drei Bahnen, welche die Hochfläche des Gebirges erklimmen, von denen eine das Gebirge überquert.

Gernrode-Harzgerode Eisenbahngesellschaft (Selketalbahn)
1887 Gernrode–Mägdesprung
1888 Mägdesprung–Alexisbad–Harzgerode
1889 Alexisbad–Silberhütte
1890 Silberhütte–Güntersberge
1891 Güntersberge–Stiege
1892 Stiege–Hasselfelde
1905 Stiege–Eisfelder Talmühle.

In den 20er Jahren auf der Brockenbahn im Tumkuhlental

Nordhausen-Wernigeroder Eisenbahngesell-
schaft (Harzquerbahn)
Man begann mit dem Bau von Süden …
1897 Nordhausen–Ilfeld
1898 Ilfeld–Netzkater–Benneckenstein
und von Norden …
1898 Wernigerode–Drei Annen Hohne
1899 Drei Annen Hohne–Benneken-
stein, womit die Harzüberquerung abgeschlossen und noch die Brockenbahn
1898 Drei Annen Hohne–Schierke
1899 Schierke–Brocken zu ergänzen war.

Der Bahnhof auf dem 1142 m hohen Brocken in
den 30er Jahren

Der Bahnhof Steinerne Renne der Harzquer- und
Brockenbahn um 1906

Der Bahnhof Drei Annen Hohne heute   *Die 99 1784 auf der Harzquerbahn*

Südharz-Eisenbahn-Gesellschaft
1899 Walkenried–Braunlage
Brunnenbachsmühle–Tanne, Querverbindung zur Harzquerbahn (Sorge) und zur Rübelandbahn (Tanne)
Braunlage–Wurmberg.

Die beiden erstgenannten sind zu den inzwischen »privatisierten« Harzer Schmalspurbahnen (HBS) zusammengewachsen, sie haben den Frachtverkehr aufgegeben, fahren noch täglich mit Dampfloks, betreiben einen Traditionszug und bilden eine Attraktion für Bahnfreunde, Sommergäste und Wanderer gleichermaßen, zumal seit dem 1. Juli 1992 die Brockenbahn wieder befahren wird (vgl. Seite 157).

Tragen wir auf unserer Karte nun noch rot ein, welche Bahnlinien nicht mehr im Kursbuch zu finden sind – weil der Verkehr eingestellt oder gar das Gleis abgebaut wurde – so ergibt sich daraus eine ziemlich genaue Analyse über die Perspektiven von Nebenbahnen ganz allgemein. Die Ansprüche an eine Bahn sind höher geworden – die Verfrachter erwarten Kapazität, Pünktlichkeit und flexibles Eingehen auf ihre Probleme, die Passagiere Komfort und Reisegenuß, angemessene Fahrzeiten, schlanke Anschlüsse und einen umfangreichen Fahrplan – denn in den meisten Fällen stellt das Kraftfahrzeug eine unproblematische Alternative dar. Die erhöhten Ansprüche ihrer Benutzer haben die Latte höher gelegt. Sie sind im Bahnbetrieb nur dort zu erfüllen, wo es sich um größere, möglichst gleichartige Ströme von Passagieren und Frachten handelt. Nur wo die – durch ein wirtschaftlich bedeutendes oder spektakuläres Ziel der Fahrt – gegeben sind oder durch eine Masse von Frachtgut (geeignet für Ganzzüge) kann die Bahn auf die Dauer die Konkurrenz durchstehen, auch wenn man Nebenschäden und Nebennutzen in die Rechnung aufnimmt. Daß Tourismus und Nostalgie, daß das Freizeitverhalten dabei auch für die Eisenbahn eine zunehmende Rolle spielt, ist die Chance der Harzer Schmalspurbahnen und ermöglicht ihre Pilotfunktion.

4

Von Rollbock, Rollwagen und den Möglichkeiten, einen Zug zu bremsen

1895 hatte man sich in Lübben und Cottbus dazu entschlossen, eine Spreewaldbahn zu bauen. Es war der zweite Versuch. Der erste war – 1846 – eine Pferdebahn von Goyatz nach Cottbus gewesen, um die über die Spree und den Schwielowsee in Schiffen herbeigeführten Güter über Land nach Cottbus (und weiter) verfrachten zu können und in umgekehrter Richtung die Früchte der Felder und Gärten über das Wasser in Richtung Berlin zu schicken. Das Unternehmen hatte sich nicht rentiert und war 1879 endgültig aufgegeben worden.

Nun kam ein ganz neuer Anfang, denn auch die alten Schienen waren demontiert, und man hatte eine andere Trasse ausgewählt. Man sah die neue Bahn nicht mehr als eine Ergänzung des Wasserweges an, sondern als eine Ergänzung der Normalspur-Bahnen.

Die Lübben-Cottbuser Kreisbahn genannte Gesellschaft wurde vom Landkreis Lübben und der Stadt Cottbus getragen. Für den Bau und die Betriebsführung gewann man die in solchem Geschäft erfahrene Berliner Firma Becker & Co. Man hatte den Zusagen einiger interessierter Großgrundbesitzer und Fabrikanten vertraut, von denen Unterstützung avisiert worden war, doch war diese dann an unerfüllbare Bedingungen an Linienführung und Betrieb geknüpft. So kam es, daß die Gesellschaft von Anfang an schwach auf

der Brust war und nur durch Zuschüsse am Leben erhalten werden konnte, von 1896 bis 1912 zusammen gut drei Millionen Mark, beigesteuert vom Staat (1,7 Millionen), von der Provinz, dem Kreis und der Betreibergesellschaft, bis 1926 eine Aktiengesellschaft gegründet wurde mit den bisherigen Gesellschaftern und der Betreibergesellschaft als Aktionäre.

Da man durch schlechte Erfahrungen gewarnt war, entschied man sich für die billigste unter den damals denkbaren Lösungen: eine Schmalspurbahn mit 750 mm Spurweite. Doch dagegen hatte die Eisenbahndirektion Halle Bedenken: Bei so schmaler Spur könne ein Rollbockverkehr mit normalspurigen Güterwagen nicht genehmigt werden. Aber darum ging es ja gerade, um das teure und zeitraubende Umladen der Güter zu vermeiden. Doch die Hallenser stellten sich quer – dabei hätten sie bei den sächsischen Schmalspurbahnen sehen können, wie man normalspurige Güterwagen auf 750 mm Spurweite fortbewegt. Dort war schon 1885 der Rollbockverkehr eingeführt worden. So wurde die Spreewaldbahn mit 1 000 mm Spurweite gebaut.

Lassen Sie mich ein paar Worte zum Verständnis des Rollbockbetriebes sagen. In Rollbockgruben warten die Schmalspur-Untergestelle, daß die Normalspurwagen darübergefahren werden. Rollböcke werden nicht miteinander verbunden, son-

dern die Kupplung erfolgt zwischen den aufgebockten Normalspur-Güterwagen oder zwischen diesen und der Lokomotive oder mitfahrenden Schmalspurwagen. Dazu werden besondere Kuppelstangen verwendet. Es gibt gebremste und ungebremste Rollböcke.

Grundsätzlich anders allerdings ist die Sache, wenn die Normalspur-Güterwagen auf den ab 1901 eingeführten Rollwagen transportiert werden. Dann werden die Rollwagen untereinander und mit der Lokomotive und mitfahrenden Schmalspurwagen durch Kuppelbäume verbunden, die auch mit Führungsrollen für das Seil der Heberlein-Bremse und Luftleitungen für die Saugluftbremse versehen sind. Diese Kuppelbäume gibt es in unterschiedlicher Länge, und sie werden entsprechend dem Überhang der längeren Normalspurwagen gegenüber den Rollwagen verwendet.

Für den Betrieb mit Rollwagen gelten einschränkende Bestimmungen. Hier die wichtigsten: Die Geschwindigkeit ist auf 20 km/h und in Kurven von weniger als 100 m Radius auf 15 km/h beschränkt, Normalspurwagen mit großer Angriffsfläche oder geringer Masse dürfen bei starkem Wind nicht transportiert werden, Kesselwagen müssen zu 90 % gefüllt sein, Züge mit Personenbeförderung dürfen nicht mehr als drei Rollwagen enthalten.

Hin und wieder gab es auch Schwierig-

Auf der Spreewaldbahn: die 99 5705

Rollwagen mit eingehängtem Kuppelbaum

Die 99 5703 mit einem Postwagen im Spreewald-Museum

keiten mit dem Lichtraumprofil, Strecken wurden umgebaut, Tunnel aufgeschlitzt. Aber manchmal half auch das nichts, wie bei der Selketalbahn – da wand sich die Strecke eng zwischen Felsblöcken hindurch. Die Normalspur-Güterwagen wurden deshalb von Nordhausen über die Harzhochfläche herangefahren.

Übrigens hatten die sächsischen Schmalspurbahnen schon ein Jahr vor dem Rollbockbetrieb – also 1884 – versucht, ein Containersystem einzuführen. In Klotzsche sollte ein Portalkran offene und geschlossene »Umsetzwagenkästen« von Drehgestellen einer Spur auf solche der anderen heben – ein System, das sich nicht bewährte und bald wieder verschwand.

Da schon von der Heberlein-Bremse die Rede war: Sie war die typische Nebenbahn-Bremse, Lästermäuler nannten sie Bindfadenbremse. Das Ganze sieht etwas kompliziert aus, funktioniert aber genialeinfach (sie wurde von einem Lokomotivführer namens Jacob Heberlein erfunden). Über den ganzen Zug spannte sich, von der Lokomotive ausgehend, ein Seil aus Hanf – später auch Drahtseil. Auf offenen Güterwagen und Plattformwagen gab es dazu, um das Seil zu halten, Stangen, die an Galgen erinnern. Bei Normalspur-Güterwagen auf Rollwagen wurde das Seil unter diesen durchgezogen. Es wurde auf der Lokomotive durch eine Haspel gespannt gehalten. Lockerte das Lokomotivpersonal das Seil durch Drehen der Haspel, dann

Rollböcke. Vorn ist die Halterung zum Einschieben des Kuppelbaumes deutlich zu sehen. Ihn gab es in unterschiedlichen Längen.

senkte sich an jedem gebremsten Wagen eine mit einer Rolle an der Leine hängende belastete Stange und preßte unten eine Reibungsrolle an die auf der Achse befestigte Treibrolle. Dabei wurde eine Kette aufgewickelt und zog – mit der Kraft des sich bewegenden Zuges – die Bremse an. Riß aus irgendeinem Grund, zum Beispiel durch eine Trennung des Zuges, das Seil, so wurde dadurch die Bremse sofort in Tätigkeit gesetzt. Sie konnte auch vom Zugführerstand aus »gezogen«, aber nicht wieder gelöst werden. Ebenso war es möglich, von jedem Wagen aus die Leine zu zerschneiden und so eine Notbremsung auszulösen – ein scharfes Messer und eine Ersatzleine gehörten zur Standard-Ausrüstung. Allerdings hatte die Heberlein-Bremse den Nachteil, daß die Bremsleistung nicht dosierbar war. Man bremste oder bremste nicht. Punktum. Wie viele Wagen eines Zuges gebremst werden muß-

ten, das hing von der Strecke ab. Es sollten aber nicht weniger als die Hälfte sein. Ein Unfall durch Versagen der Heberlein-Bremse allerdings ist bekannt: Am 18. November 1919 rollte im Bahnhof Tollschütz der Schmalspurstrecke Döbeln–Mügeln ein Güterzug ungebremst auf einen haltenden Personenzug, da die vereiste Bremse den Dienst versagte.

Weniger verbreitet waren die einfachen

Gewichtsbremsen, wobei ein vorher durch das gespannte Seil gehaltener Bremsklotz sich durch eigenes Gewicht gegen das Rad preßte, während die »Langenschwalbacher« (vgl. Seite 97) mit einer der Heberlein-Bremse ähnlichen Schraubenradbremse ausgestattet waren.

Die Normalspur-Güterwagen auf den Rollwagen überragen die Lokomotive beträchtlich.

Ab 1930 wurde dann auf den sächsischen Schmalspurbahnen die Saugluftbremse System Körting eingeführt. Dazu gab es in den Fahrzeugen Bremszylinder, die durch einen Kolben in zwei luftdicht voneinander getrennte Kammern geteilt waren. Die Kolben standen über Gestänge mit den Bremsklötzen in Verbindung. Weiter gehörten zur Körtingbremse eine durch den ganzen Zug laufende Hauptluftleitung und Hilfsluftbehälter. Mit dem Dampfstrahlsauger auf der Lokomotive wurde im ungebremsten Zustand in Hauptluftleitung, Hilfsluftbehältern und Bremszylindern ein Vakuum gehalten. Wurde nun vom Lokomotivführer das Bremsventil oder eins der Notbremsventile im Zug geöffnet oder wurde gar die Vakuumleitung durch Zugtrennung unterbrochen, so bewegten sich durch den Druckunterschied die Kolben in den Bremszylindern und preßten die Bremsklötze an. Bei dieser Saugluftbremse war im Gegensatz zur Heberlein-Bremse die Dosierung der Bremsleistung möglich.

Doch zurück zum Rollbockbetrieb. Erich und Reiner Preuß stellen bei ihrer Betrachtung der sächsischen Schmalspurbahnen fest, mit diesen Rollböcken (und später Rollwagen) hätte sich in Sachsen eine Entwicklung angebahnt, die dem Grundgedanken des Schmalspurbetriebs zuwiderlief und dem Gedeihen der Schmalspurstrecken großen Schaden zufügte. Es ging um den Grundgedanken, durch einfachere Ausführung des gesamten Bahnbetriebs Kosten einzusparen und dadurch zivilisationsbringende Eisenbahnen auch dort zu ermöglichen, wo sie bis dahin aus Kostengründen nicht gebaut werden konnten. Nun erhöhte der Transport von Normalspur-Güterwagen die niedrig angesetzten Lasten auf die Werte der Normalspurbahnen und – durch die Eigenmasse der Rollböcke und Rollwagen – noch darüber hinaus. Das bedingte schwerere Schienen und mehr Schwellen, insgesamt einen aufwendigen Oberbau, und am Ende auch stärkere – schwerere, in Anschaffung und Betrieb aufwendigere – Lokomotiven.

Heberlein-Bremse. Deutlich sichtbar der Seilzug mit der an einer Rolle hängenden Stange, die den Bremsvorgang auslöst.

Zur Revision oder zum Einsatz auf anderen Strecken werden die Schmalspurfahrzeuge auf Spezial-Transportwagen über eine Rampe geladen.

5

Zahnradbahnen

So weit die Geschichte der Eisenbahn reicht, ist das mangelnde Vertrauen der Techniker in die Reibung zwischen Rad und Schiene, die Adhäsion, zurückzuverfolgen. In der Frühzeit des Lokomotivbaus gab es Fahrzeuge, die über eine Zahnstange liefen (Bild rechts) und eins, das mit storchenbeinähnlichen Hebeln sich fortbewegen sollte.

Später wurde dann tatsächlich – Niklaus Riggenbach sei Dank – die Zahnstange eingeführt, die bis heute starke Steigungen überwinden hilft, hauptsächlich bei Touristenbahnen wie der Zugspitzbahn und der Wendelsteinbahn, bei denen es sich um geringe Massen handelt. Wo aber größere Massen zu transportieren sind, zum Beispiel beim Gütertransport, irrte Riggenbach, als er der Zahnstange Zukunftschancen gab. Bei Schweizer Bahnen wie der schmalspurigen Furka-Oberalp-Bahn ist die Zahnstange eine drükkende Hypothek, wenn Züge wie der Glacier-Expreß vor den Zahnstangen-Ab-

schnitten der Strecke geteilt und in mehreren Teilzügen über die Rampe gebracht werden müssen.

Man hat gelernt (zuerst am Semmering), die Seitentäler auszufahren und damit die Strecke zu verlängern, was die Steigung entschärft. Man hat gelernt (bei der Schwarzwaldbahn), die Strecke durch Wende- und Kehrtunnel zu verlängern. Man hat gelernt, daß mit entsprechenden Antriebselementen und Bremsen Adhä-

sionsbahnen Steigungen bis zu 70 ‰ nehmen können, und man dankt täglich dem lieben Herrgott, daß man nicht dem Rat Riggenbachs gefolgt ist, eine Strecke wie beispielsweise die über den Gotthard als Zahnradbahn anzulegen, um bei der Anlage zu sparen.

Doch einige Zahnradbahnen wurden gebaut, bei denen sich im Laufe der Zeit herausstellte, daß der Betrieb auch ohne die Zahnstange möglich war – einfacher,

Zahnstangensysteme im Verkehrshaus der Schweiz, Luzern. Von links: Riggenbach, Abt, Strub, Locher. Das System Abt mit zwei oder drei nebeneinanderliegenden Zahnstangen und Zahnrädern wurde für größere Zugmassen bevorzugt, das System Locher für die Pilatusbahn, weil dabei ein Aufklettern unmöglich ist.

Schwarzwald Höllsteig Ravennabrücke

Höllentalbahn, Viadukt über die Ravenna-Schlucht. Die mit Gegendruckbremse ausgerüstete Tenderlok machte bei der Talfahrt von Personenzügen Zahnradlokomotiven überflüssig.

schneller, billiger – und die danach umgebaut wurden. Bekannteste Beispiele hierfür sind in Deutschland die Höllentalbahn (im Schwarzwald) und die Rübelandbahn (im Harz), deren Story hier in wenigen Sätzen erzählt werden soll. Als weitere Zahnrad-(Neben-)bahnen sollen genannt werden die Ausflugsbahnen auf den Drachenfels und den Petersberg im Siebengebirge sowie die von Assmanshausen und Rüdesheim auf den Niederwald, von denen die erstgenannte noch in Betrieb ist (siehe Seite 122, erlebnishungrigen Zahnradbahnfreunden seien die zahlreichen Zahnradbahnen in Österreich – Achenseebahn, Schafbergbahn u. a. m. – und in der Schweiz – Berner Oberland-Bahnen, Brig-Visp-Zermatt-Bahn, Furka-Oberalp-Bahn, Brünigbahn, Rigi-Bahnen, Brienz-Rothorn-Bahn als Beispiele – empfohlen). Eher der profanen Beförderung von Fracht und Reisenden dienten die Brohltalbahn am Rhein, die Oberlausitzer Kreisbahn,

die Eulengebirgsbahn, die Strecken Ilmenau–Suhl im Thüringer Wald, Honau–Lichtenstein in Württemberg und Freudenstadt–Klosterreichenbach im Schwarzwald. Schließlich tauchen in den Aufstellungen von Zahnradbahn-Lokomotiven auch Industriebetriebe auf, denen ein Bahnanschluß nur über eine Steilrampe möglich war, wie
– Eschweiler Bergwerksverein, 1889, 500 m Zahnstange,
– Stahlwerke Bochumer Verein, 1890, 300 m Zahnstange,
– Zuckerfabrik Weferlingen, 1895, 230 m Zahnstange,

– Holzstoff-Fabrik Albbruck, 1905, 400 m Zahnstange,
– Metall- und Farbwerke Oker im Harz, 1921, 300 m Zahnstange.

Die Höllentalbahn

Wie so oft war es eine Enttäuschung: Man hatte von einer internationalen Transitlinie geträumt, die Paris und Wien über Freiburg verbinden und Geld ins Land bringen sollte, und es wurde daraus eine Lokalbahn. Dazu ließ man sich von dem Schweizer Ingenieur Müller, der aus dem Oltener »Stall« Riggenbachs kam, eine Riggenbachsche Zahnstange zwischen Himmelreich und Hinterzarten aufschwätzen, um den Preis einer geraden Streckenführung ohne Kehrschleifen und Wendetunnel. Bisher hatte man solch eine einfache Zahnstange, die aus zwei Wangen und

abrücke im Höllental (Schwarzwald)

Der neue Viadukt über die Ravenna-Schlucht
nach der Elektrifizierung der Höllentalbahn

dazwischen eingenieteten Zapfen bestand, nur für Touristenbahnen ohne Güterverkehr gebaut. So wurde die Höllentalbahn für Jahrzehnte nicht der Motor der Verkehrsentwicklung im südlichen Schwarzwald, sondern eine Bremse. Und das Nadelöhr dabei war der Viadukt über die Ravennaschlucht, der in seiner leichten Bauweise mit 35 m langen Gitterträgern lange Zeit den Einsatz schwererer Fahrzeuge unmöglich machte.

Zunächst (1887) hatte man nämlich fünf C-Tenderloks der badischen Gattung IX a angeschafft, mit zwei gegeneinander versetzten Zahnrädern und Riggenbachscher Gegendruckbremse sowie Schmidscher Schraubenbremse, mit denen auch

die Wagen ausgerüstet waren. Dazu kamen von Bremsern betätigte Bremszahnräder an jedem zweiten Wagen, ein kostspieliger Aufwand, der durch einen Aufschlag auf den normalen, nach Kilometern berechneten Fahrpreis zumindest teilweise wieder hereingeholt werden sollte. Man fuhr 100 t schwere Züge mit 10 km/h über die Zahnstange, 7,2 km lang und 56 ‰ steil.

Als dann die Bahn 1901 über Neustadt hinaus nach Donaueschingen geführt wurde, erschienen die ersten deutschen 1'C1'-Tenderloks, die mit 50 km/h über die ganze Strecke liefen. Nur auf dem Zahnstangenabschnitt gaben nun die alten Zahnradloks Schiebehilfe. Dort wurde die Geschwindigkeit auf 18 km/h bergwärts und 30 km/h talwärts herabgesetzt, auf dem Ravennaschluchtviadukt auf 15 km/h.

Mit der 1910 beschafften schwereren 1'C-Tender-Zahnradlok (badische IX b,

später Baureihe 97[2]) konnten 300 t schwere Züge durchs Höllental gebracht werden, zwei Adhäsionsloks vorn und die IX b als Schiebelok, umgeleitete Schnellzüge wurden in vier Teile zerlegt. Erst der Bau eines neuen Viadukts über die Ravennaschlucht ermöglichte den Einsatz schwerer 1'E1'-Tenderloks der Baureihe 85, die von Henschel speziell für die Höllentalbahn gebaut wurden, zehn Stück umfaßte die Serie. Mit dieser leistungsfähigen Adhäsionslok war das Schicksal der Zahnradlokomotive im Höllental besiegelt.

Es gab dann bei der Elektrifizierung, ab 1936, auch hier zunächst einen »Inselbetrieb« mit 50-Hz-Bahnstrom aus dem Landesnetz, bis 1960 sowohl dieser als auch der Dampfbetrieb endgültig aufgegeben wurden und die »Gleichschaltung« mit dem DB-Netz erfolgte. Doch auch heute gibt es für den Pendelzugbetrieb im Höllental und auf der Dreiseenbahn noch eine ganz spezielle Lok, die Baureihe 140 (frü-

her Baureihe E 40[11]), eine Ableitung aus der für schwere Güterzüge im Flachland entwickelten Baureihe 139 mit fahrdrahtunabhängiger Widerstandsbremse. Sie hat genug Kraft für die drei Wagen umfassende Pendelzugkomposition, und die 60‰ Maximalneigung sind kein Problem für eine moderne Adhäsionslok.

Die Rübelandbahn

Blankenburg am Harz ist Umspannbahnhof. Hier werden die Güterzüge von der Diesellok der E-Lok übergeben. Fahrgäste müssen umsteigen, aber auf die kommt es nicht an, es geht um den Abtransport der Schätze des Gebirges.

Die waren der Grund, daß die Halberstadt-Blankenburger Eisenbahn 1875 in

Ein Stück der Zahnstange System Abt von der Rübelandbahn

Elektrolok der DR Baureihe 251 (jetzt 171) für 25 kV, 50 Hz, die heute auf der Rübelandbahn verkehrt.

den Harz verlängert wurde, zunächst zum Hochofenwerk Blankenburg, dann zu den »Marmorbrüchen« von Rübeland, wo Kalkstein- und Gipsvorkommen ausgebeutet wurden, später weiter nach Königshütte und Tanne wegen mancherlei Lagerstätten von Kalk und Erz und zur Abfuhr von Holz. Dabei mußte hinauf auf die Hochfläche des Harzes und dann hinunter in das Tal der Bode und wieder hinauf auf die Hochfläche nach Elbingerode ein Hö-

Auf dem Bahnhof Blankenburg abgestellte Museumslok Baureihe 95 der ehemaligen Tierklasse (H. B. E.: Halberstadt-Blankenburger Eisenbahn)

strom 50 Hz, 25 kV, wofür 25 Lokomotiven der DR-Baureihe 251 (jetzt 171) beschafft wurden, die ab 1965 zum Einsatz kamen, weitgehend den Baureihen 211 und 242 (jetzt 109 und 142) entsprechend. Wegen der Spitzkehre Michaelstein werden die Züge mit je einer Lokomotive vorn und hinten gefahren, bergwärts bis 600 t, von Rübeland »herunter« Ganzzüge mit bis zu 1 500 t.

Von Interesse dabei ist, wie der Betrieb hier geführt wird. Beide Lokomotiven sind mit je zwei Mann besetzt. Die Lokomotivführer übernehmen auch die Funktion des Zugführers. Alle Loks sind mit Zugfunk ausgerüstet. Wenn der aber ausfällt und um Hilfe telefoniert werden muß oder wenn bei Gewitter der Strom ausfällt und alle Handbremsen anzuziehen sind, darf der Lokomotivführer der talwärts stehenden Lok seinen Arbeitsplatz auf keinen Fall verlassen.

henunterschied von 478 m überwunden werden. Auf den Steilstrecken wurden 7,5 km Zahnstangen nach dem System Abt eingebaut. Das war eine Kombination von drei gegeneinander versetzten Stangen sowie drei Zahnrädern auf einer Achse, die dadurch ständig im Eingriff waren und sich in der Schweiz für Bahnen mit hohem Frachtaufkommen als optimal erwiesen hatten. Doch die Lokomotiven mit doppeltem Triebwerk für Adhäsions- und Zahnradantrieb waren ebenso wie die Zahnstange teuer, schwer und wartungsaufwendig. Zwischen 1885 und 1915 hatte die Maschinenfabrik Esslingen 12 Lokomotiven geliefert. Man fuhr bergan 4 bis 5 km/h »schnell«, bergab 12 bis 15 km/h, und bei solchen Geschwindigkeiten war die Durchlaßfähigkeit der Strecke bald erreicht.

Der nächste Schritt war die Ablösung der Zahnrad-Dampfloks, die Züge bis zu 125 t befördern konnten, durch schwerere Adhäsionsloks mit den Namen »Mammut«, »Wisent«, »Elch« und »Büffel« in der Bauart 1'E1' h2t. Die wurden 1920 und 1921 in Dienst gestellt. Sie beförderten 200 t schwere Züge auf den bis zu 60 ‰ geneigten Rampen (und waren übrigens Vorbild für die auf allen Steilstrecken weit verbreitete preußische T 20, die im Thüringer Wald den Schiebedienst und die Teilung schwerer Züge weitgehend überflüssig machten). Die zunächst für die Talfahrt noch vorgesehenen Brems-Zahnräder stellten sich als überflüssig heraus. Die Lokomotiven der Tier-Klasse und die später auch hier eingesetzten T 20 führten mit je einer Lokomotive vorn und hinten 300 t schwere Züge, mit einem weiteren Vorspann, also mit drei Lokomotiven, bis zu 450 t schwere Züge in den Harz.

Weitere Anforderungen führten dann zur Elektrifizierung, aber wegen der Stromversorgung aus dem Landesnetz zu einem »Inselbetrieb« mit Einphasen-Wechsel-

Züge mit speziellen Kalkwagen bestimmen das Bild der Rübelandbahn. Ein Kalkzug verläßt das Werk I der Harzkalk GmbH und fährt in den Bahnhof Rübeland ein.

Auf der Steilrampe Braunesumpf–Hüttenrode

6

Bahnen, Staat und Unternehmer

Schon in den ersten Kapiteln war zu lesen, wie unterschiedlich die Geldgeber, Erbauer und Betreiber von Bahnlinien waren: der Staat, Provinzen, Kreise und Gemeinden, Unternehmer und Unternehmungen, Gesellschaften der verschiedenen Formen mit Gesellschaftern der öffentlichen Hand und der Wirtschaft und Aktionären. Wer die jeweiligen Initianten und Träger festgestellt hat, weiß dann auch bald über die Interessen Bescheid, die zum Bahnbau führten. Wer etwas haben will, der soll es auch bezahlen. Es war dabei wie immer im Leben, daß jeder größtmöglichen Vorteil zum kleinen Preis – oder Nulltarif – erstrebt, und oft gab es sich über Jahre hinziehende Verhandlungen mit Anträgen und Gesuchen, Gutachten, Landtagsdebatten, bis die Finanzierungsfragen geregelt waren.

Eine Grundfrage, die auch politisch – machtpolitisch, militärpolitisch, ordnungspolitisch – zu beantworten war: Ist der Betrieb von Eisenbahnen eine hoheitliche Aufgabe? Fällt sie demnach dem Staat zu? Diese Frage zieht sich durch die ganze Geschichte der Eisenbahn, nicht nur in Deutschland, und es hat manche Kehrtwendung gegeben, je nachdem, welche Staatsdoktrin da »oben« gerade vertreten wurde und wie die Mehrheiten in den Parlamenten waren.

Die Pfalzbahn

In der Pfalz begann das Eisenbahnzeitalter mit der Gründung von vier Aktiengesellschaften zwischen 1838 und 1862 durch wackere Pfälzer Unternehmer und weitschauende Bankiers. Treibende Kraft waren zunächst die Besitzer saarländischer Kohlengruben, die gegenüber der Ruhrkohle den Markt machen und festigen wollten. 1849 war die Strecke der Pfälzischen Ludwigsbahn von Ludwigshafen nach Neunkirchen und weiter nach Saarbrücken fertiggestellt, 1865 überquerte ein erster Zug den Rhein auf einer Pontonbrücke.

Die Bayerische Staatsbahn sah dem Bau eines engen und leistungsfähigen Eisenbahnnetzes mit Wohlwollen zu, wollte sich jedoch in der Grenzregion zum damaligen französischen Erbfeind möglichst wenig engagieren. Immerhin wurden den Gesellschaften dann, wenn der Generalstab auf der Erfüllung bestimmter Wünsche bestand, die nicht mit den Regeln wirtschaftlicher Betriebsführung in Einklang zu bringen waren, Zuschüsse gezahlt.

So übernahm der Staat auch bei der Fusion der Gesellschaften 1870 eine Zinsgarantie und machte im Jahre 1909 – man sah die nachbarliche Gefahr hinter dem Glacis Elsaß und Lothringen wohl als nicht mehr so groß an – von dem damit verbundenen Recht des Kaufs Gebrauch. Der

Chef des Reichseisenbahnwesens bezeichnete die Gesellschaft als das »Muster einer gut geleiteten Privatbahn«.

In der Geschichte der Pfalzbahn taucht der Begriff Nebenbahn als von festgelegten Kriterien bestimmte Bezeichnung nicht auf, vielmehr wird berichtet, daß man sich nach dem Bau der Durchgangsstrecken sowohl vor als auch nach der Übernahme durch die Bayerische Staatsbahn mit der Anlage von »Bahnen untergeordneter Bedeutung«, den in Bayern so genannten Lokalbahnen beschäftigte, und die Aufstellung ergibt, daß diese zum Teil Schmalspurbahnen von 1 000 mm Spurweite waren und eine Länge von 2 bis 35 km hatten, also nicht dem in Preußen üblichen Begriff Nebenbahnen gleichgesetzt werden können.

Die ausführliche Beschreibung der Pfalzbahn bringt noch einen Begriff dazu, die Sekundärbahn-Lokomotive, und reiht wie folgt ein:
- B-Sekundärbahn-Lokomotive T 2.II
- C1′ n2-Sekundärbahn-Lokomotive T 4.I
  (entsprechend der bayerischen D III)
- C1′ n2-Nebenbahn-Lokomotive T 4.II
  (entsprechend der bayerischen D XI)
- Schmalspur-B n2-Lokalbahn-Tenderlokomotive L 2.

Die T 2.II, eine »richtige Bimmelbahnma-

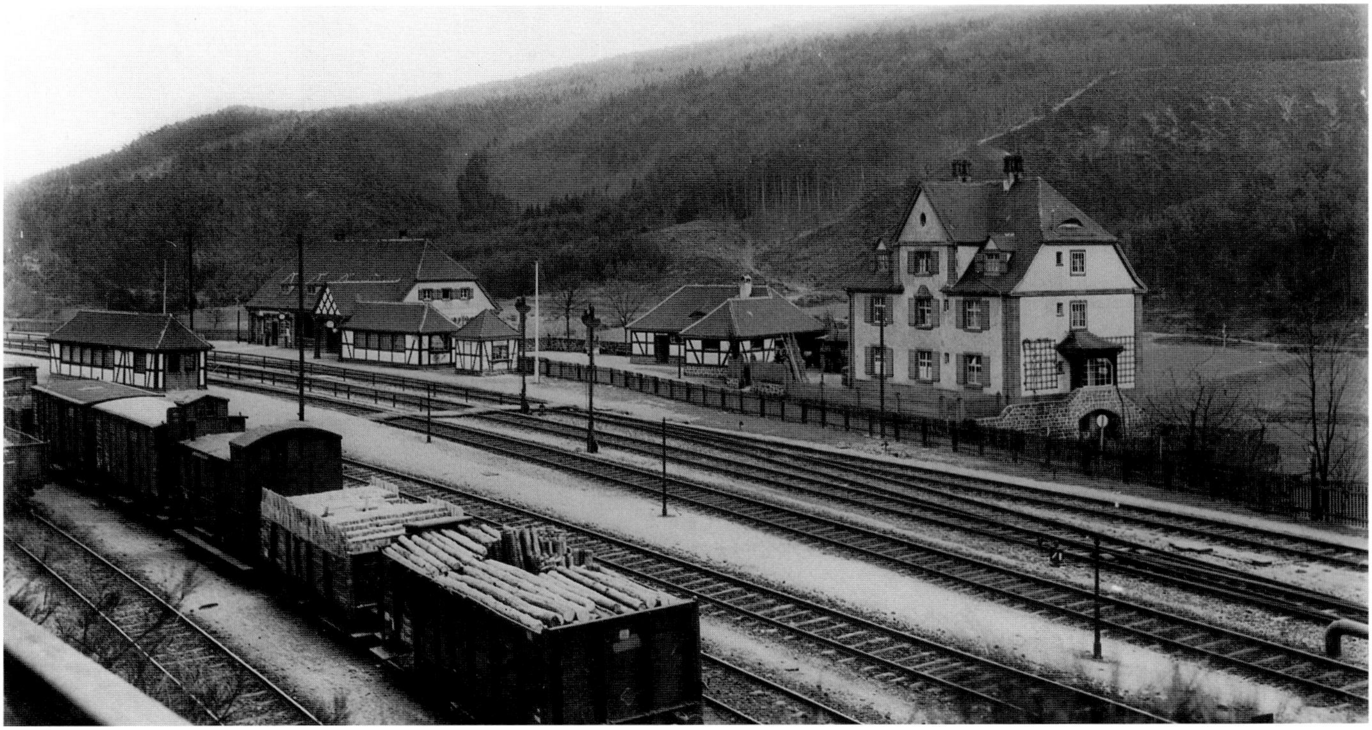

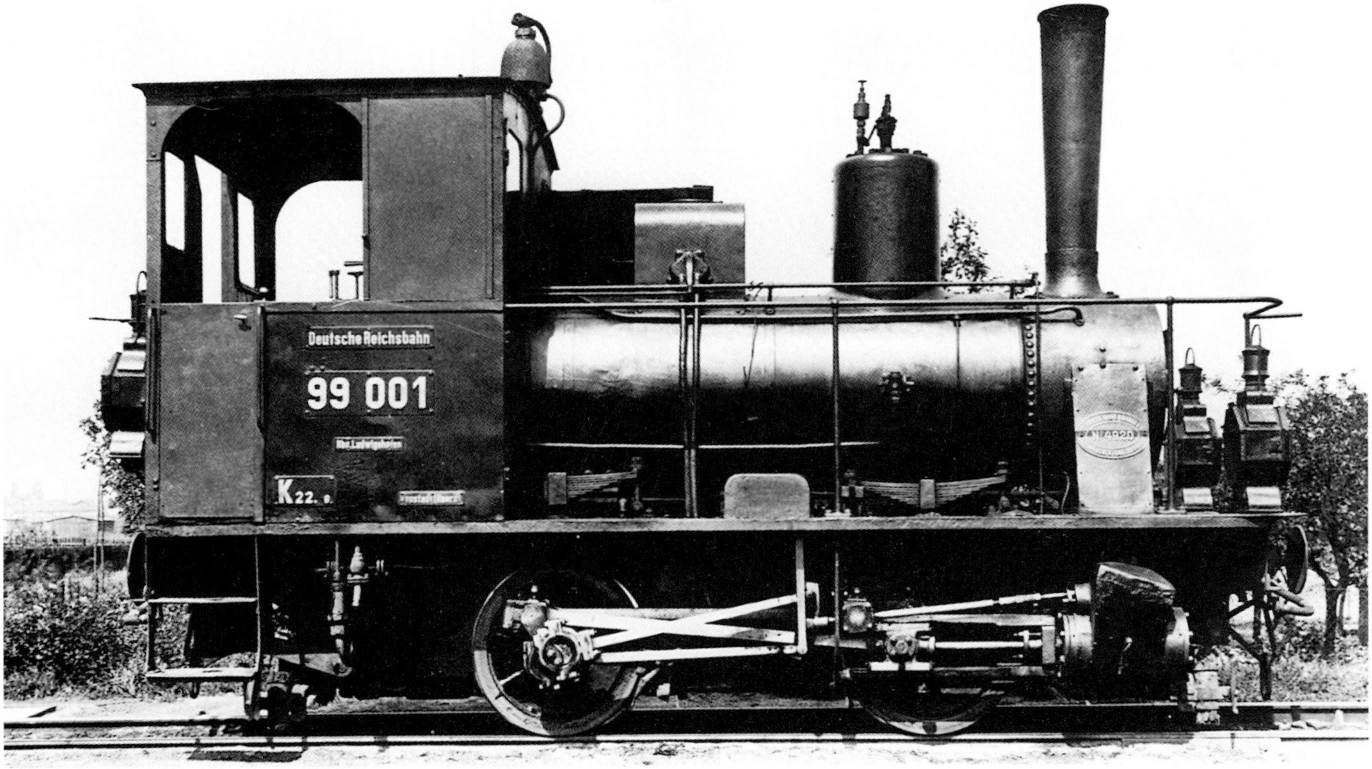
Deutsche Reichsbahn
99 001

Linke Seite:
Bahnhof Hinterweidenthal an der pfälzischen Normalspurbahn Landau–Zweibrücken mit der abzweigenden Lokalbahn Hinterweidenthal–Bundenthal

Eine pfälzische L 2-Lokomotive, Baujahr 1903, die spätere 99 001. Diese Bauart verkehrte auf der Strecke Neustadt/Weinstraße–Speyer.

schine«, wurde 1883 für die Lokalbahn Kaiserslautern–Lauterecken beschafft und verblieb auch dort, bis sie durch die T 4.I ersetzt wurde: Hier decken sich die Begriffe Lokalbahn und Sekundärbahn. Völlig ratlos bleiben wir nun zurück, wenn Mühl die leichtere Version der T 4, die T 4.II, als Nebenbahnmaschine bezeichnet und berichtet, sie sei auf vielen pfälzischen Lokalbahnen eingesetzt worden, so daß konstatiert werden muß, daß die Begriffe Nebenbahn, Sekundärbahn und Lokalbahn hier als Synonyme verwendet werden.

Eine pfälzische L 1, Baujahr 1888, die spätere 99 086

Aus der Frühzeit der Pfalzbahn: Vor dem Tunnel Hochspeyerbachtal unter der Ruine Frankenstein (Strecke Neustadt/Weinstraße–Kaiserslautern) begegnen sich zwei Züge.

Da schon August Boshart 1911 schrieb, »daß die Begriffe der Nebenbahn, Sekundärbahn, Lokalbahn, Tertiärbahn, Kleinbahn usw. auch trotz der amtlichen Feststellung einzelner Bedeutung nicht immer scharf zu trennen sind«, sollten wir es dabei belassen.

Mecklenburg: Rin in die Kartoffeln, raus aus die Kartoffeln ...

Als ein Zusammenschluß mehrerer interessierter Gruppen erhielt die Mecklenburgische Eisenbahngesellschaft 1846 die Konzession und konnte 1847 den Betrieb auf der Strecke Hagenow – Schwerin aufnehmen. Die Geschäfte liefen gut, die Kapitalgeber erhielten bis zu 13 % Dividende, so daß allein deshalb der Gedanke aufkommen konnte, die Eisenbahn von Staats wegen zu betreiben. (Die erste Eisenbahn in Mecklenburg war keine mecklenburgische, sondern von der Berlin-Hamburger Eisenbahn-Gesellschaft erbaut.)

Die Frage war spätestens nach der Reichsgründung von höchster Aktualität. Bismarcks Werben für eine Reichseisenbahn versetzte die Regierungen der deutschen Länder in eine mißliche Situation. Einerseits wollten sie der neuen Zentralmacht keinen Meter Eisenbahnschiene zugestehen, andererseits aber verfügten sie nicht über diese, da die sich mit behördlicher Konzession in Privathand befanden. Um nun also nicht durch einen Deal zwischen den Eigenbahngesellschaften und Bismarck ins Abseits gestellt zu werden, mußten sich die Länderregierungen größeren Einfluß auf die Eisenbahn sichern, und das war durch eine rigorose Verstaatlichung möglich, zumal diese schon aus wirtschaftlichen Gründen wünschenswert schien. So kam es 1873 zur Verstaatli-

Empfangsgebäude der Lloyd-Bahn in Plaaz (Mecklenburg). Im Bild die Lokomotive mit der Betriebsnummer 580, Gattung T 3 a

chung, »die Bahnen wurden auf landesherrliche Rechnung angekauft und von Stund an unter dem Namen ›Großherzogliche-Friedrich-Franz-Eisenbahn‹ betrieben«.

Doch schon nach zwei Jahren stellte sich heraus, daß das ein Fehler gewesen war. Einmal brachte der Beamtenapparat zumindest in Mecklenburg – damals – nicht die Kraft auf, die Bahnen in »zeitgemäßen kapitalistischen Verfahrensweisen« wirtschaftlich zu führen, andererseits fehlte der Bahnverwaltung das Geld für einen weiteren Ausbau des Schienennetzes. Der tonangebende Adel weigerte sich, die Bedeutung der Eisenbahn zur Kenntnis zu nehmen, und die Staatskasse blieb verschlossen.

So wurden die dem Staat gehörenden Aktien verkauft, und es entstanden, da die Ausbaupläne die Kraft einer einzelnen Gesellschaft übersteigen würden, weitere Aktiengesellschaften, die zwischen 1879 und 1889 zehn Bahnprojekte überwiegend lokaler Bedeutung verwirklichten.

Die 26 km lange Parchim-Ludwigslu-

ster Eisenbahn wurde durch die »Zentralverwaltung für Sekundärbahnen, H. Bachstein, Berlin« betrieben, die Hauptaktionär und Pächter gleichzeitig war und gut verdiente, so daß sie die Gewinne in weitere Bahnbauten investierte. Bei der Güstrow-Plauer Eisenbahn war die Firma Lenz & Co, Stettin, Aktionär und Pächter des Betriebs.

Unter dem Hinweis, daß die Eisenbahn eine Einrichtung öffentlichen Interesses sei und der Volkswohlfahrt in allen Zweigen zu dienen habe (womit in erster Linie der vorhandene Einnahmeüberschuß gemeint war, den man im Gegensatz zu Preußen nicht für staatliche Zwecke »abschöpfen« wollte), kam es 1889 und 1890 zur zweiten Eisenbahn-Verstaatlichung in Mecklenburg, die tatsächlich den Bau einer ganzen Reihe weiterer Sekundärbahnen zur Erschließung des Landes nach sich zog.

Die Trossinger Eisenbahn

Als eine Eisenbahn, die nur lokaler Interessen halber gebaut wurde und in ihrer Art einmalig ist, soll die Trossinger Eisenbahn vorgestellt werden. Die Geschichte begann damit, daß die 1869 in Betrieb genommene Strecke der Württembergischen Staatsbahnen zwischen Villingen und Rottweil mehr als 4 km an Trossingen vorbeilief. Die Trossinger, die Produkte ihres Gewerbefleißes, vor allen Dingen Musikinstrumente, in alle Welt lieferten, fühlten sich »abhängig« und sannen auf Abhilfe. Linden- und Kronenwirt, ein Kaufmann und ein Bäckermeister, ein Maurer und ein Mechaniker, alle Mitglieder des Gewerbevereins, selbst der damalige Schultheiß und die Witwe des Gemeindepflegers – so die Chronik – legten ihre Ersparnisse zusammen und ließen eine 4,3 km lange elektrisch betriebene Eisenbahn bauen. Als die 1898 fertiggestellt wurde, war Trossingen mit 3104 Einwohnern der kleinste Ort der Welt mit einer eigenen Eisenbahn, die dazu ein eigenes Elektrizitätswerk hatte. Die Steigung von 33‰, teilweise 42‰, wurde damals nämlich nur elektrischen Eisenbahnen zugetraut.

Zunächst schaffte man zwei zweiach-

sige Triebwagen mit Gepäckteil und offenen Plattformen an und einen Beiwagen. Die Leistung der Motoren war 2 x 68 PS, womit die Triebwagen eine Anhängemasse von 30 t bergauf, 80 t bergab bewältigten. Die Normalspur ließ die Überfuhr von Güterwagen zu, und wegen des wachsenden Verkehrs wurde 1902 eine kleine zweiachsige E-Lok in Dienst gestellt, mit 2 x 40 PS Leistung, für eine Anhängemasse von 20 t bergwärts, 60 t talwärts. Sie war nur 5 800 mm lang bei 2 500 mm Radstand und hat auch aushilfsweise mit einem 1906 angeschafften Beiwagen Personenzugdienste getan. Der war vorher ein Dampftriebwagen gewesen und in Budapest gebaut worden.

Heute besteht der Wagenpark aus den 1956 und 1968 gebauten zweiachsigen Triebwagen T 5 und T 6, die von Fall zu Fall auch Güterwagen mitnehmen, und dem vierachsigen Triebwagen T 3, der für den Schwerverkehr eingesetzt wird. Obwohl man in scharfer Konkurrenz zum Straßenverkehr steht, will man nicht aufgeben. Lediglich am Wochenende werden die Fahrgäste über die Straße transportiert. In der Woche aber gibt es 21 Zugpaare täglich, und in der Fahrzeughalle steht ein Museumszug: ein restaurierter Triebwagen der ersten Stunde, die Lokomotive von 1902 und ein Beiwagen.

Eisenbahnen überwinden Grenzen

Eigentlich sollte man meinen, daß Nebenbahnen keine Probleme der Grenzüberschreitung aufwerfen würden. Aber die bis in unser Jahrhundert hineinreichende deutsche Kleinstaaterei beweist anderes. Immer wieder ist insbesondere bis zur Reichsgründung festzustellen, daß Umwege und kostspielige Kunstbauten nicht gescheut wurden, um »fremdes« Territorium zu umgehen.

Als »interssierte Kreise aus Industrie und Fiskus« 1880 anregten, eine schmalspurige Bahn von Quedlinburg über Gernrode nach Nordhausen, also quer über das Harzgebirge zu bauen, standen nicht nur finanzielle Gründe, sondern auch der Einspruch Preußens – aus militärischen Gründen – dagegen. Erst 1886 konnte die Ge-

sellschaft, die dann die Selketalbahn von Gernrode auf die Harzhöhen von Harzgerode und Hasselfelde baute, gegründet werden. Das Eisenbahnprojekt berührte die Herzogtümer Anhalt und Braunschweig und die preußischen Provinzen Hannover wie Sachsen. Wo die Interessen und die Initiative lagen, ergibt sich aus den Anteilen der »Gernroder-Harzgeroder Eisenbahn-Gesellschaft«. 60 % übernahm der anhaltische Staat, den Rest der Kreis Ballenstedt und die Städte Gernrode, Harzgerode und Güntersberge.

Die erste grenzüberschreitende Eisenbahn Deutschlands war die Strecke Köln–Aachen–Herbesthal, eröffnet 1843. Schon 1841 geschlossen (und 1845 im Preußischen Gesetzblatt veröffentlicht) wurde der Vertrag über den Bau einer Eisenbahn zwischen Berlin und Hamburg durch die gleichnamige Eisenbahn-Gesellschaft, geschlossen zwischen Preußen, Dänemark, Mecklenburg-Schwerin, Lauenburg, Hamburg und Lübeck.

Eisenbahnbau über Ländergrenzen – gleichgültig, wie diese beschaffen sind – bedeutete und bedeutet immer zusätzliche Schwierigkeiten. Gewiß, es war nicht immer so kompliziert wie beim Bau der Fernstrecke von Berlin und Leipzig nach Frankfurt am Main durch die thüringischen Länder Sachsen-Weimar, Sachsen-Meiningen und Sachsen-Coburg, wobei noch preußische Interessen, die Strecke zwischen dem Harz im Norden und den thüringischen Ländern hindurchzuführen wie die des Post-Monopolisten von Thurn und Taxis ins Spiel gebracht wurden. Immer fühlten sich die Großmächte (was hier relativ gemeint ist) berechtigt und verpflichtet, in ihrem Bereich für Ruhe und Ordnung zu sorgen. Doch der Eisenbahnbau durch Thüringen gelang – mit Friedrich Lists tatkräftiger Vermittlung – und galt dann als ein Pilotprojekt, das bewies, daß sich beim Bahnbau Kompromisse für alle Beteiligten auszahlten.

In der deutschen Eisenbahngeschichte begegnen wir wiederholt den Abgesandten Preußens, die jenseits der eigenen Grenzen Eisenbahnpolitik oder ganz einfach preußische Politik machen. Es mag an der Geographie liegen, daß preußische Möglichkeiten und preußischer Anspruch manchmal nicht in Einklang zu bringen waren. Allein der Bau der »Kanonenbahn« von Berlin nach Koblenz über ausschließlich eigenes, verbündetes und befreundetes Gebiet war ein schwieriges Exempel.

Sachsen sehen wir in dem Bestreben, die Nord-Süd-Verbindung zu beherrschen und zu verhindern, daß wesentliche Strecken das eigene Land umfahren: »... eine Zweigbahn von Rudolstadt bzw. Schwarza durch das Schwarzatal über Schwarzburg nach Eisfeld zu führen. Durch diese Strecke sollte eine Verbindung Bayerns, Badens und Württemberg mit Berlin ermöglicht werden.« Sachsen-Weimar, Sachsen-Coburg-Gotha, Sachsen-Meiningen, Sachsen-Altenburg, Schwarzburg-Sondershausen und Schwarzburg-Rudolstadt waren an dem Unternehmen interessiert.

Gerade in diesem Raum bildeten private und staatliche Interessen gemeinsam mit der Konkurrenz beinahe parallellaufender Bahnlinien ein beinahe unauflösliches Knäuel von Problemen. So lesen wir über die in den 80er Jahren geplante Bahn zwischen Zeitz und Camburg (Saalbahn) bei Werner Drescher: »Allerdings würde die Saalbahn die Konzessionierung preußischerseits nicht erlangen, da das ganze Bestreben der Staatsbahnverwaltung darauf gerichtet ist, die Rentabilität der Saalbahn zu untergraben, um letztere später billig zu erwerben.« Und: »... kam aus Berlin die Zustimmung zum Bau der Bahn, aber unter der Bedingung, daß der preußische Staat sie erbaut und in Betrieb nimmt.«

Im Süden entstand auf Drängen des Generalstabes eine Eisenbahn, die niemand als er selbst für notwendig hielt. Man nennt sie »Sauschwänzlebahn«, und es verkehrt dort an schönen Sommertagen ein historischer Dampfzug auf dem Teilstück Blumberg–Weizen. Die Wutachtalbahn – wer redet heute noch davon – sollte über Donaueschingen–Waldshut zunächst als Verlängerung der Schwarzwaldbahn zur Hauptzufuhrroute für den Gotthard werden. Doch mit dem »Erwerb« Elsaß-Lothringens war diese Rolle ausgeträumt und endgültig an die Rheinlinie abgetreten. Stattdessen fand nun der Generalstab Gefallen an der Linienführung, die er so ergänzte, daß unter Umfahrung des schweizerischen Schaffhausens die süddeutschen Gebiete von Elsaß im Westen bis Bayern im Osten eine leistungsfähige strategische Eisenbahnverbindung erhielten.

7

Die Güterbahn

Für die meisten Nebenbahnen war der Güterverkehr der zentrale Punkt schon der ersten Überlegungen und auch des Betriebs. Menschen können, wenn die Eisenbahn fehlt, zu Fuß gehen, reiten – die Straßen des 19. Jahrhunderts jedoch setzten dem Frachtverkehr enge Grenzen.

Es gab und gibt eine ganze Reihe von Nebenbahnen, die von vornherein nur dem Güterverkehr dienten. Die ältesten waren Kohlenbahnen, die schon lange vor der Erfindung der Eisenbahn durch George Stephenson in englischen Kohlenrevieren für die Abfuhr der Kohle von der Zeche zum Kanalanschluß gebaut wurden. Es waren Pferdebahnen mit gußeisernen kurzen Schienen. Wenn es bergab ging, stieg das Pferd auf den für es reservierten letzten Wagen auf. Auf solchen Schienenwegen wurden dann auch die ersten Vorläufer der Dampflokomotive ausprobiert.

Mit dem Bau der ersten Haupt- oder Fernbahnen änderte sich die Aufgabe dieser Kohlenbahnen insofern, als sie (auch) die Verbindung von der Zeche zur Hauptbahn herstellten, also eine Nebenbahn im Sinne des Wortes wurden.

Obwohl auch an der Ruhr und in Oberschlesien verbreitet, ja überall, wo Kohle abgebaut wurde, ziehen wir hier wieder ein Beispiel aus Sachsen an, denn dort steht nun einmal die Wiege der deutschen Eisenbahn, und die sächsische Eisenbahngeschichte ist vorbildlich dokumentiert.

So auch die Liste der Kohlenbahnen im Dresdener Kohlebecken, die ab 1855 gebaut wurden zu den Schächten in Döhlen, in Deuben, zu den Hainichener Schäch-

Viehwagen der Reichseisenbahnen Elsaß-Lothringen

ten, dem Oppelschacht in Niederhermsdorf, zum Albertschacht in Zauckerode, zu den Windbergschächten und zum Gottes-Segen-Schacht – samt seiner Entladestelle an der Elbe zur Weiterverfrachtung der Kohle per Schiff. Das ganze System wurde unter dem Namen Hainichener Stammzweigbahn und später als Windberg-

59

Chemische Fabrik Griesheim Frankfurt a/M.
Hess. Ludw.-B.
4556
STAT. GRIESHEIM
H.L.B.
4556

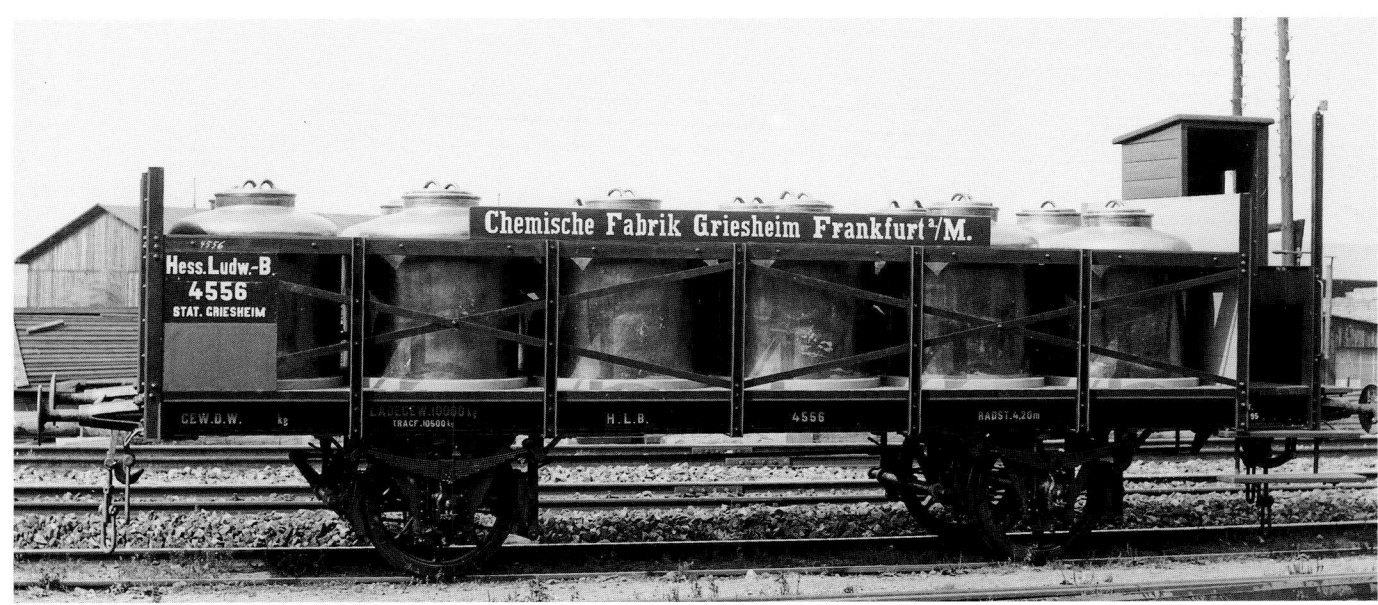

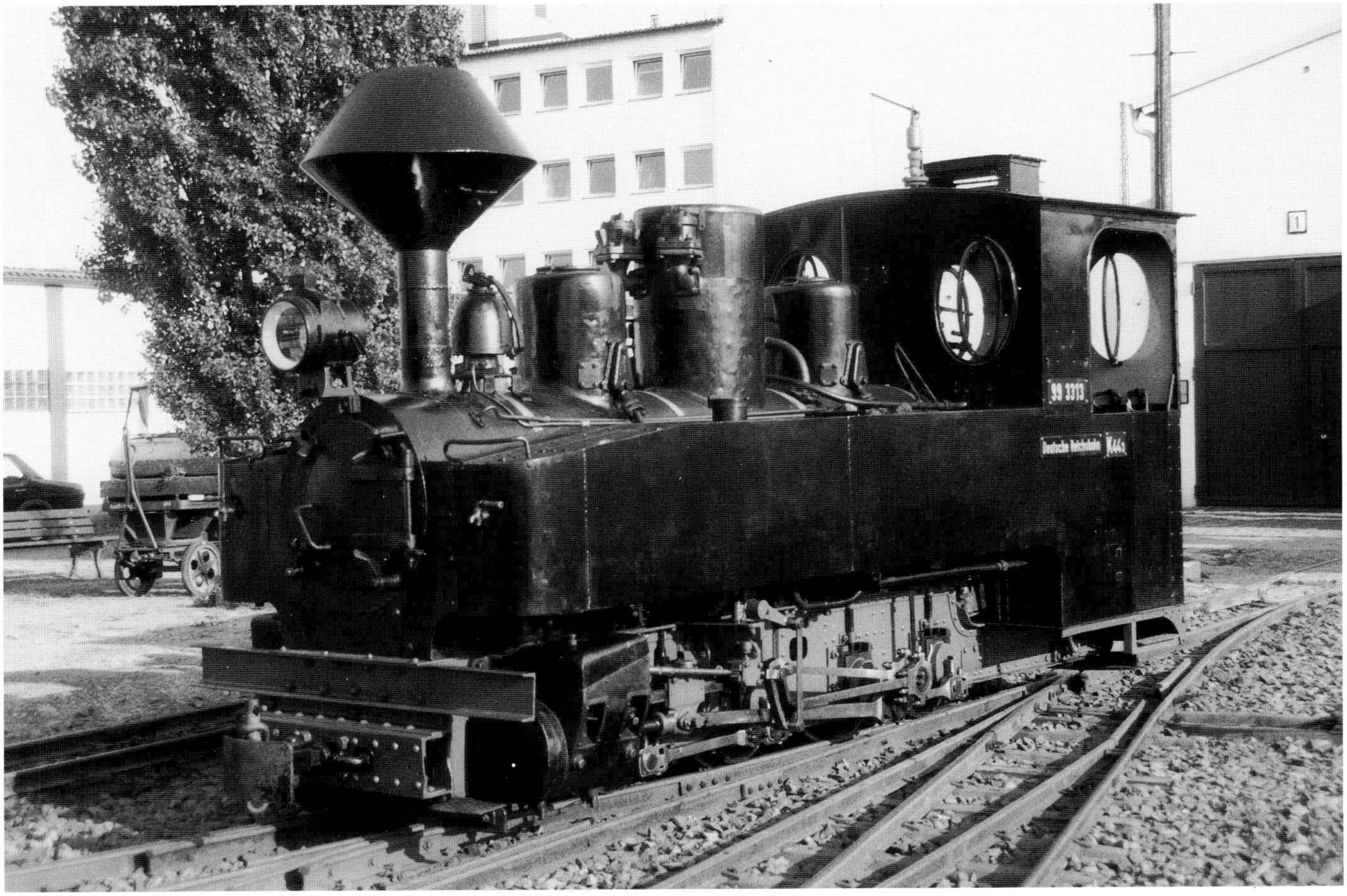
99 3313

Linke Seite:
Für spezielle Transporte hat es schon immer Spezialgüterwagen gegeben.

Die 99 3313, eine D-Brigadelok für 600 mm Spurweite, war während des Ersten Weltkriegs für die Heeresfeldeisenbahn gebaut worden und dann bei der Waldeisenbahn Muskau eingesetzt. Heute ist sie im Feldbahnmuseum Frankfurt (Main) zu sehen

bahn bekannt. Man nannte sie auch »Sächsische Semmeringbahn«, denn der Ausdruck Dresdener Kohlenbecken ist eine Irreführung – die Kohlenschächte lagen auf Höhen, die die Bahn in engen Kurven vom Umladeplatz Gittersee (114 m) bis auf 333 m Höhe erklimmen mußte.

An Sonntagen wurden die offenen von 2B-Lokomotiven gezogenen Güterwagen für den Ausflugsverkehr in das Windberggebiet genutzt, bis die Staatsbahnverwaltung wegen mangelnder Sicherheitseinrichtungen den Personenverkehr verbot.

Die Waldeisenbahn Muskau

Eine der Bahnen, die sich nur mit dem Transport von Gütern beschäftigte (Ausnahmen bestätigen die Regel), und die hier als Beispiel vorgestellt wird, ist die Waldeisenbahn Muskau. Waldeisenbahn – das verweist in eine Richtung, wo, dem Militär abgeguckt, für kurzfristige Aufgaben schmale einfache Gleise auf den blanken Erdboden gelegt werden, wie zur Abfuhr geschlagenen Stammholzes.

Die Situation in Muskau, bekannt durch den Park des Hermann Pückler, war komplexer. Der Nach-Nachbesitzer des Fürsten, der sich durch seine Vorliebe für Landschaftsgärten nach englischem Vorbild ruiniert hatte, ein Hermann von Arnim, machte aus der Standesherrschaft ein »florierendes in sich geschlossenes Industrieunternehmen«, das mit modernsten Methoden geführt wurde. Ein Teil derer war die Anlage einer 600-mm-Bahn zur An- und Abfuhr von Rohstoffen und Materialien, die Verbindung mit der Normalspur und der Betriebe untereinander, die in ihrer Tätigkeit aufeinander abgestimmt waren, indem eins das andere versorgte

oder dessen Produkte weiterverarbeitete, auch Abfälle verwertete: Holzeinschlag, Pechöfen, Gewinnung von Alaunerde, Ton, Torf, Raseneisenerz und Braunkohle, Sägewerke und Glashütte, Mahlmühlen für Holzschiff und Papierfabrik, Glasschleiferei, Siegel- und Kartonagenfabrik, Herstellung von Keramik, Ziegeleien, Gas- und Wasserwerk. Dabei stellte sich heraus, daß die Anlage einer einfachen Eisenbahn billiger war als die Verbesserung des primitiven Wege- und Straßennetzes. Man fuhr mit dreifach und vierfach gekuppelten Lokomotiven (Brigadelok). Beim Moorstich wurden die Wagen zum Verladeplatz geschoben, da der Untergrund die Lokomotiven nicht tragen würde, und mit Hilfe von Seilen zurückgezogen. Einer Konzession bedurfte es nicht. Man arrangierte sich – 1895 – mit dem Regierungspräsidenten zu Liegnitz, der den Verkehr auf der »Privaten Bahn des allgemeinen, jedoch nicht öffentlichen Verkehrs« genehmigte. Die größte Ausdehnung betrug etwa 80 km Schienenstrang.

Im Gegensatz zu denen, die mit ihrer Bimmelbahn auf den Markt und in die Stadt fuhren, haben die Menschen zwischen Tzschelln und Köbeln nie ein herzliches Verhältnis zur Bahn – die nicht die ihre war – entwickeln können, vielmehr

wurde sie immer wieder als Belästigung empfunden, vielleicht hin und wieder nicht ohne Grund, aber oft übertreibend. Meist wird dabei von scheuenden Pferden berichtet. Hier ein Zeitungsausschnitt:

»Heut vormittag um 11 Uhr kam, wie uns ein Augenzeuge schreibt, die gräflich Arnim'sche Kleinbahn von der Bautzener Straße heruntergesaust. Der Grund hierfür war die nachfolgende, grenzenlose Belastung der Maschine. Der Zug bestand aus 3 Wagen Langholz, jeder 8 Meter lang, 1 Wagen Pappeln, 24 Wagen Sand und 3 leeren Kastenwagen. Der ganze Zug war an die 100 Meter lang. Bis zur Brücke kam der Zug durch die eigene Schwere, dann begann die Maschine mit aller Kraft zu arbeiten, um die Last über die kleine Erhöhung zu ziehen. Doch vergebens, der Zug riß in der Mitte entzwei; polternd fielen die Balken des letzten Wagens Langholz zur Erde, dadurch die Bahnhofstraße sperrend. Die gräfl. Verwaltung hat wirklich

600-mm-Feldbahnlok mit angebautem Schlepptender auf der Parkbahn in Cottbus. Die vierachsigen Personenwagen sind auf Güterwagen-Untergestelle aufgebaut.

Glück, denn nur so ist der Zufall zu bezeichnen, der gerade an der belebtesten Stelle unseres Ortes den Zwischenfall ohne Unfall erfolgen ließ.« Man hatte einfach die aus dem Kleinbahngesetz abgeleitete Vorschrift verdrängt, die da lautete: »§ 48 Innerhalb der geschlossenen Ortschaft Weißwasser hat ein dazu gestellter Bediensteter dem Zuge mit einer roten Fahne und der Läuteglocke vorauszugehen. ...«

Nach dem Zweiten Weltkrieg, als die Graf Arnimsche Stiftung aufgelöst und die Betriebe in die Selbständigkeit entlassen wurden, wandelte sich die Muskauer Waldbahn zu einem öffentlichen Verkehrsmittel, das zeitweise auch Personen beförderte. Man fuhr damals täglich 200 Wagen Braunkohle zur Normalspur nach Weißwasser und mußte zusätzliche Kreuzungspunkte bauen.

Die Forster Stadteisenbahn

Eine Trambahnlok aus Forst blieb erhalten. Sie ist im Verkehrsmuseum in Dresden zu sehen.

Die Forster Stadteisenbahn war zum Transport von Frachten bestimmt und ist lupenrein dabei geblieben. Sie hatte die Aufgabe, im aufstrebenden Textilzentrum Forst Wagenladungen per Rollbock vom Staatsbahnhof der Preußischen Staatsbahn zu den Fabriken zu bringen, durch die Stadt direkt in die Fabrikhöfe. Sie wurde 1893 von der Münchener Localbahn A.-G. (LAG) gebaut und auf eigene Rechnung betrieben, bis die Stadt Forst sie 1920 übernahm. Der Gleisplan von 1960 zeigt 60 Anschlußstellen und eine ganze Anzahl bereits stillgelegter Stichgleise. 1914 waren es 80 Fabrikhöfe mit 261 Einzelfirmen gewesen.

Die »Schwarze Jule«, wie die Eisenbahn genannt wurde, war über Jahrzehnte aus dem Stadtbild nicht wegzudenken. Ein Schutzzollgesetz, das 1879 vom Reichstag erlassen worden war, machte es möglich, daß die Forster Tuchindustrie boomte. 302 Textilfabriken (von 460 insgesamt) gab es 1896 in der aufstrebenden 25 000-Einwohner-Stadt. Die brauchten

in erster Linie Energie, also Kohle. 60 Waggons Kohle wurden täglich auf dem Staatsbahnhof in Pferdefuhrwerken umgeladen und durch die Stadt gefahren. Das und die Zulieferung von Rohstoffen für die Produktion zu vereinfachen und zu verbilligen, bot sich die Localbahn A.-G. in München an, so daß die Stadteisenbahn als eine »nebenbahnähnliche Kleinbahn« mit 1000-mm-Spur genehmigt, gebaut und am 8. Mai 1893 eröffnet werden konnte und in ihren guten Zeiten bis zur Einstel-

Kohletransport auf Rollböcken bei der Forster Stadteisenbahn

Nochmals Forster Stadteisenbahn: Die Gleishalbmesser in den Straßen waren mitunter recht klein.

lung des Betriebs 1965 über 200 000 t Güter jährlich beförderte.

Das begann am Staatsbahnhof, wo eine normalspurige Lok der Stadteisenbahn die normalspurigen Güterwagen von der Preußischen Staatsbahn übernahm. Im Durchschnitt waren es 50 pro Tag, und für Stückgut hatte die Stadteisenbahn einen normalspurigen Güterwagen. Auf dem Bahnhof der Stadteisenbahn wurden die Normalspurwagen für die Bedienungsfahrten zusammengestellt und an der Rollbockgrube »aufgebockt«. Das Stückgut wurde am Lagerschuppen auf schmalspurige Stadteisenbahn-Güterwagen umgeladen. Die Bedienungsfahrten in die Stadt umfaßten neben den eigenen Güterwagen bis zu vier, später fünf Normalspur-Güterwagen auf Rollböcken, mit 8 km/h Höchstgeschwindigkeit, in engen Gleisbögen sogar nur 4 km/h wegen der fehlenden durchgehenden Bremseinrichtung. Die Stadtbahngleise waren als Rillengleise in das Straßenpflaster eingelassen, ringförmig angelegt mit Ausweichen und vier Gleisdreiecken, so daß mehrere Lokomotiven unbehelligt voneinander »Rundfahrten« machen konnten, um Waggons abzuliefern und einzusammeln.

Für die schmale Spur wurden ausschließlich verkleidete Trambahnloks der Achsfolge B beschafft, um die Pferde nicht scheu zu machen und weitere Gefahren für Mensch und Tier zu mindern. Es war eine romantische Eisenbahnzeit – aber die Forster haben doch aufgeatmet, als eines Tages nicht mehr jederzeit aus jeder Einfahrt eine keuchende Lokomotive herauskommen konnte.

Rübenbahnen

Eine Sache für sich waren die Rübenbahnen. Aus dem Harzvorland ist bekannt, daß eine Zuckerfabrik ihre eigene Kleinbahn mit pferdegezogenen Loren baute, um die Zuckerrüben in die Fabrik zu rollen. In allen Gegenden mit Zuckerrübenanbau war deren Transport zu den Fabriken ein wesentlicher Punkt bei der Planung und der Anlage von Nebenbahnen, die »Rübenkampagne« ein wesentlicher Faktor bei der Ertragsrechnung. Unangenehm dabei war nur, daß während der relativ kurzen Zeitspanne der Rübenverladung eine große Zahl von Waggons bereitgestellt werden mußte, während in der übrigen Zeit des Jahres die Verladeeinrichtungen samt den Stichgleisen unbenutzt blieben.

Das mußte früher oder später die Experten für Rationalisierung auf den Plan rufen, die dann auch errechneten, daß die Rübenkampagne eine zweischneidige Sache für die Bahnen war und rund ums Jahr vielleicht mehr Kosten verursache, als dabei zu verdienen sei. Hinzu kam, daß mit leistungsfähigen Straßenfahrzeugen und verbessertem Straßennetz ein wachsender

Teil der Transporte auf die Straße abwanderte, andererseits durch Stillegung kleinerer Fabriken und Konzentration auf wenige große Verarbeitungsstandorte neue Transportwege entstanden.

Kurz – nach jahrelangem Streit ist die Deutsche Bundesbahn aus dem »Rübengeschäft« ganz ausgestiegen und hatte dadurch die Möglichkeit, eine ganze Reihe von Strecken, die nur zu diesem Zweck erhalten worden waren, stillzulegen und abzubauen. Für die Rübentransporte wurde das System der »Feldrandabholung« eingeführt. Die ersten Bedenken haben sich bewahrheitet: Nicht allein der Schwerverkehr auf den ländlichen Straßen steigt zeitweise steil an, auch die Bauweise der Landwirtschaftswege hat sich für die nun eingesetzten Fahrzeuge oft als nicht ausreichend erwiesen.

Der seltene Fall, daß eine Nebenbahn auch dem Durchgangsverkehr diente, wird von der Kaiserstuhlbahn Riegel–Breisach berichtet. Das badische Eisenbahn-Konsortium, daß 1894 die Strecke eröffnete, war durch die Zusage, den Verkehr von Norden nach Breisach und über die damalige Rheinbrücke ins Elsaß, zum Beispiel nach Colmar, über diese Strecke laufen zu lassen, ermutigt worden und hatte daraufhin den ursprünglichen Plan, nur eine Stichbahn bis Oberrotweil zu bauen, ergänzt. Mitglied dieses Konsortiums war übrigens die Berliner Eisenbahn-Baufirma Bachmann.

Von Hafen bis Hochofen

Im Jahre 1990 dienten 710 km der DB und 387 km der DR nur dem Personenverkehr, 6137 km der DB und 1372 km der DR nur dem Güterverkehr. Die DB hatte 9668 Privatgleisanschlüsse mit 3860 Mitbenutzern. Das ist das umfangreiche Netz der Werkbahnen und Hafenbahnen zum Anschluß von Industriebetrieben und Verladeanlagen an das öffentliche Netz. Hinzu kommt aber auch der interne Verkehr, innerhalb eines ausgedehnten Werkes oder zwischen mehreren Werksteilen, zwischen Lager, Produktion und Entsorgung, zum Beispiel im Hochofenbetrieb

Güterzug der Nordhausen-Wernigeroder Eisenbahn mit Rollböcken in Wernigerode

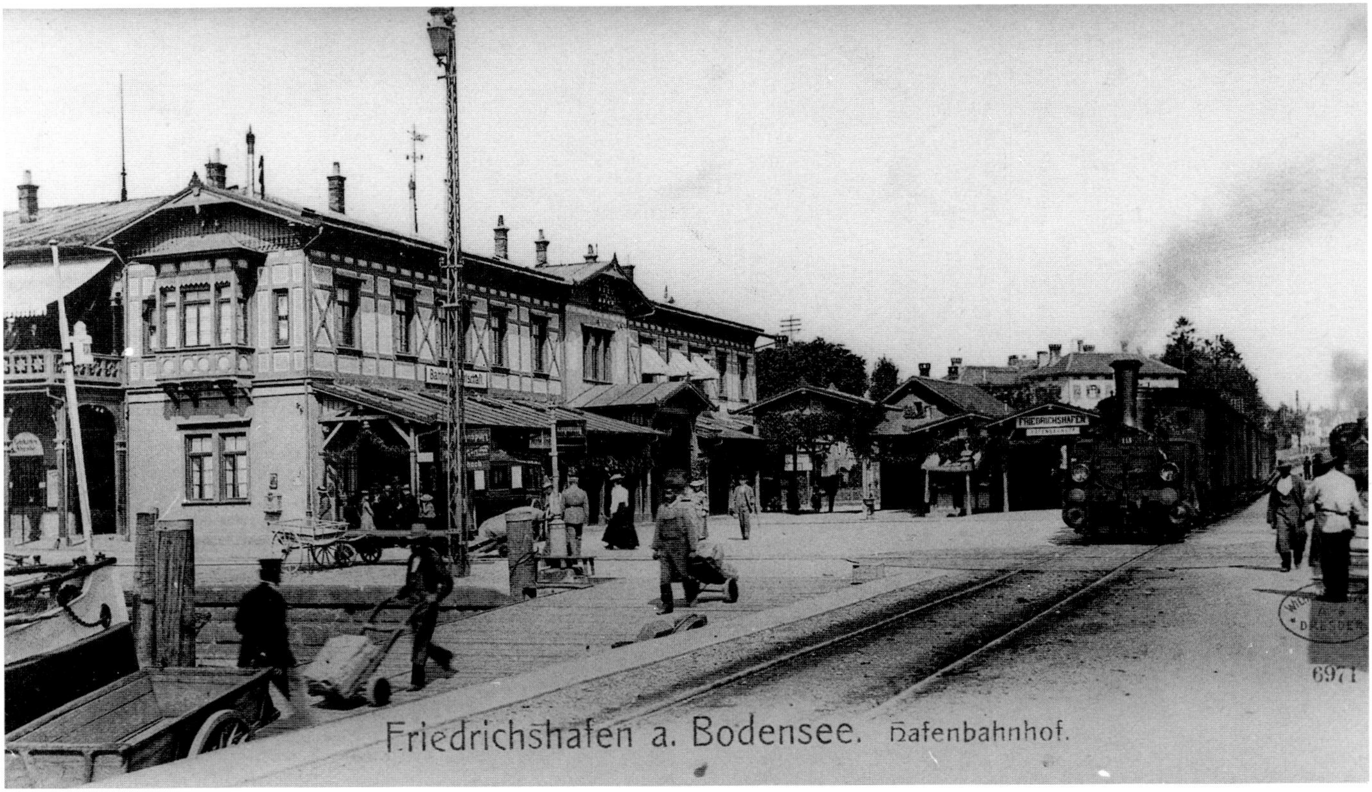
Friedrichshafen a. Bodensee. Hafenbahnhof.
FRIEDRICHSHAFEN
6971

Röchling'sche Eisen & Stahlwerke Ges.m.b.H.
Carlshütte. 13
GEW.D.W. kg LADEGEW.15000kg R.E.&St. 13
TRAGF.15750kg
RADST.2,50m
UNT. 98

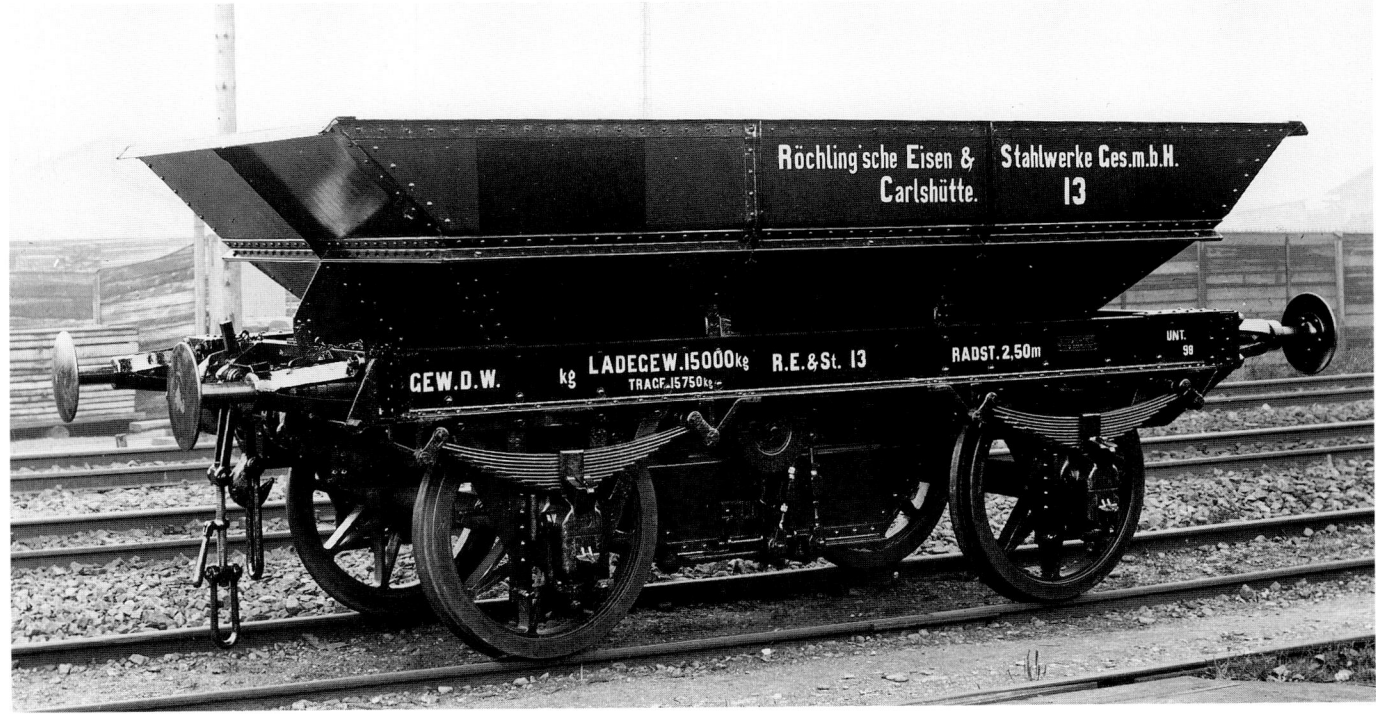

Linke Seite:
Der Hafenbahnhof in Friedrichshafen am Bodensee

Typischer Güterwagen einer Werkbahn für den innerbetrieblichen Transport

Werkbahn einer Zellstoffabrik

Typisches Anschlußgleis in einem Industriebetrieb

Dampfspeicherlok für den Einsatz in feuergefähr-
deten Betrieben, hier im Braunschweigischen Ei-
senbahn-Museum

zwischen Ofen und Walzwerk – die Grenzen sind gleitend. Wesentlich erscheint
aber, daß es sich bei den Fahrten auf diesen Nebenbahnen oft um umfangreiche
Transporte handelt, schwere Züge mit entsprechend leistungsfähigen Lokomotiven,
also keinesfalls solche, wie wir sie hier als
typische Nebenbahnloks beschreiben.

Die meisten dieser Bahnen sind dem Eisenbahnfreund nicht oder nur beschränkt
zugänglich. Doch kann er einige Spezial-
fahrzeuge sehen, so die Hochofenlok im
Lokomotivmuseum in Neuenmarkt/Ober-
franken und in mehreren Eisenbahnmuseen die feuerlosen Dampfspeicherlokomo-
tiven für feuergefährliche Betriebe, deren
Kessel an einer stationären Dampferzeu-
gungsanlage gefüllt wird. Daß eine ganze
Reihe von Industrie-Zufahrtsgleisen wegen der Niveauunterschiede mit kurzen
Zahnstangen gebaut wurde, ist hier bereits
berichtet worden.

Bahnanschluß: Feldschlößchen

Hier wollen wir einmal Deutschland zu einem Blick über die Grenzen verlassen.
Nicht weit, beinahe in Sichtweite der

Grenze liegt in der Schweiz die Brauerei
Feldschlößchen oberhalb von Rheinfelden. Eisenbahnwagen mit dem blauen Fir-
menschriftzug auf weißem Grund sind in
der Schweiz allerorten zu sehen. Es gibt
110 davon (85 brauerei-eigene und 25
ständig gemietete), und 33 Wagen sind
Vierachser, 77 Zweiachser. Sechsmal am
Tag verläßt normalerweise ein Bierzug
Rheinfelden mit mehreren Bestimmungs-
orten, wo Feldschlößchen-Depots mit eige-
nem Bahnanschluß angefahren werden. In
Spitzenmonaten sind das bis zu
100 000 hl Bier in 600 bis 700 Wagenla-

dungen. Die Wagen treffen noch am Tag ihrer Abfertigung in Rheinfelden am jeweiligen Bestimmungsort ein und sind in der
Regel am dritten Tag von der Reise zurück.

Doch nun wieder zum Thema Nebenbahn. Als zwei Schweizer die Brauerei
1876 gründeten, wählten sie dafür einen
verkehrstechnisch optimal gelegenen
Standort in unmittelbarer Nähe der so-
eben in Betrieb genommenen Bözberg-
linie der Schweizerischen Nordostbahn Basel–Zürich. Sie wußten, daß es nicht allein darum ging, gutes Bier zu brauen, sondern auch, es an den Mann zu bringen,
und mit der Eisenbahn erschlossen sie
sich gegenüber der auf Pferdefuhrwerke
angewiesenen Konkurrenz einen weit über
die Region hinaus gestreuten Kunden-
kreis.

In schweizerischer Akkuratesse ist die
Geschichte des Bahnanschlusses archi-
viert. Es dauerte mit vielem Hin und Her
bis 1889, ehe ein Anschlußgleis gelegt
werden konnte. Die Direktion der Nordostbahn war zunächst gar nicht begeistert von
dem Plan und hatte empfohlen, eine
»schmalspurige Rollbahn« anzulegen,
aber das hatte den Besitzern der Brauerei,

Feldschlößchen-Brauerei in Rheinfelden
(Schweiz) um 1890

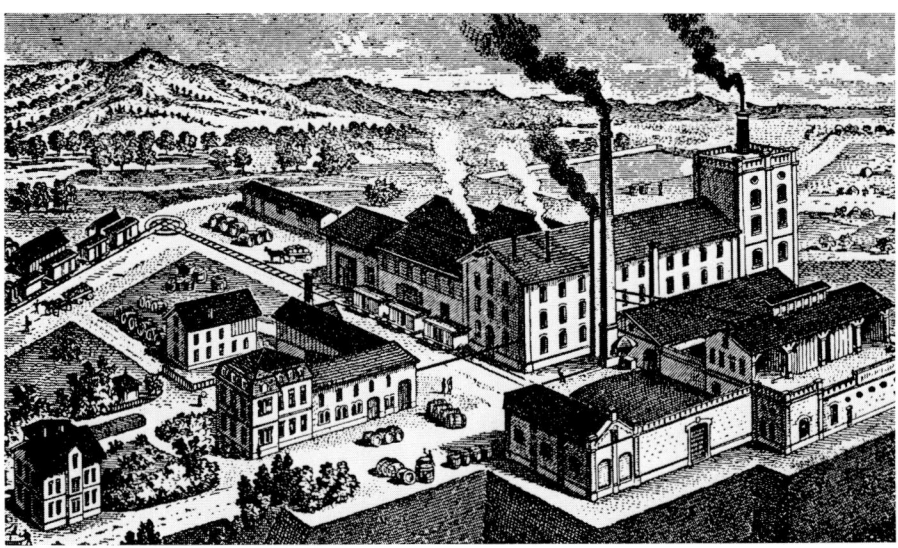

Bier-Zug in der Feldschlößchen-Brauerei in Rheinfelden um 1945

Ein Nostalgie-Zug für die Gäste der Feldschlößchen-Brauerei in Rheinfelden

ren. Schließlich ging es noch um die Kosten, welche die Brauerei durch Eigenleistungen günstiger gestaltete: 27 777 Franken stellte die Nordbahn in Rechnung, 7115 Franken wurde für die von der Brauerei beschaffte Drehscheibe ausgegeben. Dafür gab es ein 1055 m langes Gleis zur Brauerei und jenseits der Drehscheibe noch einem 95 m langen Gleisstummel. Die Nordostbahn baute als Verbindung zwischen den Betriebsgleisen I, II und III im Bahnhof Rheinfelden eine »englische« Weiche ein. Da das wegen des Brauerei-Anschlußgleises notwendig wurde, sollte die Brauerei einen Teil der Kosten dafür übernehmen.

Doch kommen wir zum Betrieb: Bergauf werden noch heute die Güterwagen von Dampfloks gedrückt: einer B-Lok aus dem Jahre 1907, die ununterbrochen Dienst tut, und einer C-Lok E3/3, die 1964 von den SBB übernommen wurde. Die Dampflokomotiven sind zusammen mit einem Gästezug mit offenen Plattformen ex Bodensee-Toggenburg-Bahn Teil des Werbekonzepts der Brauerei. Selbst einen Firmenbahnhof im Jugendstil gibt es, der von der Birsigtalbahn stammt. Im Betriebsgelände selbst sind 6 km Gleis verlegt, auf denen die Güterwagen früher von Pferden gezogen wurden, dann per Seilwinde und heute mit einem Traktor bewegt werden. Und statt der einen durch Muskelkraft bewegten Drehscheibe gibt es nun zwei, die elektrisch angetrieben sind, geht es doch nicht allein um die Abfahrt von Bier, sondern auch um die Anlieferung von Rohstoffen und die Pflege der Wagen in Waschanlage und Werkstatt. Rund 12 000 Wagen werden im Laufe des Jahres abgefertigt, eine organisatorische Spitzenleistung.

Die 23‰ zum Bahnhof Rheinfelden hin abfallende Strecke ist durch Schutzweichen gesichert, damit unbemerkt sich in Bewegung setzende Wagen nicht in den Bahnhof rollen können. Vor der Einmündung in die Hauptstrecke ist in einem Abstellgleis die Fahrtrichtung zu ändern. Das Besondere am Feldschlößchen-Anschlußgleis ist deshalb auch, daß die Fahrt von der Brauerei zum Bahnhof Rheinfelden bergab ohne Lokomotive, allein durch die Schwerkraft, erfolgt, vom Rangierer per Hand gebremst.

den Herren Roniger und Wüthrich, nicht ausgereicht. Sie wollten das Umladen auf dem Bahnhof Rheinfelden künftig einspa

8

Lokomotiven

Es begann mit Dampf

Die Standard-Lokomotive für Nebenbahnen war die zweiachsige Tenderlokomotive der Achsfolge B in einfacher, robuster und wartungsfreundlicher Bauart. Sie wurde von fast allen Lokomotivfabriken in größeren Serien hergestellt, da der Bedarf von Lokomotiven dieser Achsfolge auch für den Rangierdienst und bei Industriebahnen groß war. Dabei waren die für den Rangierdienst konzipierten Baureihen mit kleineren Rädern ausgestattet als die für den Streckendienst auf Nebenbahnen. Bei den badischen Lokomotiven sah das so aus, daß die I b, gebaut 1874 für den Verkehr auf der Schiffsbrücke zwischen Heidelberg und Speyer, Räder mit einem Durchmesser von 960 mm hatte, während der nur kurz danach konzipierten I e 1235 mm messende Räder zugestanden wurden (und eine Tür mit Übergang an der Rückseite des Führerhauses).

Bei Industriebahnen, wo ihnen wenig Leistung abverlangt wurde, haben sich oft Alt- und Uralt-Lokomotiven fast unbeachtet bis in unsere Zeit erhalten – ein typisches Beispiel ist die »Muldenthal« aus dem Dresdner Verkehrsmuseum, eine 1'B-Tenderlokomotive, die 1861 bei der Maschinenbauanstalt Richard Hartmann in Chemnitz als Nr. 164 gebaut wurde und bis 1952 im Werkverkehr eines Steinkohlenbergwerks bei Chemnitz Dienst tat.

Ebenfalls in Dresden steht gleich daneben die normalspurige Lokalbahn-Tenderlokomotive »Hegel«, die warscheinlich im Osterzgebirge Dienst tat. Sie soll hier als typischer Vertreter ihrer Art vorgestellt werden:

Lieferant	Hartmann
Baujahr	1886
Fabriknummer	1435
Achsfolge	B
Gattung	sächsische VII T
spätere Bezeichnung bei der	
Deutschen Reichsbahn-Gesellschaft	
	98 7056
Länge über Puffer	7 880 mm
Raddurchmesser	1 130 mm
Radstand	2 200 mm
Rostfläche	0,87 m^2
Gesamtverdampfungs-	
fläche	43,5 m^2
Anzahl der Heizrohre	98
Zylinderdurchmesser	300 mm
Kolbenhub	533 mm
Dienstmasse	25,4 t
Zugkraft	3,1 kN
Höchstgeschwindigkeit	30/40 km/h
(unterschiedliche Angaben)	

Eigentlich bilden Tenderloks und Nebenbahnen eine Entwicklungseinheit – eins machte das andere erst attraktiv. Tenderloks machten, neben mancherlei anderen Vorzügen, Drehscheiben entbehrlich!

So finden wir weiter als verbreitete Tenderlok-Typen auf Normalspur die badische I e, die bayerischen D I, D II, D III, die pfälzische D 2, die preußische T 1, die sächsische II und als besonderen Schatz der Eisenbahnfreunde die bayerische PtL 2/2, auf die noch ausführlich zurückzukommen sein wird.

Übrigens wurde die sächsische VII auch als Schlepptenderlokomotive für den Nebenbahndienst gebaut, 32 Stück zwischen 1868 und 1876 bei Hartmann und Schwartzkopff. Bemerkenswert ist, daß die Räder von 1710 mm Durchmesser gegen solche von 1550 mm und später 1390 mm ausgewechselt wurden.

Die pfälzische G 1 wurde 1869 für den leichten Güterzugdienst in der Ebene beschafft. In Oldenburg und in Bayern finden wir B-Nebenbahnlokomotiven mit großen geschlossenen Tendern für Torf. In Bayern blieb die B n2t (Gattung B VII) eine Ausnahme, in Oldenburg waren es, beginnend 1867, 46 Stück der Bauart G 1, darunter die »Landwürden«, die heute im Deutschen Museum in München zu sehen ist. Sie war als Tender- wie Schlepptenderlokomotive einzusetzen. Ab 1884 setze die Oldenburgischen Staatsbahn schwerere B-Schlepptenderlokomotiven mit Verbundtriebwerk ein – Höchstgeschwindigkeit 75 km/h.

B-Schlepptenderlokomotiven waren in den östlichen Landesteilen Preußens auf

*Lange war der einfache Zweikuppler die überall
verwendete Nebenbahnlokomotive*   *Die sächsische VII TS Nr. 1504*

²/₂ gekuppelte Tender-Lokomotive für Nebenbahnen
Erbaut v. d. Sächs. Maschinenfabrik zu Chemnitz vorm. Rich. Hartmann, 1880.
Dienstgewicht 19100 kg.

langen Nebenstrecken weit verbreitet, so
ab 1887 die G 1, eine leichte »Gemischt-
zug-Lokomotive« von 28 t Masse mit
1350 mm messenden Kuppelrädern und
einer Höchstgeschwindigkeit von 40 bis
45 km/h.

Eine reizvolle Abart der B-Tenderloko-
motiven sind die »Omnibus-Lokomoti-
ven« mit der Achsfolge 1A für Nebenstrek-
ken mit geringem Verkehrsaufkommen, deren Unterhaltung nur halb so teuer gewesen sein soll wie die der B-Lokomotiven.
In Oldenburg war das die Gattung T 0, in
Baden die 1 d.

Bei den Schmalspurlokomotiven ist die
Reihe so lang, daß der Versuch einer einigermaßen befriedigenden Aufzählung
scheitern muß. Aber: Fast alle in Frage
kommenden Museumsbahnen verfügen
über zweigekuppelte Lokomotiven und haben sie auch im Fahrprogramm bis zur
600-mm-Feldbahn.

Obermayer nennt die Zahl der in

Deutschland vorhandenen Schmalspurlokomotiven (und die Länge der Bahnstrekken) für 1888/89: 165 Lokomotiven (819 km); 1893/94: 276 Lokomotiven (1340 km).

Mehr Achsen – mehr Leistung

Mit steigenden Ansprüchen – auch die Nebenbahnen florierten, und manche von ihnen mußten nicht vorhergesehene Leistungen erbringen – erschienen auch dort leistungsfähigere und schwerere Lokomotiven. Dabei sind zwei Entwicklungen zu beobachten, die von unterschiedlichen Aufgaben ausgehen und deshalb klar getrennt werden müssen.

Einmal geht es um die Erhöhung der Zahl der gekuppelten Achsen. Das ist eine Frage der Zugkraft, die schon sehr früh von Lokomotivbauern durch C- und D-Lokomotiven, bevorzugt für den Güterzugdienst, beantwortet wurde. Typisch sind für diese Lokomotiven die kleineren Räder und die niedrige Geschwindigkeit. Schließlich war es eine angenehme Nebenerscheinung einer größeren Anzahl von Achsen, daß die auf die einzelne Achse entfallende Masse geringer war. Insbesondere bei Nebenbahnlokomotiven dürfte dieser Effekt hin und wieder der eigentliche Grund für die Erhöhung der Achsenzahl gewesen sein.

Die vordere Laufachse dagegen ist bei höheren Geschwindigkeiten eine Frage der Sicherheit – Lokomotiven ohne diese waren nur für eine beschränkte Geschwindigkeit zugelassen. Daneben verteilen Laufachsen natürlich die Masse, der niedrigeren Achsfahrmasse steht die nur teilweise Ausnutzung der Masse für die Adhäsion gegenüber.

Drehgestelle mit Laufachsen unterstützen den Kessel, ermöglichen also größere Kesselabmessungen und größere Leistungen. In der letzten Ausbildung der Tenderloks haben wir eine Reihe leistungsfähiger Maschinen mit symmetrisch angeordnetem Fahrwerk (zum Beispiel 1'D1'), die dadurch für Vor- und Rückwärtsfahrt gleichermaßen eingesetzt werden konnten, einfach und rationell für den Nahverkehr und auf Nebenbahnen.

Die zunehmende Anzahl von Kuppelachsen mit dem zwangsläufig größeren Radstand zwang die Konstrukteure zu mehr oder weniger komplizierten Lösungen, um die Kurvenläufigkeit ihrer Lokomotiven zu erhalten, Räder und Gleise nicht unnötigen Belastungen auszusetzen und zu schonen. Die erste Reaktion war, die Kuppelachsen eng zusammenzustellen, um den Preis großer Überhänge vorn und hinten – bei den langsamen Nebenbahnloks war ein unruhig zuckendes Fahrverhalten nicht ausschlaggebend.

Dann ging man daran, bei einzelnen Kuppelachsen die Spurkränze schwächer

Die T 3 mit der DRG-Nummer 89 7538 wurde für die Braunschweigische Landes-Eisenbahn gebaut.

zu halten oder ganz auf sie zu verzichten. Ein weiteres Hilfsmittel war die seitlich oder radial verschiebbare Achse, auch mit Beeinflussung des übrigen Fahrwerks, um den Führungsdruck herabzusetzen, zum Beispiel durch den Beugniot-Hebel. Auch die radial verstellbare Lindner-Hohlachse begegnet uns bei Nebenbahnlokomotiven, die sich zum Studium dieser Bauarten besonders eignen, weil sie durchweg für kurvenreiche Strecken gebaut wurden unter Einschränkung der Achsfahrmasse. Bei der Bauart Luttermöller wurden die äußeren Kuppelachsen durch Zahnräder angetrieben und dadurch radial einstellbar.

Das führende Drehgestell oder die Deichselachse für die führenden Laufachsen war kein Problem. Man verband sie auch mit der ersten dadurch angelenkten Kuppelachse als Krauss-Helmholtz-Drehgestell. Eckhardt verband die Laufachse

mit der zweiten Kuppelachse und die durch Drehhebel mit der ersten Kuppelachse.

Hier wird schon deutlich, wie kompliziert – teuer in der Herstellung und der Unterhaltung gleichermaßen – die Konstruktionen wurden. Das gilt auch für die Erfindungen zu einer Verlängerung und Verkürzung der Kuppelstangen, um radial einstellbare Endachsen zu ermöglichen, bei den hier vorgestellten Lokomotiven finden wir das System Klose.

Normalspur

Bei der Normalspur ist die Frage, was denn nun eine Nebenbahnlokomotive ist, schwierig zu beantworten, wurden doch die leichteren Personen- und Güterzugloks, besonders die Tenderlokomotiven, gleichermaßen auf Haupt- und Nebenbahnen eingesetzt; auf einigen Nebenbahnen, die speziell dem Transport von Massengütern wie Kohle und Erz dienten, auch schwere Güterzuglokomotiven. Doch gibt es einige Baureihen, die wir als typische Nebenbahnloks bezeichnen können. Der Rahmen gebietet, eine Auswahl zu geben:

Dreifach gekuppelte Lokomotiven ohne Laufachsen

– *Preußische T 3:* C n2t. Erstes Baujahr 1878. Eine Lokomotive, die im Rangierdienst und bei Privatbahnen größte Ver-

Hier eine T 3 vor dem Museumszug der Achertalbahn

breitung gefunden hat. T 3 hießen sie auch in Oldenburg, III b T in Sachsen, D VII in Bayern. Allein in Mecklenburg gab es bei der Staatsbahn 41, die hier die Bezeichnung XVII trugen. Höchstgeschwindigkeit 40 km/h, indizierte Leistung 290 PS, Achsfahrmasse 12 t. Sie lief vereinzelt auch mit Schlepptender. Originale T 3 sind heute noch bei einer ganzen Reihe von Museumsbahnen zu sehen, und teilweise ziehen sie auch Museumszüge, so bei der Achertalbahn (Seite 143), der Kandertalbahn (Seite 144).

– *Preußische T 7:* C n2t. Die schwerere Tenderlok, die speziell für Güterzüge auf der Berliner Ringbahn und den schweren Rangierdienst im Ruhrgebiet konstruiert war, erfreute sich auch auf Privatbahnen (Werkbahnen) großer Verbreitung. Erstes Baujahr 1877. Nicht zu vergessen sind hier auch die preußischen dreiachsigen Güterzuglokomotiven G 3 (ab 1867) und G 4 (ab 1877).
– *Bayerische D VII:* C n2t. Erstes Baujahr 1880. Tenderlok.
– *Pfälzische T 3:* C n2t. Erstes Baujahr 1889. Eine Tenderlokomotive zum Einsatz als Rangierlok wie auf Nebenstrecken.
– *Württembergische T 3 L:* C 2nt. Erstes Baujahr 1894. Verlängerte Ausführung der T 3 mit Lenkachsen nach dem Prinzip Klose, die sich allerdings nicht bewährten. Die Maschinen waren für krümmungsreiche Nebenstrecken gebaut worden.

Zweifach gekuppelte Lokomotiven mit Laufachsen

– *Bergisch-Märkische Eisenbahn:* Die Personenzug-Tenderlokomotiven 1B n2t (also mit fester Laufachse) wurden ab 1873 in Dienst gestellt.
– *Sächsische II:* 1B n2, 1874 als Nebenbahnlokomotiven mit Schlepptender im gemischten Dienst für die Sächsisch-Thüringische Bahn geliefert.
– *Sächsische III b T:* B1' n2t. Erstes Baujahr 1889. Tenderlok. Wurde zunächst für die Muldentalbahn gebaut.

Linke Seite:
Die 80 106, eine C-gekuppelte Tenderlok, ist heute bei der Kochertalbahn zu Hause.

Die preußische G 4², die spätere 53 7002

- *Preußische S 4:* 2'B n2 und n2v. Erstes Baujahr 1892. Die leichte Personenzug-Schlepptenderlok wurde verbreitet auch in Oldenburg und Mecklenburg eingesetzt.
- *Preußische T 5:* 1'B1' n2t. Die für die Berliner Stadtbahn konstruierte Lokomotive wurde auch im Nebenbahndienst, zum Beispiel in Oldenburg, eingesetzt, befriedigte dabei aber wegen ihres unruhigen Laufs nicht. Erstes Baujahr 1895.
- *Bayerische Pt 2/3:* 1B h2t. Erstes Baujahr 1909.
- *Badische I g:* 1B h2t. Tenderlok. Erstes Baujahr 1914.
- *Einheitslokomotive Baureihe 71:* 1'B1' h2t. Tenderlok. Erstes Baujahr 1934. Ein Experiment, die Vorteile des Triebwagens mit denen der Lokomotive zu verbinden, mit mechanischer Rostbeschickung und Einmannbetrieb. Höchstgeschwindigkeit 90 km/h, indizierte Leistung 570 PS, Achsfahrmasse 15 t.

Dreifach gekuppelte Lokomotiven mit Laufachsen

- *Bayerische D VIII:* C1' n2t. Erstes Baujahr 1888. Tenderlok für gebirgige Nebenbahnen. Höchstgeschwindigkeit 45 km/h, indizierte Leistung 430 PS, Achsfahrmasse 12,5 t. Ähnlich die pfälzische T 4, etwas leichter die bayerische D X (1890).
- *LAG:* Localbahn AG, München. 1'C n2vt, erstes Baujahr 1890.
- *Preußische T 9:* C1' n2t, 1892. Auch bei den Lokomotiven gibt es die »Bauart Langenschwalbach«, speziell für die komfortablen Züge von der Kurstadt Wiesbaden nach Langenschwalbach (heute Bad Schwalbach) entwickelt. Für die starke Steigung wurden 43,8 t Reibungsmasse und 53,8 t Dienstmasse gebraucht.

- *Preußische G 5:* 1'C n2, erstes Baujahr 1892, wurde als Weiterentwicklung der G 4 in unterschiedlichen Serien gebaut, so auch als Verbundlok, mit Adamsachse und mit Krauss-Helmholtz-Drehgestell. Auch für die Lübeck-Büchener-Eisenbahn und mecklenburgische Bahnen.
- *Bayerische D XI:* C1' n2t, verbreitete Nebenbahn- und Lokalbahnlok in Bayern, erstes Baujahr 1895.
- *LAG:* Localbahn AG, München. Entsprechend der bayerischen D X, doch mit Verbundtriebwerk, Achsfolge C1', erstes Baujahr 1897. Die Lokomotive wurde gern auf von München ausgehen-

Die preußische T 12 – hier die 74 1192 im Eisenbahnmuseum Bochum-Dahlhausen

Das »Steppenpferd«: Die Einheitslok der Baureihe 24 war die ideale Lokomotive für lange Nebenbahnstrecken in der Ebene Norddeutschlands.

den Strecken ins Gebirge eingesetzt, wobei sie bergauf vorwärts fuhr und die Höchstgeschwindigkeit nicht erreichte. Bei der Fahrt talwärts, wenn die Lokomotive rückwärts fuhr, lag die Laufachse vorn.

- *Bayerische PtL 3/4:* C1' n2t. Erstes Baujahr 1900. Zunächst nur an die LAG ge-

Die 64 289 der Eisenbahnfreunde Zollernbahn, eine für den Nebenbahndienst optimal geeignete Maschine

Die Lokomotiven der DR-Baureihe 65¹⁰ verkehrten von 1954 bis 1979. Hier die 65 1078 bei Wegeleben im April 1974.

Die bayerische Pt 2/3, erstes Baujahr 1909, war eine weit verbreitete Lokomotive für den leichten Nebenbahndienst.

liefert. Höchstgeschwindigkeit 45 km/h, indizierte Leistung 320 PS, Achsfahrmasse 10,9 t.

– *Preußische T 11/T 12:* 1'C n2t und h2t. Erstes Baujahr 1902/03. Die für die Berliner Stadtbahn gebauten Lokomotiven verkehrten auch auf einer Reihe von Nebenbahnen im universellen Einsatz. Die T 12 ist im Eisenbahnmuseum Bochum-Dahlhausen zu sehen und vor dem Ruhrtal Museumszug.

Von der Baureihe 66 gab es nur zwei im Jahre 1955 gebaute Exemplare. Die 66 002 befindet sich im Eisenbahn-Museum Bochum-Dahlhausen.

– *Sächsische XIV HT:* 1'C1' h2t. Erstes Baujahr 1911. Eine Lokomotive für stark befahrene Nebenbahnen (Vorortzüge). Baureihe 75⁵. Als 75 501 im Deutschen Dampflokomotiv-Museum Neuenmarkt/Oberfranken (Seite 147).
– *Einheitslokomotive Baureihe 24:* 1'C h2. Erstes Baujahr 1926. Die »Universalmaschine« mit Schlepptender wurde vorwiegend auf langen flachen Nebenstrecken in Ost- und Westpreußen eingesetzt. Höchstgeschwindigkeit 90 km/h, indizierte Leistung 920 PS, Achsfahrmasse 15,1 t. Die 24er ist im Deutschen Eisenbahn-Museum Darmstadt stationiert (Seite 150) und zieht den Museumszug der Dampflok-Betriebs-Gemeinschaft Hildesheim (Seite 152).
– *Einheitslokomotive Baureihe 64:* 1'C1' h2t. Erstes Baujahr 1928, Tenderlok-Version der Baureihe 24. Die Tatsache, daß sie vorwärts und rückwärts für 90 km/h zugelassen war, machte sie uni-

versell einsetzbar. Im Deutschen Dampflok-Museum Neuenmarkt/Oberfranken (Seite 147), im Bayerischen Eisenbahnmuseum, in der Fahrzeugsammlung Nördlingen (Seite 148) und vor Museumszügen der Eisenbahnfreunde Zollernbahn (Seite 145) zu sehen.

Vierfach gekuppelte Lokomotiven

– *Bayerische GtL 4/4:* D h2t. Erstes Baujahr 1911. Die Lokomotive wurde bis 1924, teils in schwererer Ausführung nachgebaut, dann wurde die GtL 4/5 mit vorn liegender Laufachse daraus entwickelt (ab 1929). In den Jahren 1934 bis 1941 wurden 29 GtL 4/4 in 4/5 umgebaut. Die zulässige Geschwindigkeit wurde dabei von 40 km/h auf 55 km/h erhöht. Die GtL 4/4 Nr. 98 812 fährt vor dem Museumszug der Lokalbahn Amstetten–Gerstetten (Seite 143). Tenderloks D h2t fahren vor Museumszügen, so als Nr. 16, Baujahr 1928, auf der Strohgäubahn Korntal–Weissach (Seite 144), und als Nr. 11, Baujahr 1911, auf der Tälesbahn Nürtingen–Neuffen (Seite 145), als D n2t vor dem

»Rebenbummler« auf der Kaiserstuhl-Bahn Riegel–Breisach (Seite 144).
– *Preußische T 14* (Baureihe 93): 1'D1' h2t. Erstes Baujahr 1914. Eine Tenderlokomotive für gemischten Dienst auf kurzen Haupt- und wichtigen Nebenstrecken, auch bei anderen Bahnen im Dienst.
– *Einheitslokomotive Baureihe 86:* 1'D1' h2t. Erstes Baujahr 1928. Tenderlok für den gemischten Dienst auf »stark befahrenen Nebenstrecken«. Höchstgeschwindigkeit 70 km/h, indizierte Leistung 1030 PS, Achsfahrmasse 15,6 t. Bei Museumsfahrten der Albtalbahn (Seite 143) oder im Deutschen Dampflokomotiv-Museum Neuenmark/Oberfranken (Seite 147) zu sehen.
– *Bayerische GtL 4/5:* D1' h2t, erstes Baujahr 1929. Weiterentwicklung der GtL 4/4 zur Erhöhung der Geschwindigkeit im Lokalbahnverkehr.
– *DR-Neubau Baureihe 83:* 1'D2' h2t. Parallel zur Personenzugtenderlok Baureihe 65, die für den Vorortverkehr bestimmt war, legte man 1955 in der DDR noch eine Serie von Güterzug-Tenderloks speziell für Nebenstrecken mit kleineren Kuppelrädern von 1250 mm

Durchmesser auf (Höchstgeschwindigkeit 60 km/h). Sie ist mit 103 t Dienstmasse und einer indizierten Leistung von 1080 PS wohl der absolute Höhepunkt des Dampflokbaus für Nebenbahnen.

Fünffach gekuppelte Lokomotiven

– *Württembergische Tn:* E h2. Erstes Baujahr 1911. Ursprünglich für private Nebenbahnen entwickelte leistungsfähige Güterzug-Tenderlok mit 770 PS indizierter Leistung und einer Achsfahrmasse von 13 t. Sie kam nach Erhöhung der Achsfahrmasse auf Nebenbahnen in den Rangierdienst.

Die preußische T 14¹ (die spätere Baureihe 93⁵) war konstruiert für den gemischten Dienst auf Hauptstrecken und »wichtigen Nebenstrecken«.

Schwere Industrielok mit der Achsfolge E n2t, gebaut 1907, im Eisenbahnmuseum in Neustadt/ Weinstraße

– *Einheitslokomotive Baureihe 84:* 1'E1' h3. Erstes Baujahr 1934. Die Lokomotiven waren für die Müglitztalbahn bestimmt, zu deren Umstellung von Schmalspur auf Normalspur. Zur besseren Kurvenläufigkeit wurden Schwartzkopff-Eckhardt-Lenkgestelle verwendet. Eine Vorserie war mit Zweizylinder-Triebwerk und zahnradgekuppelten Endachsen versehen worden.

»Glaskasterl« und Trambahnlokomotiven

Die bekannteste *bayerische* Lokalbahnlok ist die *PtL 2/2,* erstes Baujahr 1908, B h2. Sie ist mit halbselbsttätiger Schüttfeuerung ausgerüstet und damit für Einmannbetrieb geeignet. Das »Glaskasterl«, der mit großen Fenstern versehene Aufbau, reicht weit über den Kessel. Vorn und hinten gibt es einen mit Geländer gesicherten

Eine Lokalbahnlokomotive mit stehendem Kessel, indizierte Leistung 120 PS, Höchstgeschwindigkeit 55 km/h, Treibraddurchmesser 1 250 mm. Die Lok wird seit 1971 von der Dampfeisenbahn Weserbergland betreut.

Umgang. Die indizierte Leistung beträgt 210 PS, die Geschwindigkeit 50 km/h. Es gibt das »Glaskasterl« mit und ohne Blindwelle. Eine dieser Lokomotiven ist noch im fahrbereiten Zustand im Deutschen Dampflokomotiv-Museum, Neuenmark/Oberfranken (Seite 147) zu sehen, eine weitere steht als Demonstrationsmodell aufgeschnitten im Verkehrsmuseum Nürnberg.

Bei dieser Gelegenheit soll auch auf die *Trambahnloks* eingegangen werden, deren sämtliche Technik verkleidet in einem viereckigen Kasten versteckt ist. Selbst das Fahrwerk ist hinter großen Klappen verborgen. Mit der Spurweite von 1000 mm gab es einige Typen bei der Pfalzbahn, die L 1 (C n2) von 1888, die Pts 3/3 (C n2) von 1907, danach die nicht mehr ganz kastenförmige (der Schornstein und der vordere Teil des Kessels ragen aus der Umhüllung, ebenso hinten der Kohlenkasten) Pts 3/3 H von 1923. Diese Lokomotiven verkehrten auf Strecken, wo die Schienen in der Straße oder direkt daneben lagen, und man kann streiten, ob die Verkleidung der Lokomotiven entstand, um die Maschinenteile vor dem Straßenkot zu schützen oder mehr, um furchtsamen Pferden (wie Menschen) den ungewohnten Anblick zu ersparen, wobei die Pferde zu schreckhaftem Durchgehen neigten. Die Höchstgeschwindigkeit war 30 km/h. Die Filderbahn fuhr mit drei Trambahnloks auf 1 000-mm-Spur.

Eine Trambahnlok ist noch bei der Chiemseebahn zwischen dem Bundesbahnhof Priem und der Anlegestelle Stock der Chiemseeschiffahrt sommers im täglichen Dienst (vgl. Seite 123). Eine weitere Trambahnlok mit Namen »Plettenberg« wird bei der »Ersten Museums-Eisenbahn Deutschlands Bruchhausen-Vilsen–Asendorf« (Seite 152) gezeigt. Sie wurde 1927 von Henschel für die Plettenberger Kleinbahn als zweifach gekuppelte Naßdampf-Tenderlok gebaut. Sie wiegt 22,7 t, hat nur 810 mm messende Räder, eine Spurweite von 1 000 mm und durfte 15 km/h schnell fahren. Zwei Trambahnloks sind in der Abteilung »Städtischer Nahverkehr« des Verkehrsmuseums Dresden zu sehen, eine von der für den Rollbockverkehr von Güterwagen eingerichteten Stadteisenbahn Forst und eine weitere für denselben Zweck beschafften – mit elektrischem Antrieb – der Städtischen Straßenbahn Meißen.

Daneben ist noch der stehende Kessel zu erwähnen, der in den Anfangsjahren des Lokomotivbaus eine gewisse Rolle spielte und den es später neben dem Einbau in Triebwagen auch in leichteren Lokomotiven gegeben hat. Der Serpollet-Kes-

Das »Glaskasterl«, die bayerische Lokalbahnlok PtL 2/2, mit einem Museumszug des Deutschen Dampflokomotiv-Museums Neuenmarkt-Wirsberg, hier mit der Bezeichnung 98 307

sel war im eigentlichen Sinne kein Kessel, sondern ein bis zur Glühhitze gebrachtes Röhrensystem, das eingepumptes Wasser in überhitzten Dampf verwandelte.

Schmalspur

Auf schmalem Gleis erreichten die Lokomotivbauer eher die Grenze ihrer Möglichkeiten. Das hatte dieselben Ursachen, die die schmale Spur für die Financiers so attraktiv machten: die engen Kurven und die niedrigeren Massen. Hier mußte man also – relativ – früher das einfache Zweiachs-Prinzip verlassen. Es kann nicht die Aufgabe dieses Buches sein, alle Bauarten aufzulisten. Es sollte genügen, an Hand prägnanter Typen den Fortschritt und die Grenzen des Fortschritts bei dieser Bauweise zu betrachten. Die Zeit hat

C-gekuppelte Schmalspurlokomotive der Nordhausen-Wernigeroder Eisenbahn

uns manche dieser Lokomotiven erhalten, in Museen und auf Museumsbahnen, aber auch – noch und hoffentlich noch lange – im täglichen Betrieb der Schmalspurbahnen in der früheren DDR.

Dreifach gekuppelte Lokomotiven

Um 1900 fuhren Schmalspurlokomotiven, gekuppelte Zwei- oder Dreiachser, etwa 30 km/h schnell, die Achsfahrmasse war 6 bis 8 t. Eine der schönsten Veteraninnen ist die C n2 aus dem Spreewald-Museum in Lübbenau, 1 000 mm Spurweite, geliefert 1897 von der Hohenzollern AG in Düsseldorf-Grafenberg, wo solche Maschinen in größerer Zahl für Klein- und Nebenbahnen gebaut wurden. Sie wurde – hier sei einmal der »Lebenslauf« einer solchen Lokomotive erzählt – als Nr. 03 der *Lübben-Cottbuser Kreisbahnen* in Dienst gestellt, war dann die 09-22 der Brandenburgischen Städtebahn, kam mit der Übernahme durch die Deutsche Reichsbahn zu dieser mit der Nr. 99 5703 und tat weiter auf der Spreewaldbahn Dienst, bis die im Januar 1970 ihren Betrieb einstellte und sie prächtig herausgeputzt zum Museumsstück wurde. Eine andere C n2 läuft als Museumslokomotive auf dem Alpbähnle. Die 99 7203 von 1904 und drei andere wurden für die einzige 750-mm-Schmalspurlinie der *Großherzoglich Badischen Staatseisenbahnen* von Mosbach nach Mudau im Odenwald angeschafft. Unsere Lokomotive kam nach der Verdieselung ihrer Strecke an die Albtalbahn und später an die Städtische Gasanstalt Karlsruhe, von der sie die Museumsbahner erwarben.

Die *Osthavelländische Kreisbahn* begann 1900 ihren Betrieb auf der Strecke Rathenow–Senzke–Nauen mit einer C1′ n2 auf 750-mm-Spur. Bald gesellte sich eine zweite Lokomotive gleicher Art dazu. Sie erhielten die Kosenamen »Pustelinchen« und »Röchelanna«. »Pustelinchen« wurde 1965 rekonstruiert, und man erkannte sie nicht wieder, als sie bei der Kreiskleinbahn Jerichow I Dienst tat. Eine 1′C h2 die *bayerische Pts 3/4*, wurde 1906 bei Krauss für die 1000-mm-Strecke von Neuötting nach Altötting beschafft. Sie hatte – eine halbe Trambahn-

lok – vollverkleidetes Triebwerk und einen geländergeschützten Umlauf, der Wasserkasten lag unter dem hoch angeordneten Kessel.

1906 erschien eine erste 600-mm-Schmalspurlok, C1′ n2 mit Schlepptender, auf der *Mecklenburg-Pommerschen Schmalspurbahn*. Sie war eine von insgesamt 44 Dampfloks, die auf dem 216 km langen Schienennetz verkehrten – wie eine überdimensionierte Spielzeugeisenbahn. Die Höchstgeschwindigkeit war 25 km/h, ab 1925 fuhren auch vierfach gekuppelte Schlepptenderloks.

1′C n2, eine dreigekuppelte Tenderlok, haben wir auch 1917 auf der *Pillkaller Kleinbahn*, sie kam später zur Spreewaldbahn. Die Spurweite war 1 000 mm, die Höchstgeschwindigkeit 40 km/h.

Von der *Regenwalder Kleinbahn* kommt eine 1′C1′ h2t, gebaut 1930 von Borsig, der meterspurigen Selfkantbahn Gillrath–Schierwaldenrath (Seite 154).

Vierfach gekuppelte Lokomotiven

Den Sprung zur vierten angetriebenen Achse hatte man in *Württemberg* bereits 1891 gewagt. Die *Ts 4*, Bauart D n2, zeichnete sich durch eine beinahe atemberaubend komplizierte Konstruktion des Fahrwerks aus. Die angetriebene zweite Achse blieb ohne Spurkränze, die dritte Achse war seitenbeweglich und steuerte über Hebel nach dem System Klose die sich radial

einstellenden erste und vierte Achse. Ob der vielen Stangen und Hebel mußten die Zylinder innen angeordnet werden. Das Ganze war teuer in Herstellung und Unterhaltung, muß sich aber bewährt haben, denn es wurden nacheinander drei Lokomotiven gebaut und die letzte erst 1931 verschrottet. Nach denselben Prinzipien wurde 1894 die *Tss 4* für die 750-mm-Schmalspurbahn von Marbach nach Beilstein gebaut.

Die *Sächsischen Staatseisenbahnen* stellten 1901 die erste vierfach gekuppelte Lokomotiven auf ihrem 750-mm-Schmalspurnetz in Dienst, Bauart D n2v. Die Bezeichnung war *V K*. Gutes Kurvenverhalten sollten die Klien-Lindner-Hohlachsen garantieren, die aber nicht befriedigten. Übrigens waren die Lokomotiven speziell für die stark belastete Strecke Heidenau–Altenberg bestimmt, die 1938 auf Normalspur umgestellt wurde.

1904 setzte die *Königlich-Preußische Eisenbahn-Verwaltung* ihre *T 37* auf den oberschlesischen Schmalspurstrecken mit der ausgefallenen 785-mm-Spur ein, einen Vierkuppler D n2, da die C-Lokomotiven dem steigenden Verkehr nicht mehr gewachsen waren. Die Lokomotive, der 1915 die verlängerte und stärkere Heißdampf-Version *T 38*, ebenfalls von Oren-

Die sächsische V K, gebaut 1901, war nicht sehr erfolgreich.

Die D-Schmalspurlokomotive 99 3361 für 600 mm der Mecklenburg-Pommerschen Schmalspurbahn, Baujahr 1938, Masse 13 250 kg, Höchstgeschwindigkeit 25 km/h

stein & Koppel, folgte, war mit Endachsen nach dem System der Klien-Lindner-Hohlachsen ausgestattet. Das Lichtraumprofil war eng, es mußten Kurven von 35 m Radius genommen werden und 40-‰-Steigungen.

Mit der *bayerischen Gts 4/4* für Meterspur setzte Krauss & Comp. 1909 auf engen Radstand, um Kurvenläufigkeit ohne teure und unterhaltsaufwendige Sonderkonstruktionen zu erreichen. Nur 800 mm große Räder wurden bei der D n2 eng zusammengerückt, die großen Überhänge vorn und hinten gaben der 8 447 mm langen Tenderlok ein martialisches Aussehen.

Fünf vierfach gekuppelte Lokomotiven gab es ab 1912 auch auf der *Kreisbahn Jerichow I*. Die Spurweite war 750 mm.

Die *Rügenschen Kleinbahnen* setzten ab 1913 Vierkuppler D n2 auf ihren 750-mm-Gleisen ein. Zunächst zwei, in den 20er Jahren eine dritte Lokomotive mit Heißdampfbetrieb. Die beiden erstgenannten wurden auf Heißdampf umgebaut.

Vierkuppler fanden sich auch auf der *Muskauer Waldbahn*, einer ausgedehnten Wirtschaftsbahn auf 600-mm-Spur, und zwar seit 1914 in der Art der »Brigadelokomotive« D n2 der Heeresfeldbahn. Die kleinen Maschinen waren 5980 mm lang und brachten eine Dienstmasse/Reibungsmasse von nur 12 t auf die Schiene, was einer Achsfahrmasse von 3 t entspricht. Eine solche Brigadelok ist das Prunkstück der Sammlung des Frankfurter Feldbahnmuseums (Dampfbahn Rhein-Main, 60486 Frankfurt am Main, Am Römerhof 15a).

D h2-Lokomotiven wurden ab 1922 auch von der *Gera-Meuselwitz-Wuitzer Eisenbahn* auf Meterspur eingesetzt ...

... und Vierkuppler sind es, die auch heute noch den täglichen Betrieb der 900-mm-Kleinbahn Bad Doberan–Kühlungsborn bewältigen: die *Einheitslokomotive Baureihe 99³²*, Bauart 1'D1' h2, Baujahr 1931, und die ab 1950 vom Lokomotivbau »Karl Marx« Babelsberg zunächst für die Wismut AG gebaute *Baureihe 99³³*, eine D h2/D n2. Die erstgenannte ist mit ihren Laufrädern für 50 km/h zugelassen, die 99³³, der die Funktion der Verstärkung und Reserve zugedacht war, darf nur 35 km/h schnell fahren.

Ebenso im täglichen Einsatz – zwischen Putbus und Göhren auf Rügen – stehen die 1938 von der *Kreisbahn Jerichow I* in Dienst gestellten 1'D h2, Vierkuppler mit Laufachse vorn, die eine Höchstgeschwindigkeit von 45 km/h auch auf der 750-mm-Spur erlaubt. Die Konstruktion wurde weitgehend von der Einheitslokomotive Baureihe 99³² beeinflußt.

Fünffach gekuppelte Lokomotiven

1919 übernahmen die *Sächsischen Staatseisenbahnen* 15 E-Heißdampfloks, die für die Heeresfeldbahn bestimmt, aber nicht mehr rechtzeitig fertiggestellt wurden. Sie bewährten sich als *IV K* im sächsischen Schmalspurnetz, vor allem auf Bergstrecken. Der Kurvenläufigkeit zuliebe waren die erste, dritte und fünfte Achse seitenbeweglich angeordnet.

Die erste E-Schmalspurlokomotive auf 785-mm-Spur fuhr 1919 in Oberschlesien als *preußische T 39* für schwerste Lasten. Im Gegensatz zur T 37 und T 38 wurden die Endachsen nicht mit Stangen angetrieben, sondern durch Zahnräder nach dem Prinzip Luttermöller.

Die Achsfolge E gab es seit Beginn der 20er Jahre auch auf der Meterspur-Feldbahn Dorndorf–Kaltennordheim. Die als *preußische T 40* konzipierten Lokomotiven hatten drei mit Stangen gekuppelte Mittelachsen. Die Endachsen wurden wiederum nach dem System Luttermöller über Zahnräder angetrieben.

Für die 1000-mm-Schmalspurbahn von Nagold nach Altenstein wurden 1927 als neue Fünfkuppler *württembergische Ts 5* gebaut, um die Ts 4 von 1899 abzulösen, eine Anlehnung an die sächsische IV K mit seitenverschiebbarer erster, dritter und fünfter Achse.

Gemäß den Bestrebungen der Deutschen Reichsbahn-Gesellschaft zur Vereinheitlichung des Lokomotivbestands wurden auch Einheitslokomotiven für die schmale Spur geschaffen. 1928 erschien als erste dieser Reihe die *Baureihe 99⁷³⁻⁷⁶*, 1'E1' h2, von der bis 1932 insgesamt 32 Stück gebaut wurden. Nach dem Krieg wurden noch einmal 25 mit kleineren Änderungen und weiterentwickelter Technik als *Baureihe 99⁷⁷⁻⁷⁹* nachgebaut. Mit einer Länge von 10 540 bzw. 11 300 mm und 56 bis 58 t Dienstmasse sind diese Tenderloks für ihre Spurweite schon eine technische Spitzenleistung, und wir können nur hoffen, daß sie uns lange erhalten bleiben.

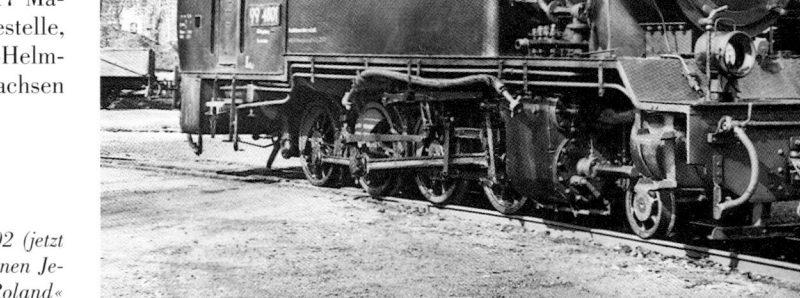

Die D-Schmalspurlokomotive Nr. 9 der Mecklenburg-Pommerschen Schmalspurbahn, die spätere 99 3461, Baujahr 1925, Höchstgeschwindigkeit 25 km/h

sind also beweglich. Die Höchstgeschwindigkeit der 65 t schweren Lokomotiven für Meterspur ist 40 km/h.

Um einmal das Verhältnis von Normal-spur und Schmalspur zu dokumentieren, werden nachstehend die Daten von je zwei fünffach gekuppelten Dampflokomotiven der 20er und 30er Jahre gegenübergestellt:

Höhepunkt der Entwicklung sind die *Baureihe 99²²* von 1931 und der weiterentwickelte Nachbau von 1954 (*Baureihe 99²³⁻²⁴*) des Lokomotivbaus »Karl Marx« Babelsberg, die das Rückgrat des Verkehrs auf der Harzbahn bilden. Die Achsfolge der Tenderloks ist 1′E1′, das Laufwerk ist unterschiedlich, zehn der 17 Maschinen haben Kraus-Helmholtz-Gestelle, sieben verbesserte Schwartzkopff-Helmholtz-Gestelle, die äußeren Treibachsen

Die 99 4801 kam ebenso wie die 99 4802 (jetzt 099 781 und 782) von den Kreiskleinbahnen Jerichow I nach Rügen zum »Rasenden Roland« Putbus–Göhren.

		Normalspur Deutsche Reichsbahn-Gesellschaft		750-mm-Schmalspur Sächsische Staatseisenbahnen	Deutsche Reichsbahn-Gesellschaft
Gattung/Baureihe		44	45	VI K	99[73–76]
Baujahr		1926…1945	1936…1940	1919…1927	1928…1932
Bauart		1′E h3	1′E1′ h3	E h2t	1′E1′ h2t
Länge über Puffer	mm	22 620	25 645	8 660	10 540
Rostfläche		4,55	4,47	1,6	1,74
Verdampferheizfläche	m²	237,67	269,02	64,2	80,3
Überhitzerheizfläche	m²	100,0	120,0	24,5	29,0
Kesseldruck	bar	16	16	14	14
Zylinderdurchmesser	mm	550	520	430	450
Kolbenhub	mm	660	720	400	400
Treibrad- und Kuppelrad-durchmesser	mm	1400	1600	800	800
Laufraddurchmesser	mm	850	1000/1250	–	550
Dienstmasse	t	110,2	125,5	40,4/42,25	56,7
Reibungsmasse	t	95,9	97,2	40,4/42,25	46
Höchstgeschwindigkeit	km/h	80	90	30	30

Eine sächsische VI K , eigentlich bestimmt für die Heeresfeldeisenbahnen, hier mit der Bezeichnung 99 1608

Eine württembergische Ts 5 für 1 000 mm, gebaut 1927, hier mit der Bezeichnung 99 192

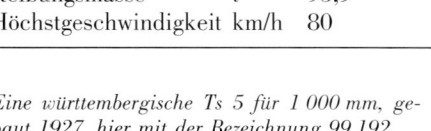

Die 99 734, gebaut ab 1928 für die 750-mm-Spur der sächsischen Schmalspurbahnen

Die 99 7245 (jetzt 099 155) aus der Reihe der modernsten und leistungsfähigsten Lokomotiven der Harzer Schmalspurbahnen auf der Drehscheibe in Wernigerode

Wo die Kraft einer Lokomotive nicht ausreicht und keine Möglichkeit besteht, sie zu vergrößern und damit ihre Zugkraft zu erhöhen, ist es üblich, zwei oder drei Zugmaschinen einzusetzen (Dieselloks werden in den USA bis zu acht vor und in einem Zuge gefahren). Nun brauchte man – zumindest bei Dampflokomotiven – auch dann für jede Lokomotive einen Lokomotivführer und einen Heizer. Was lag näher, als zwei Lokomotiven so zusammenzukuppeln, daß ein Führer und ein Heizer auf einer in der Mitte liegenden Plattform beide Maschinen bedienen konnte. Schon Stephenson hatte diese Idee gehabt.

Speziell für die schmale Spur mit ihrem bedrängten Platz für die Antriebsteile und den meist nur kurzen zu durchfahrenden Strecken ergab sich die Lösung, eine Erzeugungsanlage für Dampf mit zwei Antriebsmaschinen zu kombinieren, die beweglich miteinander verbunden sind und damit das Befahren enger Kurven gestatten.

Lokomotiven mit geteilten Fahrwerk

Als Vorläufer dieser immer etwas exotisch wirkenden Art von Dampflokomotiven sind die *Doppellokomotiven* zu besprechen, wie sie beispielsweise bei der Heeresfeldbahn beliebt waren: Zwei leichte Tenderlokomotiven wurden mit den offenen Führerhäusern so zusammengekuppelt, daß eine durchgehende Plattform für die zwischen den Kesseln stehenden Lokomotivführer und Heizer entstand. So hatte man die mangelnde Leistungsfähigkeit des einzelnen Apparats ausgeglichen. Natürlich gab es so etwas auch auf Nebenbahnen. Die letzten der »Zwillinge« auf der Strecke Zeulenroda unterer Bahnhof–Zeulenroda oberer Bahnhof wurden erst 1960 stillgelegt.

Die älteste hier zu besprechende Bauart einer Gelenklokomotive ist das System *Fairlie*. Der namengebende Konstrukteur hatte seine erste Lokomotive 1865 gebaut, 1885 wurden zwei Maschinen von der englischen Lokomotivfabrik Hawthorn für die Schmalspurstrecken der Sächsischen Staatseisenbahnen (750 mm) geliefert. Sie hatten zweimal zwei Achsen und waren für den schweren Dienst bestimmt, bewährten sich aber nicht und verschwanden sozusagen. Noch ein Wort zum System Fairlie: Zwischen zwei Langkesseln stand ein beiden gemeinsamer Stehkessel. Unter den Langkesseln befand sich je ein Drehgestell mit zwei gekuppelten Achsen und zwei Zylindern. Eine solche auf zwei zweiachsigen Drehgestellen laufende Lokomotive konnte engste Gleiskrümmungen nehmen.

Eine Fairlie für 600-mm-Spur ist im Verkehrsmuseum Dresden zu sehen, eine weitere aus Sachsen (Gattung I M, Bauart B′B′ n4v) gehört zu den Fahrzeugen, die als technische Denkmäler nach einer vom Minister für Verkehrswesen der DDR 1975 erlassenen Anordnung museal zu erhalten sind. Sie wurde in einer drei Lokomotiven umfassenden Serie von Hartmann in Chemnitz 1902 gebaut und ist ein faszinierendes Stück Technikgeschichte. Auf einer 1000-mm-Güterbahn für Rollbockbetrieb wurde über 13 Anschlüsse die in Reichenbach und Umgebung ansässige Textilindustrie bedient. Die Züge fuhren

durch die engen Straßen Reichenbachs mit Kurvenradien von 30 m, bei Anschlußgleisen 15 m. Die Lokomotiven waren, um das Scheuen von Pferden zu vermeiden, vollständig kastenförmig umkleidet. Die zentrale Feuerung wurde seitlich beschickt, der Lokomotivführer stand der besseren Sicht halber vorn. Der Regler konnte für beide Triebwerksgruppen getrennt bedient werden, während die Steuerung verbunden war.

Konnten sich die »Fairlies« in Deutschland nicht durchsetzen, so wurden Lokomotiven nach dem System *Günther-Meyer* ein voller Erfolg. Hier haben wir es mit

Die Reichenbacher Fairlie für 1 000 mm Spur, hier mit der Bezeichnung 99 161

Die sächsische IV K der Bauart Günther-Meyer

zwei beweglichen zweiachsigen Triebwerken unter einer Kesselanlage zu tun. Die ab 1892 für die sächsischen Schmalspurbahnen beschafften insgesamt 96 Lokomotiven der Bauart *IV K* sind Verbundlokomotiven mit Hochdruck-Triebwerk vorn und Niederdruck-Triebwerk hinten. Diese Art des Antriebs sparte damals durch bessere Ausnutzung des Brennstoffs etwa 25 % Kohle gegenüber den herkömmlichen Maschinen. Und wenn auch die beweglichen Triebwerke mit beweglichen Dampfleitungen störungsanfällig und wartungsaufwendig sind, so wurde das mehr als aufgewogen durch die Tatsache, daß hier ohne Kunstgriffe wie Hohlachsen und Zahnräder oder variable Kuppelstangen vier Achsen volle Kraft auf die Schienen der kurvenreichen sächsischen Schmalspurstrecken brachten. Nach wie vor ist die IV K nicht zu entbehren. Eine ganze Reihe der Maschinen wurde rekonstruiert und tut noch heute Dienst. Die 132 zieht im grünen sächsischen Kleid den Traditionszug Radebeul-Ost–Radeburg (Seite 143). Eine IV K steht im Verkehrsmuseum Dresden (Seite 156), eine andere im Schmalspurmuseum Oberrittersgrün (Seite 157), eine weitere fanden wir als Denkmalslok

am Bahnhof Rothenkirchen der ersten sächsischen Schmalspurlinie Wilkau-Haßlau–Carlsfeld. Hier die wichtigsten Daten der Lokomotive, die Nebenbahngeschichte gemacht hat wie kaum eine andere:

Gattung	IV K
Baureihe	99[51-60]
Erstes Baujahr	1892
Spurweite	750 mm
Länge	9000 mm
Rostfläche	0,97 m^2
Verdampfungsheizfläche	49,87 m^2
Kesseldruck	12 bis 15 bar
Zylinderdurchmesser	240/370 bis 400 mm
Kolbenhub	380 mm
Raddurchmesser	760 mm
Dienstmasse/Reibungsmasse	26,6/29,6 t
Wasservorrat	2,4 m^3
Kohlenvorrat	1 bis 1,2 t
Höchstgeschwindigkeit	30 km/h

Weitere Gelenklokomotiven nach dem System Günther-Meyer, 18 an der Zahl, wurden 1910 beginnend für die normalspurige Windbergbahn bei Dresden von

Hartmann, Chemnitz, geliefert. Mit 40 ‰ Steigung und Kurvenradien von 90 m wurden starke Lokomotiven mit kurzem Radstand benötigt. Die sächsische I TV (B'B' n4v) hatte eine indizierte Leistung von 540 PS, war 11 624 mm lang, 60,5 t schwer und durfte mit 1260 mm großen Rädern 50 km/h schnell fahren. Die letzte von ihnen, die 98 001, gehört zu den Museumslokomotiven der DR.

Das dritte der vier wesentlichen Systeme geteilter Lokomotivantriebe – *Mallet* – ist keineswegs eine Spezialität für Nebenbahnen. Es gibt Mallet-Lokomotiven, die zu den Stärksten, zu den Riesen gehören. Auch Mallets haben zwei Triebwerke unter einem Kessel (oder auch drei, das dritte unter dem Schlepptender). Vorn ist das Niederdruck-Triebwerk als Drehgestell ausgebildet, hinten liegt das Hochdruck-Triebwerk fest im Rahmen. Mallets haben oft mehr als zwei gekuppelte Achsen in einem Triebwerk, die bayerischen Gt 2 x 4/4 zum Beispiel, die als Schiebe-

Die sächsische I TV, die spätere 98 001, der Bauart Günther-Meyer, für die kurvenreiche Windbergbahn

Die bayerische Mallet-Lokomotive BB II für Nebenbahnen mit kleinen Gleisradien. Die hier abgebildete Nr. 2525 hieß bei der DRG 98 725.

Die Mallet-Lokomotiven der Nordhausen-Wernigeroder Eisenbahn sollten die schweren Züge zum Brocken führen. Die hier gezeigte Lok erhielt bei der DRG die Bezeichnung 99 601.

Mallet-Lokomotive der Rügenschen Kleinbahnen. Bei der DRG wurde sie in die Baureihe 99^{452} eingereiht.

lok an den Rampen arbeiteten, hatten zwei Triebwerke mit je vier Achsen, waren 17 700 mm lang, 127,6 t schwer und hatten 1630 PS indizierte Leistung.

Dagegen sind unsere Nebenbahn-Lokomotiven schmalbrüstige Zwerge. Die letzte betriebsfähige normalspurige Mallet in Europa steht im Eisenbahnmuseum in Darmstadt-Kranichstein (Seite 150) und ist hin und wieder vor dem Museumszug zu sehen. Es ist die letzte einer Serie von 31 in den Jahren 1899 bis 1903 gebauten Maschinen für »Nebenbahnen mit kleinen Gleisradien«. Die indizierte Leistung ist 380 PS, die Masse 42,6 t.

Am bekanntesten sind die Mallets der Harzquerbahn, die immer noch ihren Dienst versehen. Beginnend 1897 ließ die damalige Nordhausen-Wernigeroder Eisenbahn zwölf solcher Lokomotiven mit 1000 mm Spurweite bauen, deren Leistungsfähigkeit gegenüber den bis dahin verwendeten B-Lokomotiven einen enormen Fortschritt bedeutete. Vier dieser Lokomotiven sind heute noch vorhanden, zum Teil betriebsfähig. Ihre Masse ist 36 t, die Höchstgeschwindigkeit 30 km/h.

Dann soll an die Mallets der Harzquerbahn erinnert werden, die heute nicht mehr zu sehen sind, die beiden C'C' von 1909, die sich mit 54 t als zu schwer erwiesen und verkauft werden mußten, und die beiden (1'B)B1' von 1922, die mit erhöhter Leistung den Betrieb vom Bahnhof Drei Annen Hohne bis zum Brocken übernahmen. Sie beförderten 105 t, waren aber wegen ihres schlechten Laufs und ihrer Störanfälligkeit unbeliebt.

Eine Reihe leichter Mallets mit der Achsfolge B'B' wird angeführt durch die württembergische TssD aus den Jahren 1899 und 1901. Neun Lokomotiven wurden für die Meterspurbahn Warthausen – Ochsenhausen gebaut. 1899 baute die Maschinenfabrik Esslingen als Fabrik-Nummer 3070 bis 3072 drei Mallets für 750-mm-Spur der Württembergischen Staatsbahn mit 28 t Dienstmasse und 4,75 kN Zugkraft. Die im gleichen Jahr fertiggestellten sechs Mallets für die Badische Staatsbahn mit Normalspur wogen, obwohl auch BB-Lokomotiven, gut 57 t bei 10 kN Zugkraft. 1900 wurden drei Mallets für die »sehr krümmungsreiche« 1000-mm-Strecke der Gera-Meuselwitz-Wuitzer Eisenbahn angeschafft: 25 t Dienstmasse, 35 km/h Höchstgeschwindigkeit. 1902 folgten die Franzburger Kreisbahnen (Spurweite 1000 mm, 20 t Dienstmasse, 30 km/h Höchstgeschwindigkeit) und die Rügenschen Kleinbahnen (Spurweite 750 mm, 19,1 t Dienstmasse, 25 km/h Höchstgeschwindigkeit).

Manche Lokomotive hat ein »bewegtes Leben« hinter sich gebracht, insbesondere kleinere Privatbahnen hatten (und haben) oft nicht das Geld, sich fabrikneues Rollmaterial zu kaufen und versorgen sich über Secondhand-Angebote. In vielen Fällen waren von Staatsbahnen ausgemusterte Fahrzeuge (oft geht es ganz einfach um Bereinigungen, um das Abstoßen von Einzelstücken) für Lokal- und Sekundärbahnen noch gut genug. Ein Zitat: »Die LAG (Localbahn A.-G. München) hatte diese beiden Lokomotiven im Jahre 1930 von der Braunschweigischen Landes-Eisenbahn ... gekauft. Die wiederum hatte sie 1928 von der Deutschen Reichsbahn-Gesellschaft erworben. Die Lokomotiven waren preußische T 8, die bei der Preußischen Staatsbahn unter den Bahnnummern STETTIN 7002 UND ELBERFELD 7018 im Einsatz gewesen waren.«

Diesellokomotiven

Nachdem der überwiegende Teil der Hauptbahnstrecken der Deutschen Bundesbahn elektrifiziert wurde, ist ein ebenso überwiegender Teil der Normalspur-Diesellokomotiven im Nebenbahndienst eingesetzt. Es wäre übertrieben, Diesellok und Nebenbahn gleichzusetzen, aber die Tendenz geht unübersehbar dahin.

Dieselloks, das sind, von den Rangierloks einmal abgesehen, die V 100, V 160 und V 200 überkommenen Verständnisses, die heute die Baureihen
– 211, 212, 213 (1 100 bis 1 350 PS),
– 215, 216 (1 900 PS),
– 218 (2 500 PS),
– 220, 221 (1 100 bis 1 350 PS)
bilden. Alle haben hydraulische Leistungsübertragung und zwei zweiachsige Drehgestelle. Die typische Nebenbahnlok ist die 211 mit zwei oder drei vierachsigen Wagen im Wendezugbetrieb.

Von der Deutschen Reichsbahn stammen die Baureihen
– 110, 112 (jetzt 201, 202, 1 000 bis 1 200 PS),
– 118, 119 (jetzt 228, 219, 2 × 900 bis 2 × 1 350 PS)
mit hydraulischer Leistungsübertragung sowie
– 120 (jetzt 220, 2 000 PS),
– 131, 132 (jetzt 231, 232, 3 000 PS)
mit elektrischer Leistungsübertragung.

Leichte Dieselloks, wie sie in größeren Serien für Privatbahnen gebaut wurden

Die V 100 (jetzt 211), die Universallok für den Nebenbahnbetrieb

*Die BR 112 (jetzt 202), gern für den Nebenbahn-
dienst verwendet*

Für Nebenbahnen geeignet sind die
Baureihen 201, 202, die mit dreiachsigen
Drehgestellen versehenen Lokomotiven
der Baureihe 228 und die Baureihe 219
mit geringerer Achsfahrmasse.

Unübersehbar ist die Fülle der Diesel-
lok-Typen bei den nichtbundeseigenen Eisenbahnen, ein Begriff, unter dem die Privatbahnen und manches andere zusam-
mengefaßt werden. Dort sind, ebenso wie
bei Museumsbahnen, teilweise noch die
für die deutsche Wehrmacht im Zweiten
Weltkrieg gebauten V 20 und V 36 (heute:

270 und 236) und ihre Nachfolgetypen im
Dienst.

Eine Ausnahme ist die Baureihe 199.8
(heute: 299), die auf den schmalspurigen
Harzbahnen verkehrt – ungern gesehen,
weil sie das Bild von der fremdenverkehrs-
fördernden romantischen Touristikbahn
zerstört. Nach Planungen, die allerdings
heute Makulatur sind, sollte die 199.8 im
Schmalspurverkehr der DDR die Dampflokomotiven ablösen. Inzwischen ist die Situation dahin gehend geklärt, daß diese
Loks, die aus der 110.8 umgebaut wurden,
die Dampflok entlasten sollen. Zumindest:
Dieselloks sollen nur für nicht der Touri-
stik dienende Züge eingesetzt werden.

Elektrische Lokomotiven

Ja, es gibt sie, und sie sind so etwas wie
weiße Raben, denn es gibt auch elektrische Nebenbahnen (die weitgehend von
Triebwagen befahren werden). Trotzdem,
dazu gehören zunächst einmal die Bo-Lo-
komotiven der seit 1905 elektrisch betriebenen Bahnlinie Murnau–Oberammergau,
danach sind die für die Höllentalbahn gebauten Bo'Bo'-Lokomotiven für 50 Hz/
20 kV zu nennen. Auch eine Nebenbahn
ist die Harzer Rübelandbahn (Seite 49)
trotz der dortigen Schwertransporte mit
der speziell dafür gebauten Elektrolok 251 (jetzt 171) und der Diesellok 112

Modell der elektrischen Einphasen-Güterzuglokomotive der Bahn Murnau–Oberammergau, gebaut 1906

Die alte Tallokomotive der Bayerischen Zugspitzbahn

für den weiteren Transport. Nicht zu vergessen sind die Elektroloks der Extertalbahn aus dem Jahre 1927 und die Lokomotive der Trossinger Eisenbahn.

Moderne elektrische Lokomotiven sind die für den leichten Betrieb vorgesehenen der Baureihe 141, oft im Wendezugbetrieb eingesetzt. Die wichtigsten Daten:

Achsanordnung	Bo'Bo'
Länge über Puffer	15 660 mm
Raddurchmesser	1250 mm
Stundenleistung	2400 kW bei 97,8 km/h
Dauerleistung	2310 kW bei 101,8 km/h
Anfahrzugkraft	215 kN
Dauerzugkraft	108 kN
Dienstmasse/ Reibungsmasse	67 t
Achsfahrmasse	16,8 t
Anzahl der Motoren	4
Anzahl der Dauerfahrstufen	28
Höchstgeschwindigkeit	120 km/h

9

Wagen

»Donnerbüchsen«

Ein stilreiner Zug von »Donnerbüchsen« ist der Stolz einer jeden Museumsbahn. Diese zweiachsigen Durchgangswagen mit meist offenen Plattformen* sind zum Synonym für Nebenbahnwagen überhaupt geworden. Die Normalspur-Ausführung der Deutschen Reichsbahn-Gesellschaft mit klappbarem Bühnengeländer und Übergang datiert aus dem Jahre 1923, als 20 Fahrzeuge 3./4. Klasse ausgeliefert wurden. Es waren Wagen in Holzbauweise, deren Langträger durch Sprengwerke verstärkt werden mußten. Parallel dazu erschienen Wagen in Stahlbauweise, die einen wie die anderen mit Gasbeleuchtung und entsprechenden Behältern unter dem Wagen, Dampfheizung und Druckluftbremse. 1929 gab es dann die dazu passenden 2.-Klasse-Wagen mit geschlossenen Einstiegsräumen.

Diese Einheitswagen, in die die Erfahrungen mit verschiedenen Baureihen von Länderbahn-Durchgangswagen eingeflossen waren, stellten eine zweckmäßige Mischung des amerikanischen und engli-

* Es muß angemerkt werden, daß in einem Teil der Eisenbahnliteratur der Ausdruck »Donnerbüchsen« auf die Wagen der Einheitsbauart mit geschlossenen Plattformen wegen des wohl nur bei ihnen charakteristischen Dröhnens beschränkt wird.

schen Systems dar, dessen Verfechter in den Kinder- und Jugendjahren der deutschen Eisenbahnen sich einen jahrzehntelangen Streit lieferten.

Englisch oder amerikanisch

Das englische System ging von den Konstruktionsprinzipien der Postkutsche aus und vereinigte mehrere Abteile zu einem Wagen, der zwei Achsen hatte. Die erste wesentliche Veränderung dieser Wagen, deren Bauart im preußischen Abteilwagen ihre höchste Ausprägung erhalten sollte, war die dritte Achse, der Sicherheit halber, denn bei einem zweiachsigen Wagen bedeutete ein Defekt an Rad oder Achse

eine Katastrophe. So wurden zum Beispiel in Preußen die Schnellzüge lange Zeit grundsätzlich mit dreiachsigen Wagen gefahren – sogar im Orient-Expreß waren solche noch zu sehen.

Bei den Wagen begann genau so wie bei den Lokomotiven spätestens mit der dritten Achse die Frage der Kurvenläufigkeit des Fahrzeugs. Die mittlere Achse wurde durch Seitenverschiebbarkeit, die hier leichter zu bewerkstelligen war als bei den Kuppelachsen der Lokomotiven, beweglich. Je weiter die äußeren Achsen nach außen gestellt waren – wegen der Wa-

Einheits-Nebenbahnwagen der Deutschen Reichsbahn-Gesellschaft, gebaut ab 1923

Preußischer Abteilwagen

genlänge oder wegen geringer Überhänge,
um ruhigen Wagenlauf zu gewährleisten –
desto mehr bestand die Notwendigkeit,
Lenkachsen zu bauen, die sich in Kurven
radial stellten. Das wurde durch verschiedene Vorrichtungen versucht, durch Hebel und Rückstellfedern, bis man fest-
stellte, daß sich Achsen bei konischen
Radreifen selbsttätig radial einstellen,
wenn man ihnen nur den notwendigen
Spielraum läßt. Schließlich setzten sich
im Bereich des »Vereins Deutscher Eisenbahnverwaltungen« freie Vereinslenkach-
sen durch.

Das amerikanische System dagegen bestand aus Durchgangswagen, langen Dreh-
gestellwagen mit offenen Plattformen, deren Vorbild die Planwagen der Auswande-

Württembergischer Nebenbahn-Personenwagen

rer im Wilden Westen gewesen sein sollen (oder die Mississippi-Dampfer oder nur die geräumigeren amerikanischen Postkutschen): »Interkommunikationswagen« mit einem Mittelgang, längs oder quer zur Fahrtrichtung angeordneten Sitzen zu seinen beiden Seiten und Türen an den Schmalseiten, die zu den Plattformen führten. Diese Wagen wurden in Deutschland zunächst 1845 in Württemberg eingesetzt, wurden von wenigen norddeutschen Bahnen (Niederschlesisch-Märkische, Berlin-Frankfurter) übernommen und setzten sich bald darauf in Österreich und der Schweiz durch. Sie wogen um die 14 t gegenüber 2 t der zweiachsigen Abteilwagen und liefen mit ihren Drehgestellen auf kurvenreichen Strecken ruhiger und waren höher, geräumiger als die Abteilwagen. Man stellte bald fest, daß man in ihnen Einbauten wie Heizung, Toilette, Küche, Schlafgelegenheiten wesentlich besser unterbringen konnte. Eisenbahnhistoriker verweisen gern auf die demokratische

Grundeinstellung der Amerikaner (und die gesellige der Süddeutschen), die sich nicht gern in kleine Abteile einschließen lassen und angeblich das Reisen in größeren Gruppen vorziehen.

Zweiachsige Wagen dieses Typs, sozusagen die ersten Vorläufer der »Donnerbüchsen« wurden von den Großherzoglich Badischen Staatsbahnen im Jahre 1873 auf Grund einer Auflage des Reichseisenbahnamtes beschafft: Man wollte sie im Falle eines Krieges als Lazarettwagen benutzen. In Bayern und Baden hatten diese zweiachsigen Durchgangswagen Erfolg, in Württemberg rundeten sie das Bild ab, als man sich von der strengen Kopie amerikanischer Transportverhältnisse löste.

Doch was den Badenern vorgeschrieben wurde, ist sicherlich auch anderen Länderbahnen oktroyiert worden, zumindest haben wir eine ganze Reihe ähnlicher Wagen bei den Länder- und Privatbahnen, zwei- und dreiachsig. Während die Coupéwagen Bremserhäuschen hatten, stellte man bei den Durchgangswagen die Bremser einfach auf die Plattform an die Kurbel.

Für jeden Zweck den rechten Wagen

Eigentlich hatte man erst um 1870 begonnen, für verschiedene Züge auch unterschiedliche Wagen einzusetzen. 1870 war auch das Geburtsjahr des D-Zug-Wagens, der mit einem Seitengang die Vorzüge des Abteilwagens mit denen des Durchgangswagens vereinte. Edmund Heusinger von Waldegg, den Eisenbahnfreunde durch die nach ihm benannte Lokomotivsteuerung kennen, hatte ihn entworfen. Bis dahin hatte man die neuesten und bequemsten Wagen stets für die repräsentativen Züge reserviert und ältere Wagen dann abgestuft.

Die »Preußischen Normalien« von 1878 hielten prinzipell am Abteilwagen fest, es gab aber einen Ausrutscher bei den Wagen 3. und 4. Klasse, die den Chronisten an die Auflagen für die Badener erinnern: Wagen, die man für Militärtransporte benutzen konnte, zur besseren Kontrolle der Rekruten im Großraum vor der Schlacht, zur besseren Pflege danach. Vielleicht mag auch der Gedanke mitgespielt

haben, dem Schaffner, der noch in meiner Jugend auf den langen durchlaufenden Trittbrettern der altpreußischen Abteilwagen während der Fahrt von Tür zu Tür turnte, die Kontrolle der Fahrkarten zu erleichtern. Ab 1885 kamen dann – das Pendel schlug zurück, Historiker erklären das mit ganz bestimmten Personalbewegungen in der preußischen Eisenbahnverwaltung – wiederum nur noch Abteilwagen in Frage, vorwiegend in dreiachsiger und bald auch in vierachsiger Form, letztgenannte für Schnellzüge, soweit es sich nicht um D-Züge handelte (diese Unterscheidung gab es damals, wobei uns bewußt wird, daß es sich bei dem D um den seitlichen Gang, nicht um Durchfahren vieler kleiner Stationen handelt).

Die »Normalien für Betriebsmittel der Bahnen untergeordneter Bedeutung« schließlich beschränkten sich auf Entwürfe für Durchgangswagen der 2. und 3. Klasse, da für Nebenbahnen keine 1. Klasse vorgesehen war und zunächst auch die 4. Klasse aus Gründen der Wirtschaftlichkeit nicht geführt wurde. Die Wagen der Holzklasse hatten offene, die der Polsterklasse geschlossene Plattformen.

Die verschiedenen Komponenten des Reisekomforts setzen sich nach und nach durch, bei Nebenbahn- und Kleinbahnwagen entsprechend später: Toiletten (die es zunächst nur in Gepäckwagen gab), Dampfheizung von der Lokomotive, Beleuchtung durch Gas mit dem bei Unglücken gefährlichen Behältern unter jedem Wagen, bis die elektrische Abteilbeleuchtung eingeführt wurde.

Bei der durchlaufenden Bremse kristallisierte sich heraus, daß neben den vielen Experimenten und den sich daraus ergebenden unterschiedlichen Bauarten auf den Hauptbahnen mit allen ihren Nachteilen für Nebenbahnen die einfacheren Vakuumbremsen nach den Systemen Steel, Hardy und die automatische Vakuumbremse Körting (s. Seite 44) verwendet wurden. Der Übergang von Reisezugwagen von einer Gesellschaft zur anderen erfolgte für Nebenbahnen nicht, der Übergang von Güterwagen war ebenfalls weniger problematisch als bei den Hauptbahnen wegen der geringeren Entfernungen, Massen und Geschwindigkeiten.

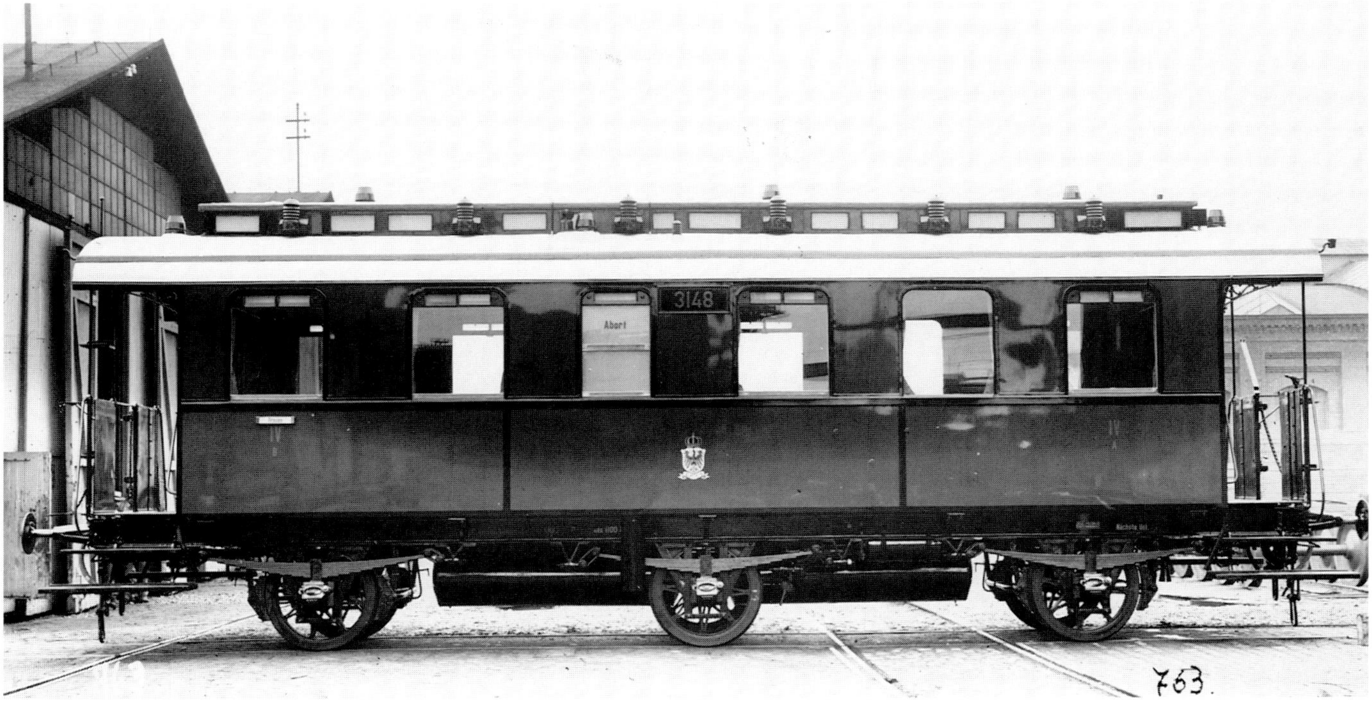
3148
Abort
IV
IV
763.

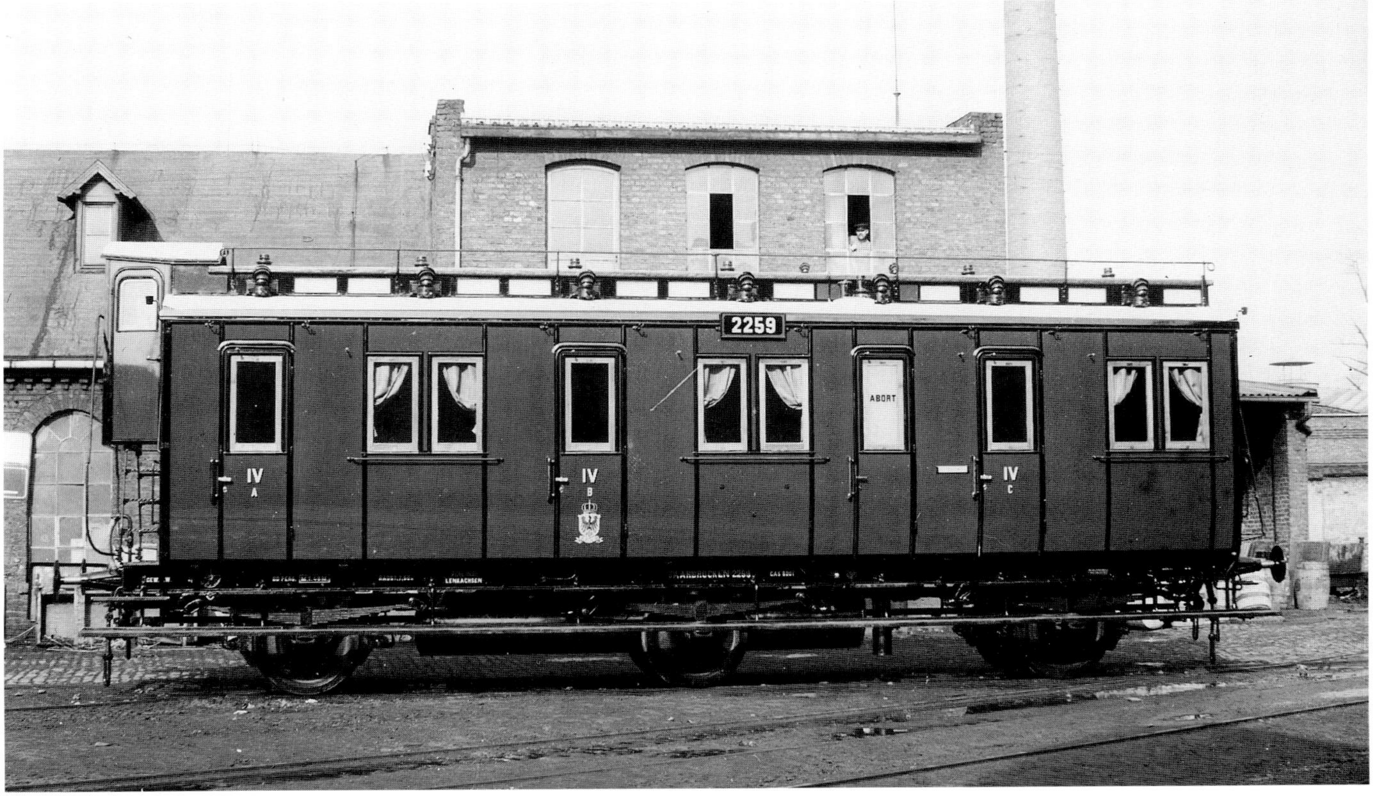
2259
IV
A
IV
B
ABORT
IV
C

Eine Sonderentwicklung der Neben- bahn-Personenwagen war die Langen- schwalbacher Bauart. Sie bekam ihren Na- men von den zwischen dem Kurort Wiesba- den und dem Ausflugsort Langenschwal- bach (heute Bad Schwalbach) im Taunus verkehrenden Zügen. Einerseits stellte die 1889 eröffnete Nebenbahn besondere An- forderungen an die Leistungsfähigkeit der Lokomotiven, denn die Steigung war maxi- mal 1:30 und der Bogenhalbmesser 200 m, andererseits besondere Anforde- rungen an den Komfort des Reisens, denn das Publikum war verwöhnt, die Creme der internationalen Gesellschaft, die in Wiesbaden kurte und sich zur Zerstreu- ung in das waldreiche Taunusgebirge fah- ren ließ. Es war also ein Wagentyp leichter Bauart mit optimalem Komfort gefragt. Man entschied sich für einen kurzen Vier- achser, Durchgangswagen mit offenen Plattformen, mit »luftiger Geräumigkeit

Linke Seite:
Preußischer Nebenbahnwagen

Preußischer Abteilwagen IV. Klasse

und hochgewölbtem Tonnendach«, der dann später auch auf anderen Nebenbah- nen, vorwiegend auf Gebirgsstrecken mit vielen Krümmungen, eingesetzt wurde. Der dazu gehörende kombinierte Ge- päck-/Postwagen PwPost 4i von 1895 hatte nur eine offene Plattform an der Seite, an der sich der Dienstraum für den Zugführer befand, als Übergang zum näch- sten Wagen. Allerdings dazu eine feste Lei- ter zum Besteigen des Daches, denn für den Postraum gab es keinen Durchgang.

1924 lief die Produktion der Langen- schwalbacher aus. Sie wurden ersetzt durch einen wiederum kurzen leichten ge- birgsgeeigneten Wagen mit Drehgestellen, der über Puffer 13 000 mm maß und an der Seite mit 2.- und 3.-Klasse-Einstieg eine geschlossene, an der Seite mit dem Einstieg zur 4. Klasse aber eine offene Plattform hatte.

Wie bei den Lokomotiven waren die 20er Jahre unseres Jahrhunderts insofern innovativ, als die Deutsche Reichsbahn- Gesellschaft versuchte, in die Typen-Viel- falt und vor allen Dingen in die anstehen- den Neubauten eine bestimmte Ordnung zu bringen, und wir haben es auch hier

Personenwagen IV. Klasse der Bauart Langen- schwalbach

mit Einheitsbaureihen zu tun, den Ein- heitswagen. Die 4. Wagenklasse wurde ab- geschafft, man füllte die Stehplatz-Räume teilweise mit Lattenbänken, andernfalls wurden die Wagen als 3. Klasse für »Rei- sende mit Traglasten« umgezeichnet. Es entstanden ab 1931 auch Einheitswagen für Nebenbahnen in Stahlbauweise mit ge- schlossenen Plattformen. Man hatte nun für jeden Zweck vom internationalen Ex- preß bis zum Vorortverkehr die speziellen Wagen, nur die Pfälzer blieben dabei, ihre alten Schnellzug-Abteilwagen auch auf Nebenbahnen aufzubrauchen.

Besonders bei Privatbahnen sind die aufregendsten Entdeckungen zu machen: Fritz Stöckl berichtete von alten MIT- ROPA-Wagen (mit Teakholzkasten), die er bei der Westfälischen Landes-Eisenbahn sah, und von einem früheren Salonwagen der Fürsten von Thurn und Taxis ebenda, sowie einem anderen, der vermutlich aus dem Hofzug des Deutschen Kaisers stammte.

Wie immer Notzeiten Sonderentwicklun-

Er muß so etwas wie ein fahrendes Büro gewesen sein, der Wagen der Königlichen Berginspektion zu Zabrze.

gen mit sich bringen, haben wir auf die Folgen des Zweiten Weltkriegs auch in diesem Kapitel einzugehen. Die Behelfspersonenwagen in der Bauart gedeckter Güterwagen (MCi-43) waren nur wenige Jahre in Betrieb, es gibt sie nur noch auf Bilddokumenten. Als dauerhafter dagegen haben sich die Umbauwagen erwiesen, von denen hier die dreiachsigen erwähnt werden sollen. Sie entstanden auf der Basis älterer Länderbahn-Modelle mit Holzaufbauten. Es gibt sie seit 1953 als AB3yg, B3yg und DByg, mit stählernem Wagenkasten, mit 13 300 mm Länge größer als die Ursprungswagen, mit kurzer Kupplung und Gummiwulst-Übergängen. Sie laufen nur noch auf Museumsbahnen. Bei der Deutschen Reichsbahn lief ein ähnliches Programm unter der Bezeichnung Reko-Wagen.

Nachbau »en miniature«

Natürlich hat man fast alle Wagentypen, die auf Hauptbahnen zum Einsatz kamen, auch für Sekundär- und Kleinbahnen nachgebaut. So ist der normalspurige Nebenbahnwagen der Königlich Bayerischen Staatseisenbahnen von 1880 nur 7000 mm lang (Wagenkasten mit zwei offenen Plattformen, über Puffer 8224 mm). Typisch ist die aus der Fahrzeugbegrenzung herausragende dritte Trittstufe.

Eine ebensolche Verkleinerung eines Abteilwagens ist der sächsische Windbergwagen von 1895 mit fünf Abteilen, über Puffer ganze 9725 mm lang. 1912 kamen vier Aussichtswagen als Durchgangswagen mit umbauten Plattformen dazu.

Nebenbahn- oder Kleinbahnwagen hieß immer, daß auf den Komfort der Wagen, die auf den Hauptbahnen eingesetzt wurden, weitgehend verzichtet werden mußte, und daß der Fortschritt im Schneckentempo daherkam. Das gilt für die Beleuchtung, die sich im Laufe der Zeit von Öllam-

pen über Gas und die Glühlampe zur Leuchtstoffröhre wandelte. Das gilt für die Heizung, die sich sozusagen von Null – denn zunächst verteilten die Schaffner Wärmflaschen, aber nicht auf den Nebenbahnen – über primitive Öfen und Dampfheizung zur elektrischen Zugheizung (was sonst bei E- und Dieselloks?) entwickelte. Auch Toiletten gab es auf Nebenbahnen relativ spät. Man war auf die großzügig bemessenen Bedürfnisanstalten in den Bahnhöfen angewiesen oder mußte den Abort im Gepäckwagen benutzen, indem man umstieg und bis zur nächsten Station dort verblieb. Die Pfalzbahn rüstete einen Teil ihrer Gepäckwagen (1885) mit zwei Aborten aus – deren Frequentierung muß lebhaft gewesen sein.

Breiten Raum nehmen die den Einheits-Donnerbüchsen der 20er Jahre und ihren Länderbahn-Vorläufern mit preußischen Oberlichtern und Tonnendächern nachgebauten Kleinbahn- und Schmalspur-Durchgangswagen ein mit oder ohne offene Plattform, allerdings oft ohne die bei Durchgangswagen der Hauptbahnen selbstverständlichen Übergänge.

Genau wie bei den Güterwagen führten die Besonderheiten der schmalen Spur schon frühzeitig zur Verbreitung vierachsiger Wagen. Die größen Serien einheitlicher Wagen solcher Bauarten wurden für die sächsischen Schmalspurbahnen hergestellt.

Die ersten deutschen Schmalspur-Personenwagen dürften die der Bröltalbahn (ab 1863) gewesen sein. Man baute zweiachsig mit offenen Plattformen. Zunächst wurde als Breite nur die doppelte Spurweite, also 1570 mm genehmigt, aber das stellte sich als nicht praktikabel heraus und wurde auf 1775 mm erweitert. Dafür gab es zwei längslaufende Bänke für zusammen 15 Fahrgäste in der Holzklasse oder 12 in der Polsterklasse an den Wänden und einen Mittelgang. Die Wagen hatten eine Länge von 4875 mm über Puffer. Später setzte man längere Wagen mit Lenkachsen ein, mit zwei getrennten Abteilen für 12 und 10 Fahrgäste.

Bei den 1 000-mm-Harzbahnen, der Selketalbahn und der Harzquerbahn, orderte man von vornherein nur vierachsige Personenwagen, auch hier Durchgangswagen mit meist offenen Plattformen, nur auf der Selketalbahn in wenigen Stücken mit geschlossenen Plattformen. Sommerwagen, offene Aussichtswagen, von denen außerhalb der Saison das Dach entfernt wurde, um sie als offene Güterwagen zu benutzen, bewährten sich nicht. Wegen des rauhen Klimas konnten sie nur an wenigen Tagen im Jahr eingesetzt werden.

Speisewagen haben bei Nebenbahnen Seltenheitswert, sie können nur dort erwartet werden, wo sich die Begriffe Nebenbahn und Lokalbahn nicht decken, wo

Typische Nebenbahnwagen mit offenen Plattformen im Westerwald um 1910

Personenwagen III. Klasse der Kleinbahn Voerde–Haspe

Bei diesem Nebenbahn-Personenwagen der 3. Klasse sind deutlich die Vorrichtungen für die Seilzugbremse zu erkennen.

Vor dem Museum in Lütjenkamp wartet die Dampflok Nr. 7 (Baujahr 1936, 600 mm) mit dem Personenzug. Links vor dem Schuppen steht die 500-mm-Spur-Speicherlok »Kauz« (Baujahr 1903), auf dem Schuppengleis die Diesellok Nr. 11 (Baujahr 1941), die hier den Rangierdienst versieht.

Personenwagen der 600-mm-Spur im Feld- und Werkbahnmuseum Oekoven bei Grevenbroich. Vorn eine Diesellok mit Holzgasgenerator.

also auf einer Nebenbahn eine längere Reise gemacht wird. Ein gutes Beispiel ist dafür der schweizerische Glacier-Expreß, eine Gemeinschaftsleistung dreier Bahnunternehmen der 1000-mm-Spur zwischen Zermatt und Davos. Auch die »Saufbähnle« genannte Moseltalbahn hatte einen Erfrischungswagen, und bei den Museumsbahnen wie Traditions- oder Nostalgiefahrten ist die Bewirtschaftung oft ein wesentlicher Teil des Vergnügens.

Ganz selten sind Personenwagen für die 600-mm-Spur. Es dürfte sich meist um Eigenbauten der Bahnwerkstätten handeln, von denen wir heute noch Kostproben u. a. bei den Museumsbahnen Deutsches Feldbahn- und Kleinbahnmuseum Deinste (bei Stade) und Feld- und Werksbahnmuseum Rommerskirchen-Oekoven (Kreis Neuss) sehen. Die erstgenannten fahren ihre Besucher in Wagen, die für den Transport von Häftlingen der Strafanstalt Glasmoor 1919 gebaut wurden. Die Dampfkleinbahn Mühlenstroth (bei Gütersloh) baute historische Personenwagen in eigener Werkstatt nach.

Postwagen und Postabteile

Post und Bahn stehen von Anfang an in einem engen Verhältnis. Dazu führte das Bestreben der Postverwaltungen, die schnellsten und wirtschaftlichsten Beförderungswege zu benutzen, und das waren nun einmal die Eisenbahnen. Andererseits waren diese darauf angewiesen, der Post manches Zugeständnis abzukaufen, denn das »Postregal« reichte weit in die Personenbeförderung hinein.

Als Zeugnis dieses Miteinanders haben wir eine lange Reihe von Postwagen, die teils von den Eisenbahngesellschaften zur Verfügung gestellt wurden, teils im Eigentum der Post waren und nur angehängt wurden. Es sind zweiachsige und vierachsige Wagen, in denen nicht nur Briefpost und Pakete transportiert, sondern oft während der Fahrt sortiert, also in Fächer und aufgespannte Säcke »verworfen« wurden, um Zeit zu sparen. Es gibt Postwagen, die eine umlaufende Galerie haben, damit die den Zug durchlaufenden Eisenbahner den

Postraum nicht betreten müssen, des Postgeheimnisses halber.

Bei Nebenbahnen ging es meist recht sparsam zu. Da sehen wir statt der Postwagen oft kombinierte Wagen mit einem Postabteil, Gepäckwagen oder auch Sitzwagen zur Personenbeförderung. Mit der Reichsgründung 1871 und der Reduzierung der selbständigen deutschen Postverwaltungen auf drei kam auch eine gewisse Übersichtlichkeit in die Bauarten, oft mit Oberlichtaufbau, weil die Wände für Sortierregale gebraucht wurden.

10

Triebwagen

Immer wenn die Konjunktur sich der Talsohle näherte, die Bilanzen rote Zahlen auswiesen, die Züge nur spärlich besetzt waren, stand das Thema Triebwagen auf dem Programm. Man erinnerte sich, daß das 19. Jahrhundert neben der Lokomotive auch den Dampfwagen geboren hatte.

Rückschauend ist zu sagen, daß der Triebwagen, bis auf die mehr oder weniger innerstädtischen Verkehrsmittel, in der gesamten Geschichte der Eisenbahn eigentlich nie den erhofften Durchbruch erzielen konnte – bis in unsere Jahre, in denen alle Positionen neu überdacht, die »Karten neu gemischt« werden. Unter den großen Zügen waren Triebwagen Repräsentationsobjekte und/oder Flops vom aus der Not der Weltwirtschaftskrise geborenen Fliegender Hamburger und ET 11 bis zum 403/404, der als Flughafenzubringer verkehrte. Die Zukunft gehört – so es eine gibt – dem Triebzug. Aber das ist kein Problem für Nebenbahnen.

Die Triebwagen der Nebenbahnen sind bis in die neueste Zeit eigentlich nie über das Stadium des Experimentierens hinausgekommen, weshalb es auch unendlich viele Bauarten gegeben hat, aber nie eine große Serie wie bei den Einheitslokomotiven. Das mag auch an der Struktur liegen - Länderbahnen, Reichsbahn, Privatbahnen - Normalspur, Schmalspur – Dampftriebwagen, Speichertriebwagen, elektrische,

Triebwagen mit Verbrennungsmotor – Einzeltriebwagen oder solche, die mehrere Wagen mit sich führen – Personen- und Gütertriebwagen – und an den technischen Problemen, ob mechanische, hydraulische oder elektrische Leistungsübertragung. Die Probleme überschneiden sich und bilden einen bunten Strauß, den zu entwirren wir versuchen werden.

Dampftriebwagen

Es wird von Projekten berichtet, die bis in die Anfangszeit der Dampflokomotiven zurückreichen. Borsig soll 1854 einen betriebsfähigen Wagen vorgeführt haben. 1879 und 1880 baute die Maschinenfabrik Esslingen für die hessische Ludwigsbahn drei zweistöckige Dampftriebwagen für 90 Personen in drei Klassen und Gepäck (Fabrik-Nummern 1774, 1879, 1880). Weitere einzelne Wagen (Versuch macht kluch!) erscheinen dann in der Historie verschiedener Länderbahnen und Privatbahnen, so in Sachsen 1883 doppelstöckige dreiachsige Wagen der Bauart Thomas von der Lokomotivfabrik Hohenzollern, ein ebenfalls zweistöckiger Wagen von Krauss 1882 in München für die Bayerische Staatsbahn – Wagen, die als sparsam und zuverlässig geschildert wurden, aber doch den Durchbruch nicht erzielen konnten.

Eine Serie von 18 Dampftriebwagen dagegen für die Königlich Württembergische Staatsbahn und weitere 18 für andere Bahngesellschaften im In- und Ausland (Schweiz, Italien, Ungarn) baute die Maschinenfabrik Esslingen ab 1905, einer davon war bis 1958 im Einsatz. Dabei wurde der französische Serpollet-Kessel zum Esslinger Kittel-Kessel weiterentwickelt. Die Wagen der Württembergischen Staatsbahn hatten die Achsfolge A1, waren rund 11 000 mm lang und hatten 40 Sitzplätze. Die Leistung war 80 PS, die Höchstgeschwindigkeit lag bei 50/60 km/h. In Esslingen wurde auch ein vierachsiger Dampftriebwagen für 750-mm-Schmalspur gebaut.

Weniger erfreulich ist die Bilanz des von 1904 bis 1908 durch die Pfalzbahn betriebenen Dampftriebwagens der Firma Ganz aus Budapest. Er sollte neben den 32 Passagieren zwei Güterwagen befördern, hatte aber so viele Schwächen, daß es bei dem einen Stück blieb.

Ab 1906 bauten Maffei und die MAN in München eine kleine Serie von vierachsigen Dampftriebwagen mit konventionellem Kessel für die Bayerische Staatsbahn, einige wurden später zu elektrischen Triebwagen umgebaut. Auch in Preußen gab es verschiedene Experimente, so mit einem Hochdruckkessel von 50 bar.

Weitere Versuche mit Dampftriebwagen datieren aus den 30er Jahren, den wilden

Dampftriebwagen der Ruhr-Lippe-Kleinbahnen

Dreißigern der Eisenbahn, als sich die Experimente und Neukonstruktionen häuften. Dabei ging es zunächst um die Auswirkungen der weltweiten Wirtschaftskrise, danach griffen die neuen Machthaber den Trend auf, im Hinblick auf vorzubereitende kriegerische Ereignisse die »Autarkie« zu betreiben. Dazu gehören die Schnellfahrloks, der Henschel-Wegmann-Zug, Dampf-Omnibusse und -Lastkraftwagen zum Einsatz heimischer Kohle statt fremden Erdöls, und natürlich auch parallellaufende Versuche mit Triebwagen. Das Ende stellte dann der Holzgas-Generator auf dem Pkw-Anhänger dar. Zehn vierachsige Triebwagen Bo'2 sind aus diesen Jahren bekannt.

Elektrische Triebwagen

Die Entwicklung begann mit Akkumulatoren-Triebwagen, die sozusagen an der Steckdose aufgetankt wurden. Das Problem war das ungünstige Verhältnis von Masse und Reichweite durch die schweren Akkumulatoren. Andererseits war es natürlich Geld wert, nur wenig befahrene Strecken nicht mit einem Fahrdraht überspannen zu müssen. »Für die Einführung des Motorwagens auf der Württembergischen Staatsbahn war weniger das Bedürfnis eines raschen Vorortverkehrs maßgebend, denn diesen konnte ein ausreichender Lokalzugverkehr mit gewöhnlichen Personenzügen bewältigen; entscheidend war vielmehr das Vorhandensein vieler Nebenlinien, die bei einem größeren Güterzugverkehr nur einen kleinen Personenverkehr aufwiesen, dessen Erledigung durch ganze Züge nicht wirtschaftlich genug war.« So resümierte es ein Zeitgenosse.

Schon 1896 erprobte die Pfalzbahn mit zwei »Accumulatorentriebwagen«, die von der Herstellerfirma kostenlos ausgeliehen wurden, einen Schmalspurbetrieb zwischen Ludwigshafen und Mundenheim. 1897 wurde ein Trambahnbetrieb einge-

richtet. Die Sache erledigte sich aber bald, als die Stadt Ludwigshafen ihrerseits eine Trambahnlinie eröffnete. Parallel dazu gab es einen Versuchsbetrieb mit normalspurigen Triebwagen zur »Ausfüllung von Fahrplanlücken«, die aus zweiachsigen Personenwagen 3. Klasse umgebaut worden waren und ein bis zwei Personenwagen zogen. Der Versuch verlief so positiv, daß ab 1900 sowohl dreiachsige Triebwagen mit 64 Plätzen als auch vierachsige mit 108 Plätzen in Betrieb genommen wurden. Das reisende Publikum war hoch zufrieden mit den Wagen, die Direktion dagegen nicht ganz, da die Wagen bei geringem Aktionsradius die schweren Akkus mitschleppen mußten und auf einige wenige Ladestellen in der Vorderpfalz angewiesen waren. Den Pfälzern blieb ein Ehrenblatt als Pioniere des Akkumulator-Triebwagens im Buch der Eisenbahngeschichte.

Umgebaute vierachsige Personenwagen gab es in Württemberg (1897), Sachsen (1904) und Preußen (1905, auch dreiachsige Wagen der Berliner Stadtbahn). Die Akkus wurden unter den Sitzbänken untergebracht.

Wittfeld-Speichertriebwagen von 1907

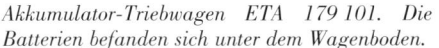

Das Jahr 1907 sollte den Durchbruch bringen, denn in Preußen entschloß man sich zum Bau einer größeren Anzahl der neuen Bauart Wittfeld-Doppeltriebwagen mit einem Vorbau für die Akkumulatoren vorn und hinten. Aus der Achsfolge 1A + A1 wurde bald 2A + A2, indem man zwei feste Achsen unter den Batterievorbauten anbrachte. Die bereits fertiggestellten Triebwagen wurden umgebaut. Wittfeld-Akkutriebwagen, eine erfolgreiche Konstruktion für den Nebenbahnverkehr, liefen noch nach dem Zweiten Weltkrieg. Sie hatten einen Aktionsbereich von etwa

Akkumulator-Triebwagen ETA 179 101. Die Batterien befanden sich unter dem Wagenboden.

300 km. Einige wurden durch ein zweiachsiges Zwischenstück ergänzt, also dreiteilig, und der Antrieb erfolgte durch die Achsen des Mittelwagens, mithin war die Achsfolge 3 + Bo + 3.

1925 ließ die Deutsche Reichsbahn-Gesellschaft einen neuen Typ von Speichertriebwagen entwickeln. Es war ein Doppeltriebwagen, beide Teile dreiachsig, kurzgekuppelt mit Faltenbalg-Übergängen. Die Batterien waren nicht mehr in Vorbauten untergebracht, sondern unter dem Wagenboden. Unter der Baureihenbezeichnung ETA 179 waren einige Wagen noch nach dem Zweiten Weltkrieg im Einsatz.

1952 begann der Bau einer neuen Generation von Speichertriebwagen der Baureihen ETA 176 (Baureihe 150.0-1) und ETA 150 (Baureihe 150.5), letztere mit einem Fahrbereich bis 500 km. Die wichtigsten Daten:

Baureihe	ETA 179	150.0-1 (515)	150.5 (515)
Erstes Baujahr	1925	1952	1957
Achsfolge	2A + A2	Bo'2'	Bo'2'
Länge über Puffer mm	29 220	23 400	23 400
Raddurchmesser mm	1000	950	950
Dienstmasse t	70,8…72,5	49	56
max. Achsfahrmasse t	12,8…15,2	13	14,5
Batteriekapazität kW/h	372/3	390/3	520/3
Nennleistung kW bei km/h	166/28	200/33,7	200/33,7
Sitzplätze	88…93	59…86	59…64
Höchstgeschwindigkeit km/h	60	100	100

Die elektrischen, unter dem Fahrdraht laufenden Triebwagen haben dagegen – eine Parallele zu den Elektrolokomotiven – für den Nebenbahnverkehr nur eine geringe Bedeutung. Auch hier wäre zuerst wieder an die Strecke Murnau–Oberammergau zu denken, die seit 1899 die ET 183 (1A)' (A1)' sah, ebenso wie die Strecken Bad Aibling–Feilnbach, Meckenbeuren–Tettnang und die Isartalbahn der Localbahn A.-G. München. Daneben fahren bzw. fuhren elektrische Triebwagen auf Nebenbahnen mit elektrischem Inselbetrieb wie der Buckower Kleinbahn von Müncheberg nach Buckow in der Märkischen Schweiz (Bo, Spurweite 750 mm, 800 V Gleich-

strom) oder der an die Oberweißbacher Bergbahn anschließenden Strecke Lichtenhain–Cursdorf (Seite 124).

Fließend sind, zumindest was Form und

Technik, sicher nicht, was die juristische Einordnung anbelangt, die Übergänge zur Straßenbahn, wie die Thüringerwaldbahn zwischen Gotha und Tabarz, die Kir-

Die ersten vier Exemplare des elektrischen Triebwagens der Baureihe ET 85 waren umgebaute Dampftriebwagens. Jetzt heißt die Baureihe 485.

Der elektrische Triebwagen ET 185 01 wurde 1906 von der Localbahn A.-G., München für die Strecke Meckenbeuren–Tettnang beschafft. Die zur Wagenmitte liegenden Achsen der beiden Drehgestelle wurden durch je einen Tatzlagermotor angetrieben.

Linke Seite:
Akkumulator-Triebwagen 150 643 (jetzt Baureihe 515) aus dem Jahre 1957

Trieb- und Beiwagen der ersten elektrischen Normalspurbahn Deutschlands Meckenbeuren–Tettnang im Jahre 1895

Verbrennungstriebwagen

Das sind die Fahrzeuge, auf die sich der Personenverkehr der Nebenbahnen heute fast ausschließlich stützt und die allein (abgesehen von Nostalgiefahrten und Museumsbahnen) ein Überleben ermöglichen. Hier wird versucht, dem Vordringen des Straßenverkehrs mit seinen eignen Mitteln Einhalt zu gebieten.

Verbrennungstriebwagen, genauer ausgedrückt Triebwagen mit Verbrennungsmotoren, gibt es mit drei Formen der Leistungsübertragung, entsprechend den Diesellokomotiven. Da ist zunächst die mechanische, mit Kupplung und Gangschaltung wie in unserem Auto, deren Einsatzgebiet begrenzt ist, denn sie ist nur für leichte Fahrzeuge verwendbar. Die hydraulische

Triebwagen der Rheinuferbahn Köln–Bonn

nitzschtalbahn in der Sächsischen Schweiz, die Rheinuferbahn Köln–Bonn, die Strecke Weingarten–Ravensburg der LAG (und viele Bahnen in Österreich und der Schweiz, meist in schmaler Spur).

ET 186 02, Baujahr 1896, der Strecke Türkheim–Bad Wörrishofen. Das Fahrzeug kam mit der Übernahme der Bahn an die Localbahn A.-G., München, und tat bis 1960 Dienst.

Leistungsübertragung durch ein Strömungsgetriebe konkurriert gegen die elektrische: Schon bei den Schnelltriebwagen der 30er Jahre gab es diese beiden Ausführungen, um Erfahrungen zu sammeln. Die hydraulische ist zweifellos einfacher und eine Spezialität der deutschen Lokomotivbauer, ein Exportschlager. Die elektrische Leistungsübertragung haben wir vorwiegend im Ausland, zum Beispiel in den USA und der ehemaligen UdSSR. Sie funktioniert so, daß ein Dieselmotor einen Generator treibt und elektrischen Strom erzeugt, der dann zum Antrieb von Elektromotoren verwendet wird, wie bei elektrischen Triebwagen oder Lokomotiven.

Doch zuerst waren die Motorwagen und die sie antreibenden Motoren recht schwachbrüstig. Man war auf Ottomotoren angewiesen. Die Sächsischen Staatseisenbahnen bezogen einen von der Daimler Motorengesellschaft in Wiener Neustadt und fütterten ihn, nachdem er mit Benzin in Gang gesetzt worden war, mit Spiritus. Gottlieb Daimlers zwischen Cannstatt und Untertürkheim erprobte Wagen hatten eine Motorleistung von 10 PS (mit 24 Sitz- und 8 Stehplätzen), 20 PS und 30 PS. Es wurden auch Autobusse für den Schienenbetrieb umgerüstet, auf die Hartgummireifen zog man eine Eisenbandage mit Spurkranz auf.

Die Preußische Staatsbahn versah 1912 einen vierachsigen Abteilwagen mit einem Vorbau für den Motor und einem großen Kühler auf dem Dach und stellte ihn als Benzolkraftwagen mit elektrischer Leistungsübertragung zum Versuchsbetrieb ein. Es wurde 1914 eine kleine Serie für Preußen und Sachsen mit Dieselmotor gebaut. Ein letztes Exemplar steht etwas verloren im Verkehrshaus der Schweiz in Luzern, wahrscheinlich wegen des schweizerischen Sulzer-Motors. Der konnte beim Anfahren auf bis zu 250 PS überlastet werden. Interessant ist die Achsfolge: 3'B'. Das dreiachsige Drehgestell lag unter dem Motor, das ganze Vehikel wog leer 64 t und hatte 78 Sitzplätze, elektrische Beleuchtung, Druckluftbremse und Warmwasserheizung durch das Kühlwasser des Motors. Das Mitführen weiterer Wagen war vorgesehen.

Nach dem Ersten Weltkrieg wurde der Bau von Verbrennungstriebwagen durch eine insgesamt 12 zweiachsige und 16 vierachsige Fahrzeuge umfassende Serie der Deutschen Reichsbahn-Gesellschaft wieder aufgenommen. Man benutzte Ottomotoren, die Schaltung von Druckluft unterstützt, denn die hydraulische Leistungsübertragung war noch nicht erfunden. Im weiteren Verlauf des Tests wurden auch Dieselmotoren eingesetzt (einer dieser Triebwagen fährt als V 175 für die Buxtehude-Harsefelder Eisenbahnfreunde, S. 152, der zweiachsige VT 79 902 ist im Eisenbahnmuseum Darmstadt–Kranichstein zu sehen), doch nach Ablauf der Prüfungen war die Konzeption überholt, der Leichttriebwagen hatte sich durchgesetzt, der dann in den 30er Jahren in unterschiedlichsten Ausführungen für Haupt- und Nebenbahnen, im Schnellzug- und Personenverkehr eingesetzt wurde. Die erste Serie davon war die Wiederaufnahme einer Idee der Waggonfabrik Wismar, ein B'2' mit zwei durch Kuppelstangen verbundenen Achsen im Triebgestell (die Treibräder 1000 mm, die Laufräder 900 mm im Durchmesser). Der Wagen hatte einen 210 PS starken Motor und wog 30,7 t, die ersten zwischen 1924 und 1928 gebauten hatten noch 42 t gewogen.

Die größte Serie von vierachsigen Nebenbahn-Triebwagen der 30er Jahre war der VT 60.5 mit 40 Stück, von denen einer nach dem Krieg als Salonwagen der alliierten Hohen Kommission diente: Achsfolge (A1)2', 22 080 mm lang, 225 PS, hydraulische Leistungsübertragung, Dienstmasse 37,3 t, 58 Sitzplätze, Höchstge-

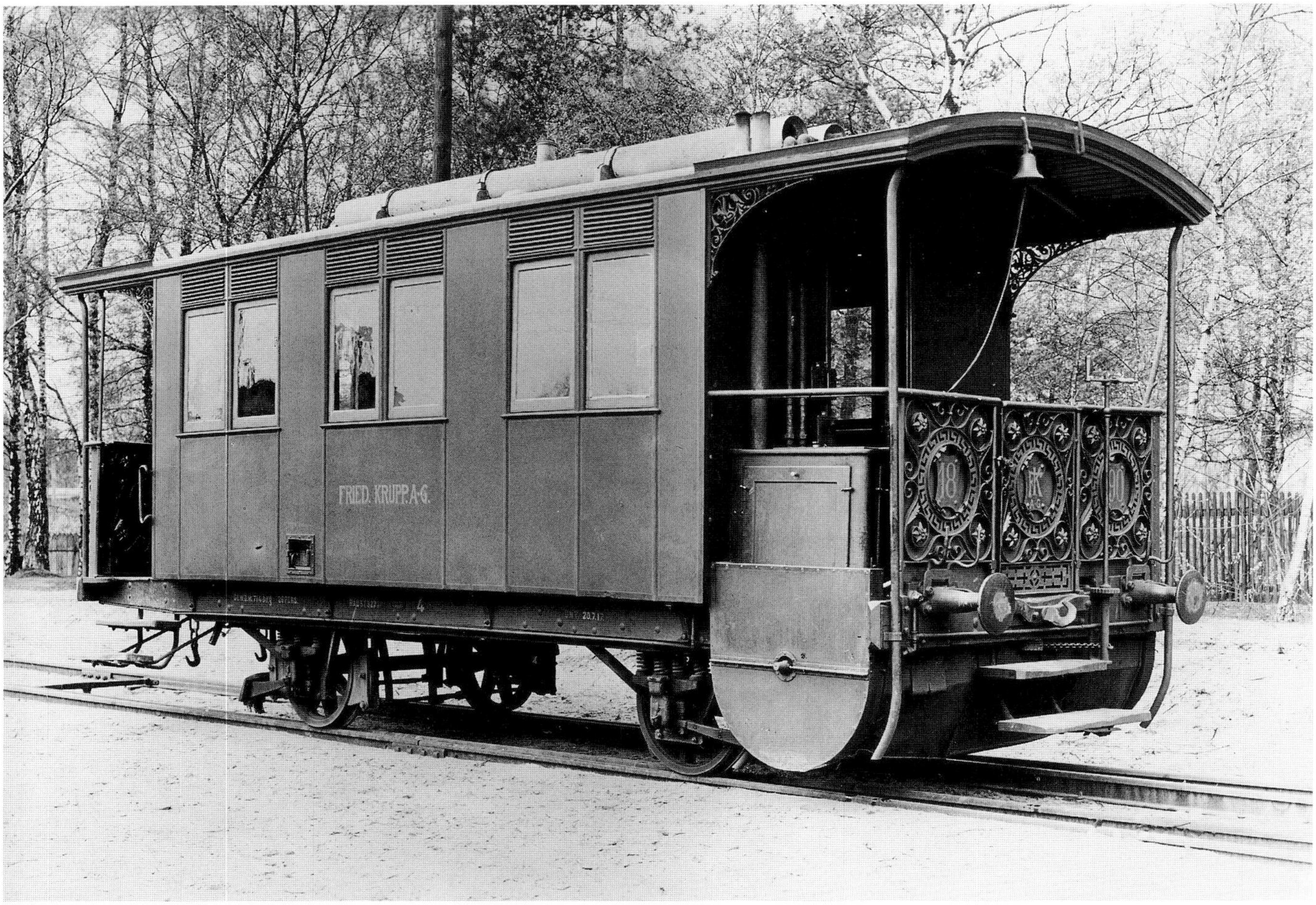

Verbrennungstriebwagen der Firma Friedrich Krupp A.G. mit Daimler-Motor aus dem Jahre 1890

Dieselelektrischer Triebwagen von 1914 im Verkehrshaus der Schweiz in Luzern

Rechte Seite:
Zweiachsiger Versuchs-Nebenbahn-Triebwagen, gebaut Anfang der 30er Jahre

Dieselelektrischer Triebwagen auf der Wilstedt–Zeven–Torstädter Eisenbahn

WESTWAGGON
KÖLN

2111 A

WUMAG-Triebwagen 761 auf der Buxtehude-Harsefelder Eisenbahn im Museumsbetrieb

VT 135 069 der Dampfbahn Fränkische Schweiz auf der Strecke Forchheim–Ebermannstadt

schwindigkeit 80 km/h. Eine Variante davon mit dieselelektrischem Antrieb ist als T 170 als Museumszug der Eisenbahnfreunde der WZTE (Seite 153) auf der Strecke Wilstedt–Zeven–Tostedt zu sehen.

Bei den Zweiachsern hatten die A1 mit mechanischer Leistungsübertragung den besten Erfolg: 12 280 mm lang, 150 PS, Dienstmasse 18 t, 46 Sitzplätze, Höchstgeschwindigkeit 75 km/h. Der Wagen Nr. 135 069 ist als VT 1 auf der Museumsbahn Ebermannstadt–Behringsmühle (Dampfbahn Fränkische Schweiz, Seite 146) zu sehen.

Schienenbusse

Schienenomnibusse gab es – nach einigen Versuchen, Straßenfahrzeugen auf die Hartgummireifen Eisenringe zu ziehen – seit Anfang der 20er Jahre. Man begann in Frankreich, für Kleinbahnen Armeefahrzeuge umzubauen. Parallel dazu entwickelte die Fahrzeugindustrie einfache Triebwagen. Die Idee war, durch die Verwendung von Teilen für in großen Serien hergestellte Straßenfahrzeuge zu zwar anspruchslosen, aber auch konkurrenzlos billigen Schienenfahrzeugen zu kommen. Am bekanntesten wurde das »Schweineschnäuzchen« der Waggonfabrik Wismar (1933/34) mit Motorhauben an beiden Seiten: Achsfolge A1, 10 100 mm lang, 2 x 40 PS, Dienstmasse 6,1 t, 36 Sitzplätze, Höchstgeschwindigkeit 45 km/h*. Sie finden den Wismarer Schienenbus im regionalen Verkehrsmuseum Schöneberger Strand und bei der Ersten Museums-Eisenbahn Deutschlands in Bruchhausen-Vilsen (Seite 152), wo er als »Kleinbahnretter« tituliert wird und auf den Namen »Maus« hört. Für den Verkehrsverein Soltau (Seite 153) fährt er als Museumsbahn auf den Schienen der Osthannoverschen Eisenbahn und als Zubringer zum Eisenbahnmuseum Bochum-Dahlhausen (Seite 153). Dort sehen Sie übrigens auch den Straße-Schiene-Bus, den die DB nach dem Zweiten Weltkrieg parallel zum Schienenbus entwickeln ließ. Er wurde auf Schienen-Drehgestelle gehoben (etwa wie Rollböcke), schlug aber nicht ein.

Anspruchsvollerer, aber wenig erfolgreicher Vetter des Wismarer Busses war der von Henschel, der ab 1931 auf der Kleinbahnstrecke Grifte–Gudensberg bei Kassel erprobt wurde – mit einem Führerstand und einem 100-PS-Motor, drei weitere Fahrzeuge mit zwei Führerständen übernahm die Deutsche-Reichsbahn-Gesellschaft, dann verläuft die Geschichte dieses Schienenbusses im Sande.

Sattelschlepper-Schienenbusse von Borgward gab es 1952/54 auf Sylt. Für die der Württembergischen-Eisenbahn-Gesellschaft (WEG) gehörende Nebenbahn

---

* Daneben wurden noch einige Wismarer Schienenbusse in größerer und stärkerer Ausführung für die damalige Saarbahn gebaut : Achsfolge Bo, 11 700 mm lang, 2 × 50 PS, Dienstmasse 10,1 t 50 Sitzplätze, Höchstgeschwindigkeit 60 km/h.

Einer der ersten Schienenbusse war tatsächlich ein für den Straßenverkehr gebauter Autobus auf Schienen. Versuchsfahrzeug der Sächsischen Staatseisenbahnen

Schienenbus der Schmalspurbahn Eckernförde–Ellenberg

Amstetten–Laichingen wurde ein Straßenomnibus umgebaut und verkehrte unter der Bezeichnung T 35.

Der Schienenbus, wie wir ihn von fast allen Nebenbahnstrecken kennen, wurde 1950 in einer Vorserie von der Waggonfabrik Uerdingen gebaut, 11 Stück. Dieser Baureihe VT 95.1 folgte 1952 bis 1955 die Baureihe VT 95.9 (795). 1953 wurden dann als Baureihe 98.9 (798.9) drei Vorserienfahrzeuge mit zwei Motoren für bergige Strecken und den Einsatz mit Beiwagen oder Steuerwagen gebaut, 1961/65 eine Sonderausführung VT 97.9 (797) für die württembergische Zahnstangenstrecke Honau–Lichtenstein, wozu die Lokomotiv- und Maschinenfabrik Winterthur die Zahnradbahn-Ausrüstung stellte.

Seit 1955 und bis 1962 wurde der zweimotorige Schienenbus geliefert, der als leistungsfähigere Ausführung auch auf Gebirgsstrecken mit voller Beladung und Anhänger verkehren konnte, sonst für zwei Beiwagen oder das Mitnehmen von Güterwagen und Postwagen gut war und auf Hauptbahnstrecken den übrigen Verkehr nicht behinderte.

Schienenbusse der Deutschen Bundesbahn

Baureihe	VT 95.9	VT 95.9 (795)	VT 97.9 (797)	VT 98.9 (798.9)	VT 98.95 (798.5)
Indienststellung	1950	1952–58	1961/65	1953	1955–62
Achsfolge	A1	A1	Bo	AA	Bo
Länge über Puffer mm	10 650	13 265/ 13 298	13 950	13 298	13 950
Raddurchmesser mm	900	900	910	900	900
Dienstmasse t	11,5	13,2/13,3	24,4	18,9	20,9
max. Achsfahrmasse t	6	6,8/7	12,1	9,7	13,9
Motorleistung PS	110	110…150	2 × 150	2 × 150	2 × 150
Leistungsübertragung	mechan.	mechan.	mechan.	mechan.	mechan.
Sitzplätze	54	57	57	57	58
Höchstgeschwindigkeit km/h	90	90	90	90	90

Wismarer Schienenbus. Ihn gab es in Normal-
spur- und in Schmalspurführung.

Rechte Seite:
Straße-Schiene-Omnibus der DB auf der Strecke
Leinfelden–Waldenbuch

Das erste Baumuster des Leichtverbrennungs-
triebwagens der DR enstand 1957. Der hier gezeigte VT 2.09.231 (später BR 172.1, jetzt BR
772) wurde in Luckau im Jahre 1970 aufgenommen.

Uerdinger Schienenbus in seiner ersten Ausführung

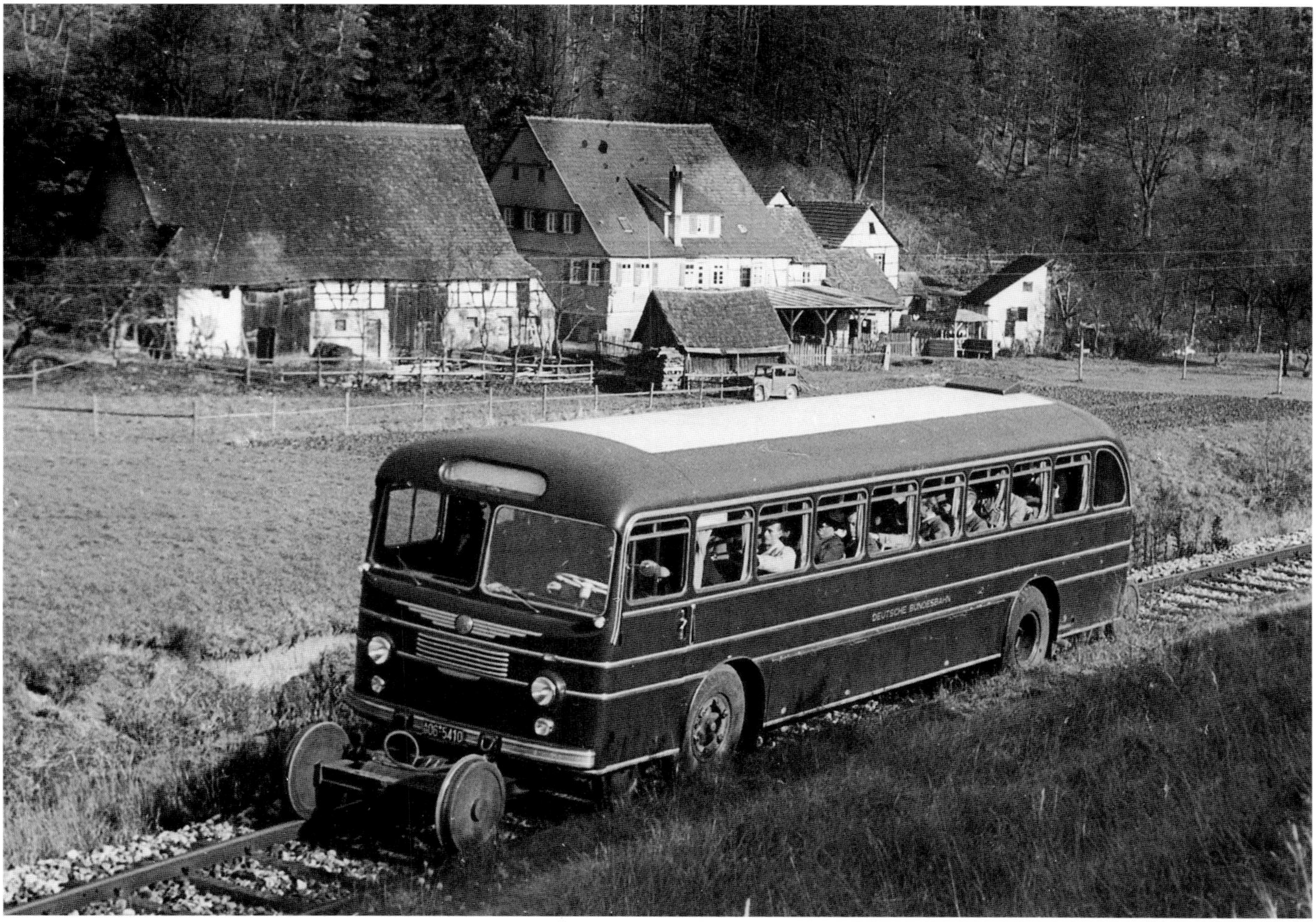
DEUTSCHE BUNDESBAHN

VT 2.09.231
DR
DR

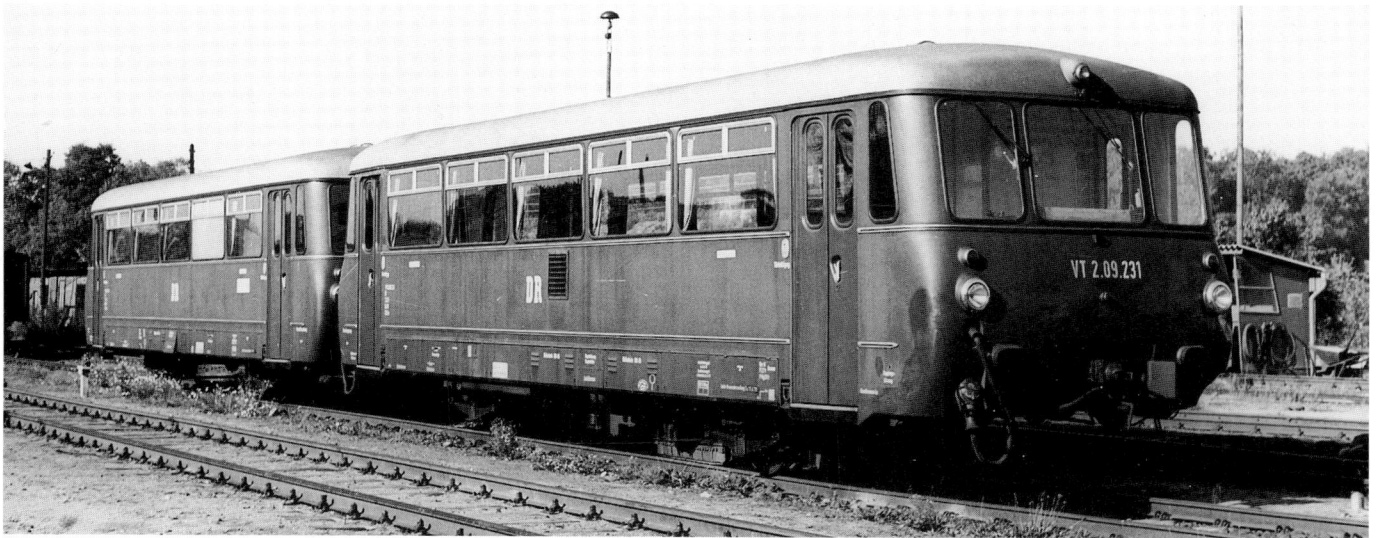

Schienenbus der Baureihe VT 98 (jetzt 798)

Die ersten Schienenbusse waren mit einfachsten Kupplungen versehen – Mittelpufferkupplungen mit Stoßfederbügeln zum Schutz gegen Berührung mit anderen Fahrzeugen. Die zweimotorigen Schienenbusse bekamen leichte Schraubenkupplungen und Hülsenpuffer.

Daneben wurde eine Fülle von Spielarten für Privatbahnen und für den Export gebaut, mit unterschiedlichen Zug- und Stoßvorrichtungen, Trittstufen und Fenstern, unterschiedlichen Motoren, einem oder zwei Führerständen, mit oder ohne Toilette und Gepäckabteil. Ein dreiteiliger Uerdinger Schienenbus existierte auf dem Papier und wurde Vorbild für die später für die spanische RENFE gebauten Züge. Es gab neben den normalen Beiwagen auch einachsige Anhänger für Fahrräder und Gepäck. Auf der Hersfelder Kreisbahn fuhr ein kurzgekuppelter dreiteiliger, später zweiteiliger Schienenbus.

Nur für die nichtbundeseigenen Eisenbahnen wurde zwischen 1955 und 1969 der MAN-Schienenbus gebaut, insgesamt 39 Stück. Er ist mit 15 200 mm langem Wagenkasten etwa 2 500 mm länger als der Uerdinger VT 98. Das wurde möglich durch einen Achsstand von 9 000 mm und das wiederum durch fliehkraftgeregelte Einachs-Deichsel-Drehgestelle. Es gab 14 Sitzreihen (statt 12 im Uerdinger) mit sieben Fenstern. Dem Antrieb dienten ein oder zwei Motoren von 130 bis 200 PS. Es wurden Bei- und Steuerwagen zum Zwei- und Drei-Wagen-Betrieb angeboten.

Die Liste der Privatbahnen, die Schienenbusse einsetzten (nach Löttgers), gibt einen aufschlußreichen Einblick in die Geschichte der Nebenbahnen:

Wismarer Schienenbus

Kleinbahn Lüneburg–Soltau
Steinhuder Meerbahn (1000 mm)
Kleinbahn Lüchow–Schmarsau
Kleinbahn Leer–Aurich–Wittmund
  (1 000 mm)
Kleinbahn Celle–Wittingen
Kleinbahn Winsen–Evendorf–Hützel
Kleinbahn Verden–Walsrode
Bleckeder Kleinbahn
Boitzenburger Stadt- und Hafenbahn
Kleinbahn Ankum–Bersenbrück

Kleinbahn Buxtehude–Harsefeld
Bentheimer Kreisbahn
Ahaus-Enscheder Eisenbahn
Kleinbahn Wilstedt–Zeven–Tostedt
Oschersleben–Schöninger Eisenbahn
Eberswalde-Finowfurter Eisenbahn
Meppen-Haselünner Eisenbahn
Randower Kleinbahn
Niederlausitzer Eisenbahn
Celler Kleinbahn
Sylter Inselbahn
Kleinbahn Delmenhorst–Harpstedt
Kleinbahn Hoya–Syke–Asendorf
Königswusterhausen-Mittenwalde-Töpchiner Eisenbahn (Motzenerseebahn)
Kleinbahn Bremen–Thedinghausen
Naugarder Kleinbahn
Ruhr-Lippe-Kleinbahnen (1000 mm)
Kleinbahn Ihrhove–Westrhauderfehn
Rhein-Sieg-Eisenbahn (785 mm)
Kleinbahn Cloppenburg–Landesgrenze
Dürener Kreisbahn
Birkenfelder Eisenbahn
Borkumer Kleinbahn (900 mm)
Ost- und Westprignitzer Kreiskleinbahnen (1000 mm)
Butzbacher-Licher-Eisenbahn
Hümmlinger Kreisbahn
Saarbahn

Uerdinger Schienenbus

Lübeck–Segeberg
Hohenzollerische Landesbahn
Tecklenburger Nordbahn
Verkehrsbetriebe Salzgitter
Vorortbahn Wilhelmshaven
Köln-Bonner Eisenbahn
Bentheimer Eisenbahn
Hersfelder Kreisbahn
Weidenau–Deuz
Kahlgrundbahn
Elmshorn–Barmstedt–Oldesloe
Buxtehude–Harsefeld
Altona–Kaltenkirchen–Neumünster
Vorwohle–Emmerthal

MAN-Schienenbusse

Vorwohle–Emmerthal
Hornburg–Börßum
Alsternordbahn
Altona–Kaltenkirchen–Neumünster
Kaiserstuhlbahn
Uetersener Eisenbahn
Peine-Ilseder Eisenbahn
Elmshorn-Barmstedt-Oldesloer Eisenbahn
Schleswiger Kreisbahn

Opel-Schienenkraftwagen (Baujahr 1953) vor dem Bw Harsefeld Süd der Buxtehude-Harsefelder Eisenbahn

Südharz-Eisenbahn (1000 mm, vierachsig)
Hohenzollerische Landesbahn
Bregtalbahn
Südwestdeutsche Eisenbahnen
Amstetten–Laichingen (früher bei Südharz-Eisenbahn)
Korntal–Weissach
NIAG Moers
Achertalbahn

In der DDR hatte die Deutsche Reichsbahn ähnliche Schienenbusse beschafft, die Baureihe VT 2.09.0 (171.0, jetzt 771), 1962 bis 1964, und die Baureihen VT 2.09.1 und 2 (172.0 und 172.1, jetzt 772), beide 13 550 mm lang, Achsfolge 1A, mit 130 bis 180 PS leistenden Dieselmotoren, 15,6 bis 19,3 t schwer, mit mechanischer Leistungsübertragung, 90 km/h schnell, mit Mittelpufferkupplung und Notpuffern.

Heute wird das Bild der Nebenbahnen von modernen Triebwagen beherrscht, in

der schmucken weiß-grünen Lackierung des Nahverkehrs, die auch für lokomotivbespannte Züge desselben Dienstes verwendet wird.

Schmalspur-Triebwagen

Der Blick auf die Schmalspur-Triebwagen trifft zunächst noch einmal das liebenswerte Wismarer »Schweineschnäuzchen«, hier auf 750-mm-Spur, mit Gepäckablagen neben den Motorhauben, mit 2 x 50-PS-Vergasermotoren, 45 km/h schnell und mit 34 Sitzplätzen. Die Länge ist mit 10 400 mm und die Masse mit 7 t sogar etwas größer als bei der Ausführung für Normalspur. 57 Stück wurden in den 30er Jahren gebaut.

Die weitere Fahndung nach Schmalspur-Triebwagen ergibt nur Einzelstücke oder Baureihen von wenigen Exemplaren, von denen einige hier vorgestellt werden:

Von der Spreewaldbahn (1000 mm) wird berichtet, daß ein Triebwagen meist für den Schülerverkehr eingesetzt wurde. Seine Anschaffung war 1923 beschlossen worden, als die Bahn sich in einer existensbedrohenden Krise befand, um im Personenverkehr Dampfzüge abzulösen; man hatte sich damals schon zu einer Einstellung des Betriebs an Sonn- und Feiertagen durchringen müssen. Es war von einem Benzol-Triebwagen die Rede; da die Pläne aber erst 1934 in die Tat umgesetzt wurden, erhielt er einen 65-PS-Dieselmotor (von Daimler-Benz) mit mechanischer Leistungsübertragung. Dem Zug der Zeit entsprechend wurde er »Fliegender Spreewälder« genannt und kostete 25 350,-Reichsmark, die in monatlichen Raten von 1000 Mark an den Lieferanten, die Firma Talbot in Aachen, bezahlt wurden. Der Innenraum glich mit seinen beiden Endplattformen, die als Gepäckraum verwendet werden konnten, einem Straßenbahnwagen, er war aber um einen Sitz breiter. Für das Einladen von Kiepen und Körben wurde die Breite der Türen auf 850 mm bemessen. Die Achsfolge war A1. Leer wog der Wagen 8,9 t, er war 10 600 mm lang, hatte 36 Sitzplätze und war 50 km/h schnell. Als seine Vorteile registrierte man die Einmannbedienung und

Dieseltriebwagen der Moselbahn

die nun mögliche Trennung von Personen- und Güterverkehr, so daß unter Fortfall der langen Aufenthalte für Rangierfahrten auf den Zwischenbahnhöfen allein deshalb der Triebwagen bedeutend schneller war als der lokbespannte Zug.

Die Selketalbahn (1000-mm-Spur) bekam 1933 einen kleinen A1-Triebwagen »für den Personenverkehr in den betriebsarmen Zeiten«. Nach einer unerfreulichen Zeit als Gerätewagen nach dem Zweiten Weltkrieg wurde er als »historisches Fahrzeug« der Deutschen Reichsbahn unter Museumsschutz gestellt und wird unterhalten. Der Wagen ist zweiachsig, nur 8 600 mm (über Puffer) lang, er wurde ursprünglich von einem 65-PS-Diesel, später von einem 90-PS-Motor angetrieben

Die Mindener Kreisbahnen hatten zunächst Schmalspur, wurden aber später auf Normalspur umgebaut.

Der Triebwagenzug stellt die regelmäßige Verbindung her – für Fahrschüler, zum Einkauf, zum Arzt, zu den Behörden.

und bietet 34 Sitzplätze und 10 Stehplätze. Wesentlich größer, vierachsig mit der Achsfolge Bo'Bo', waren die 1935 und 1939 für die Harzquerbahn in 1000-mm-Spur gebauten drei Triebwagen. Eine Besonderheit für Schmalspur-Triebwagen ist die elektrische Leistungsübertragung. Immerhin wog ein Wagen 34,5/35,5 t, die Motorleistung war 420/470 PS für vier Anhängewagen und die Höchstgeschwindigkeit betrug für diese Bahn sensationelle 60 km/h. Einer der Wagen mit der Bezeichnung VT 137 561 kam zur Spreewaldbahn und wurde dort viereinhalb Jahre als Triebfahrzeug für Personenzüge gebraucht. Er wurde 1965 wegen Verbiegung der Längsträger außer Dienst gestellt und verschrottet. Der letzte der drei Triebwagen ist in Wernigerode als nicht betriebsfähiges Museumsstück abgestellt.

Vierachsige Schmalspur-Triebwagen gab es auch auf den Franzburger Kreisbahnen. Die Meterspur-Strecke wurde mit zwei Triebwagen (1A)'(A1)', Baujahr 1935 und 1939, befahren, mit 100 PS Leistung und mechanischer Leistungsübertragung.

Ein weiteres Museumsstück ist der letzte von vier Dieseltriebwagen der sächsischen Schmalspurbahnen. Die Wagen wurden 1938 für den beachtlichen Ausflugsverkehr ins Zittauer Gebirge beschafft, um die Fahrt schneller und komfortabler zu machen. Die Daten: Achsfolge B'2', nur eine Achse wird durch den 180-PS-Dieselmotor direkt angetrieben, die zweite durch Kuppelstangen, hydraulische Leistungsübertragung. Spurweite 750 mm. Länge 14 860 mm, Dienstmasse 21 t, bis 34 Sitzplätze, Höchstgeschwindigkeit 60 km/h.

Zwei der vier Wagen – sie waren für Mehrfachsteuerung ausgerüstet – fuhren gemeinsam von Zittau nach Bertsdorf, von dort je einer nach Oybin und Jonsdorf. Als nach dem Krieg nur noch ein Triebwagen existierte, beschaffte man dazu passende Beiwagen und praktizierte ein verwirrendes System. Abwärts ging es mit drei Beiwagen, bergwärts aber konnte nur einer angehängt werden, die anderen wurden vom nächsten Dampfzug mitgenommen.

11

Von Fahrschülern und Marktfrauen, von Uniformen und der Nebenbahn-Gemeinschaft

Fahrschüler und Marktfrauen waren die treuesten Passagiere der Nebenbahn bis zum bitteren Ende. Die Spreewaldbahn setzte an Markttagen spezielle »Marktwagen« mit extrabreiten Türen ein, damit die Körbe nicht steckenblieben. Und während man in Fernzügen das Gepäck aufgab oder durch Domestiken aufgeben ließ, war es auf den Sekundär- und Lokalbahnen üblich, Sack und Pack, Korb und Kiepe mit in den Wagen zu nehmen, alles andere wäre viel zu umständlich gewesen. Wo Abteilwagen verkehrten, richtete man solche für »Reisende mit Traglasten« ein.

Keinesfalls hat das Publikum immer nur aus den sozial Benachteiligten bestanden, *die man heute als die vier »A«s bezeichnet*, den Armen, Alten, Lehrlingen = Azubis und Arbeitslosen, da der Individualverkehr mit Pferd und Wagen, mit den ersten rüttelnden Automobilen oder auf Schusters Rappen keine reizvolle Alternative war. Und es ist auch nicht anzunehmen, daß der Benutzer der Nebenbahnen sich künftig auf diese Gruppe beschränken wird, denn in dem gleichen Maße, wie der Verkehr auf der Straße unerfreulicher wird, erschließen sich der Schiene neue Fahrgäste. Ob nun – zunächst in den Einzugsgebieten der Metropolen mit dem lebhaften Pendlerverkehr – diese Entwicklung dazu führt, daß die Eisenbahn moderneres, komfortableres, einfach dem Auge,

dem Ohr und der Sitzfläche angenehmeres Rollmaterial einsetzt oder ob der Ersatz schrottreifer Wagen durch neue Triebzüge die Wanderung auf die Schiene befördert, ist schwer zu sagen. Wesentlich ist, daß am Ende eine neue Eisenbahn steht, die in unser Jahrzehnt paßt und daß es eine Freude ist, mit ihr zu fahren, statt alltäglich im Stau zu stecken. Ganz einfache, aber ideenreiche Dienstleistungen wie das Frühstück unterwegs bilden dabei vielleicht das Tüpfelchen auf dem i. Solch eine Ermunterung für Morgenmuffel wurde nicht nur im Saarland eingeführt. Auch Fahrgäste der S-Bahn zwischen Dortmund und Düsseldorf (S 1, ab 6.08 Uhr) sowie Essen und Düsseldorf (S 6, ab 6.10 Uhr) greifen gern zur Brunchbox für 2,95 Mark, die täglich neben Kaffee und belegten Brötchen angeboten wird.

Es ist – genau wie bei der Post, die werktags dreimal und sonntags einmal an die Wohnungstür zustellte – ein wehmütiger Rückblick auf die früher einmal gegebene »Benutzerfreundlichkeit« angebracht: Vor dem Ersten Weltkrieg verkehrten zum Beispiel auf der Kaiserstuhlbahn täglich sechs und fünf Zugpaare auf den beiden Strecken Riegel–Breisach und Riegel–Gottenheim. Man begann um 4.30 Uhr, der letzte Zug fuhr in Riegel um 10 Uhr abends ab – auch Abendeinladungen konnten also wahrgenommen werden.

ohne gleich ein Hotelzimmer buchen zu müssen.

Oft fand sich in den Kleinbahnen der Geist Krähwinkels, der im Zeitalter der Massenkommunikationsmittel wie des Fernsehens in jeder Stube oft nur noch Kopfschütteln hervorruft, verständnisloses oder aber verständnisvoll-nostalgisches.

Von eine Privatbahn* ist uns die Uniformordnung überliefert, die an die Blütezeit von Obrigkeitsgehörigkeit und Kleinstaaterei erinnert. Als Anregung für Nostalgiker sei hier die »Laufende Nr. 2: Stationsvorsteher« abgedruckt:

»*Rock:* Überrock aus dunkelblauem Tuch nach preußischem Militärschnitt, mit vorn abgerundetem Stehkragen von schwarzem Sammet und mit 2 Reihen – je 6 Stück – platten weißen Metallknöpfen. Runde 20 cm breite Aufschläge von dunkelblauem Tuch ohne Schlitz, ohne Metallknöpfe; ebenso auf der Rückseite in der Taille und unten auf den Taschenplatten je 2 weiße Metallknöpfe. Karmoisinroter Vorstoß an den Kragen, den Aufschlägen, den Brustklappen (nicht auch an den Vorderschößen) und den Taschenplatten. Der Rock wird zugeknöpft; dazu wird eine schwarze Halsbinde getragen.

Joppe: Joppe von dunkelblauem Tuch

---

* Adolf Becker, Die Bröltalbahn …

118

nach Staatsbahnschnitt, mit vorn abgerundetem Stehkragen von schwarzem Sammet und mit 2 Reihen – je 4 Stück – platten weißen Metallknöpfen. Auf der Rückseite am Riegel 1 weißer Metallknopf. Ohne Vorstöße und ohne Taschenplatten.

Abzeichen: Am Kragen auf jeder Seite vorn 3 vierzackige versilberte Sterne. Auf den Schultern Achselstücke von 3 cm Breite aus einer mit 2 blauseidenen Längsstreifen durchwirkten Silbertresse mit Einfassung und Unterfutter von karmoisinrotem Tuch. Am oberen Ende sind die Achselstücke durch einen kleinen weißen Metallknopf befestigt.

Beinkleid: Beinkleid von schwarzem Tuch mit karmoisinrotem Vorstoß an den Seitennähten.

Kopfbedeckung: Mütze in der Form der preußischen Militärmützen, aus dunkelblauem Tuch mit breitem schwarzem Sammetstreifen, karmoisinrotem Vorstoß an dem Deckel und zu beiden Seiten des Streifens, mit schwarzlackiertem Schirm und preußischer Kokarde nebst versilbertem doppelt geflügeltem Rade über der Kokarde.

Paletot: Paletot von schwarzem Tuch in der Form des preußischen Offiziers-Paletots, mit Umschlagkragen von dunkelblauem Tuch mit karmoisinrotem Vorstoß und mit Kragenfutter von schwarzem Sammet. Auf der Vorderseite 2 Reihen – je 6 Stück – weiße platte Metallknöpfe, auf der Rückseite je 3 gleiche Knöpfe und zwischen der oberen Knopfreihe ein zweiteiliger Bund mit Knopf. Auf den Schultern die gleichen Abzeichen, wie solche für den Rock vorgesehen sind.

Besondere Abzeichen: Gewöhnlicher Offizierdegen mit goldenem Portepée. Bei Abfertigung der Züge orangefarbene Tuchmütze mit schwarzem Sammetstreifen und schwarzlackiertem Schirm (mit Kokarde und Flügelrad wie vorstehend).«

Zu erwähnen ist noch, daß es eine solche Uniformordnung bei der doch kleinen Eisenbahngesellschaft für 25 Dienstgrade gab: Betriebskontrolleur und Verkehrskontrolleur, Stations-Vorsteher, Stations-Aufseher, Stations-Assistenz, Unterassistent, Güter-Expedient, Stations-Diätar, Stations-Agent, Stations-Gehilfe, Telephon-Aufseher, Bahnmeister, Lademeister, Umlade-Unternehmer, Weichensteller und Schrankenwärter, Streckenwärter, Rottenführer, Bureau- und Kassendiener und Sta-

Eisenbahner der Achertalbahn in ihren Uniformen im Jahre 1905

tionsarbeiter, Zugführer, Schaffner, Bremser, Hilfsbremser, Lokomotivführer, zum Lokomotivführer geprüfte Lokomotivheizer, Lokomotivheizer, Hilfsheizer – wobei für die untersten Dienstgrade als Dienstkleidung nur eine Kopfbedeckung einfacher Ausführung verblieb.

In der Nebenbahn bildete sich eine ganz eigene Gemeinschaft. Man fuhr durchweg täglich miteinander, kannte sich einschließlich aller Schwächen wie der der Muffeligkeit oder lärmenden Fröhlichkeit am Morgen. Die Bahnfahrt bildete eine Zeit der Muße, die man zu Gesprächen oder Lektüre oder ganz einfach dazu nutzten konnte, die Gedanken zu ordnen und sich auf die Anforderungen des Tages vorzubereiten. Es bildete sich im Zug eine So-

lidarität, wie sie für die »individuellen« Autofahrer unbegreiflich ist. Man wurde vermißt (»X fehlt noch, ob wir eine Minute warten?«), oder es war bekannt, daß jemand verhindert oder gar krank war. Fast jeder hatte seinen Stammplatz, der Schaffner hatte ein ganz besonderes Verhältnis zu seinen Kunden, er erkannte sie »von hinten am Gang«. Soziologen behaupten, die Solidarität der proletarischen Klassenwelt hätte nur deshalb der individuellen Vereinsamung unterliegen können, weil für den Weg zur Arbeit das öffentliche Verkehrsmittel durch das individuelle ersetzt wurde. Wenn das Experiment eines Frühstücks im Frühzug, wie es im Saarland und nun auch in der S-Bahn an Rhein und Ruhr angeboten wird, einschlägt, wäre das ein Schritt zur neuen Eisenbahn-Gemein-

schaft, wie es sich selbst Phantasten nicht romantischer ausmalen könnten.

Mit dem ersten Zug fuhren die Arbeiter, mit dem zweiten die Schüler, mit dem dritten all diejenigen, die einkaufen oder auf einem Amt etwas zu erledigen hatten, und am Nachmittag dasselbe in umgekehrter Reihenfolge zurück.

Mit der Bahn hatte sich das Leben gewandelt: »Die Sonntage werden zu Ausfahrten, Besuche, Ausflügen benutzt, zumal im Sommer. – In den ersten Wochen nach der Eröffnung ging der Kirchenbesuch beängstigend zurück, um sich allmäh-

Der Bahnhof – besser das Empfangsgebäude – ist der tägliche Treffpunkt der Pendler. Oft ist er landesüblich oder in einem für die Strecke gleichen Stil gehalten, wie hier im Ahrtal.

lich wieder normaler zu gestalten. Aber die Leute werden aushäusiger, unruhiger, diesseitiger, lockerer in ihren christlichen, kirchlichen Sitten und Gedanken, zum Schaden der Seelen. Gott sei's befohlen.« So ein Geistlicher. Der Pendler: »Wer nach Göttingen wollte, mußte mit der Post fahren, 'ne andere Möglichkeit gab es nicht; und dann, wenn die Bauern mal nach der Stadt fuhren, mit'm Wagen und Pferden, dann meldeten sich Frauen und fuhren mit. – Ja, und dann kam die Eisenbahn, und die Leute konnten nach Göttingen zur Arbeit. Dann wurde das hier lebendig. – Wir haben uns gefreut, als junge Leute. Wir konnten nur mal nach Göttingen fahren, zum Kino oder so. Das konnten wir vorher nicht. Zu Fuß ging das nicht. Das war schöner als vorher. Man wußte ja nun, wohin«. Man beklagte die »Stadtsucht«. Aber die Eisenbahn be-

währte sich auch, die Auswanderung, die Entvölkerung ganzer Landstriche von großen Teilen der Erwerbsbevölkerung zu stoppen, indem sie deren Teilhabe an städtischer Kultur und Zivilisation ermöglichte.

»Früher waren hier auf dem Bahnhof vier Leute beschäftigt …« Rationalisierungsmaßnahmen haben das Klima verändert bis hin zu einem nackten Bahnsteig, auf dem nur ein einsamer Fahrkartenautomat steht, die Schranken werden vollautomatisch geschlossen. Damit verändert natürlich die Bahn das Verhältnis zu ihren Kunden, nie wird man eine durchrationalisierte Vorortverbindung ins Herz schließen können wie die Bimmelbahn, auf die Gedichte gemacht und Lieder komponiert wurden. Der Bahnhof war, selbst wenn er wie oft außerhalb des Ortes lag, ein gesellschaftlicher Mittelpunkt (wie Großstadt-

bahnhöfe heute noch sind, im positiven wie im negativen Sinne). »Oft fuhr ich, wenn der Zug kam, mit dem Fahrrad zum Bahnhof und drehte dort einige Runden,« lautet ein Bericht. Man sah die Abreisenden und Ankommenden, Mitbürger wie Fremde, »und meistens traf ich ein paar Freunde«, mit denen man dann Neuigkeiten austauschen konnte.

Solidargemeinschaften ganz besonderer Art bilden sich auf den Touristikbahnen (und in den letzten Jahren während der Nostalgiefahrten auf Museums- und Traditionsstrecken). Unvergleichlich aber dürfte das Fluidum auf der Moseltalbahn – zutreffenderweise »Saufbähnle« genannt – gewesen sein, wo entlang der Weinberge zwischen Bullay und Trier Einheimische und Besucher zum Zwecke fachgerechten Weinkonsums miteinander kommunizieren konnten.

12

Touristenbahnen

Die Chiemseebahn Prien–Stock

Eine Bahn zu sehen, die mehr als 100 Jahre alt ist und noch mit dem Rollmaterial des ersten Tages fährt, ist schon eine Reise wert. Fahren Sie von München südwärts zum Chiemsee (Richtung Salzburg). Sommertags wartet am Bahnhof Prien eine Trambahnlokomotive mit wahrscheinlich fünf Wagen, um Sie über 1,9 km zum Hafen der Chiemsee-Schiffahrt zu bringen.

Diese Eisenbahn wurde im Jahre 1887 angelegt, als durch den Bau und die Freigabe der Besichtigung des Schlosses Herrenchiemsee – auf einer Insel im See – die Chiemsee-Schiffahrt des Ludwig Feßler einem ungeahnten Aufschwung nahm. Die Bayern (und Angehörige anderer deutscher Stämme, selbst Ausländer) strömten zuhauf, um einmal selbst zu sehen, was der König da in fast einem Jahrzehnt hatte bauen lassen, man sagte, es sei eine Kopie vom Schloß Versailles.

Zwischen dem Bahnhof Prien der Staatsbahn und der eine halbe Stunde Fußweg entfernten Schiffsanlegestelle entwickelte sich ein ziemlich chaotischer »wilder« Zubringerverkehr von bis zu 60 Fahrzeugen verschiedenster Art, bis Ludwig Feßler, der in seinen Plänen von der Gemeinde nicht unterstützt wurde, ein Machtwort sprach, und gemeinsam mit Georg Krauss eine schmalspurige Dampfbahn baute. Krauss trug dabei sozusagen auf beiden

Schultern, indem er als erfolgreicher Inhaber der »Lokomotivfabrik Krauss & Komp.« in München die Localbahn-Actiengesellschaft (LAG) gegründet hatte, welche die Anlage und den Betrieb von Eisenbahnen zum Programm hat und die dazu notwendigen Lokomotiven natürlich bei Krauss einkaufte. Sie begegnet uns als LAG immer wieder in der Eisenbahnhistorie, die Chiemseebahn war die erste von ihr gebaute und eingerichtete Bahnlinie.

Der Tatsache, daß in Prien die Menschen nicht immer schneller immer höher hinaus wollen und daß im Laufe der Zeit weder der Chiemsee noch das Schloß Herrenchiemsee an Umfang zunahm, bescherte uns den glücklichen Umstand, daß hier die Eisenbahnzeit stehengeblieben ist, bis auf Kleinigkeiten wie einen neuen Lokomotivkessel, eine Druckluftbremse, eine Warnblinkanlage und – halt! – eine Diesellok, die für einzelne Fahrten eingesetzt wird, um die Dampflok zu schonen, die aber so umgebaut wurde, daß sie einer Trambahnlok ähnlich sieht.

Noch ein paar Zahlen: Die Bahn war vor einigen Umbauten 1,91 km lang und hatte 2,22 km Gleislänge. Sie wurde für 152 696 Reichsmark (!) gebaut. Die Spurweite ist 1 000 mm, man verfügte über eine Lokomotive und neun teils halboffene Personenwagen in historisch grünem Kleid. Ursprünglich waren es nur 60 PS, aber mit neuem Kessel hat die B-Lok

100 PS, sie wiegt mit den Vorräten an Wasser (1,12 m³) und Kohlen (0,6 t) 13,3 t und ist 15 km/h schnell, die Räder haben 800 mm Durchmesser. Die Lokomotive konnte für günstige 12 500 Reichsmark erworben werden, die Wagen kosteten zur gleichen Zeit zwischen 4 500 Reichsmark die geschlossenen mit 24 Sitzplätzen 1. Klasse und 2 800 Reichsmark die halboffene 2. Klasse mit 34 Sitzplätzen. Alle sind Zweiachser, einheitlich 8 400 mm lang, und es ist eine Augenweide, den stilreinen Zug rollen zu sehen.

Auf den Drachenfels

Noch ein paar Jahre älter – 1883 erbaut – ist die Drachenfelsbahn im Siebengebirge am Rhein. Das ist – fast gegenüber Bonn – eine traditionsreiche Fremdenverkehrslandschaft mit natürlich traditionsreichen Einrichtungen; allerdings hat man hier nach einem spektakulärem Unglück im Jahre 1958 den Dampfbetrieb restlos aufgegeben und fährt heute mit modern-sachlichen elektrischen Triebwagen ein oder zwei im Verband, mit einer Kreuzungsweiche in der Mitte der Strecke. Die letzte Drachenfels-Dampflok – man sieht eine mit der typischen Blindwelle und schräg liegendem Kessel als Lokomotivdenkmal – war auf der Zahnstange durch plötzlich überhöhte Bremskraft aufgeklettert.

Lohnend ist für den Eisenbahnfreund, zumal dann, wenn er aus dem Flachland stammt, die Bekanntschaft mit der Riggenbachschen Zahnstange (vgl. Seite 45), auf der die elektrischen Triebwagen genau so fahren wie vorher die Dampfloks. Wir haben sie hier über die gesamte 1,5 km lange Bahn durchlaufend, wodurch der Antrieb der Fahrzeuge recht einfach ist. Man braucht nur angetriebene Zahnräder, die übrigen vier Räder laufen ohne Antrieb mit. Allerdings sind die Weichen mit den beweglichen Zahnstangenabschnitten recht kompliziert. Die Spurweite ist 1 000 mm, man fährt mit 650 V Gleichstrom, 14 bis 19 km/h schnell, die zwi-

Trambahnlok der Chiemseebahn

Die Chiemseebahn

schen 1955 und 1970 gebauten Triebwagen sind 10 500 mm lang, sie haben 56 Sitzplätze und 24 Stehplätze und eine Motorleistung von 175 kW.

Die Oberweißbacher Bergbahn

Manche Touristenbahn ist gar nicht als eine solche geplant gewesen und ist es im Laufe der Zeit doch geworden. Die Oberweißbacher Bergbahn von Obstfelder-

Drachenfelsbahn. Als Denkmal am Talbahnhof eine der alten Dampfloks mit Blindwelle und Zahnrad.

Die modernen Zahnrad-Triebwagen der Drachenfelsbahn fahren einzeln oder im Zweier-Verbund

*Obstfelderschmiede–Cursdorf. Beginn der Flach-
strecke in Lichtenhain, im Hintergrund die Bergstation.*

*Der vollbesetzte Bergbahnwagen der Oberweißba-
cher Bergbahn fährt in die Talstation ein.*

schmiede über Lichtenhain an der Bergbahn nach Cursdorf ist eine Kombination
von Standseilbahn und Adhäsionsbahn
zur Erschließung des über dem Tal der
Schwarza liegenden Plateaus. Man hielt
diese Kombination zweier Bahnen eine
ganze Zeit lang für die einfachste Art, größere Steigungen zu überwinden (ehe die
Zahnradbahnen aufkamen) und plante sogar, größere Objekte mit mehreren Stufen
von Standseilbahn und Adhäsionsbahn
auszustatten, so die Touristenbahn auf die
Jungfrau im Berner Oberland.

Die Standseilbahn – eigentlich gehört
sie nicht in dieses Buch – ist deshalb von
besonderem Interesse, weil es hier nur einen der bekannten Seilbahnwagen gibt,
und am anderen Ende des 1 400 m langen
Drahtseiles ein Rollbock hängt mit einem
waagerecht liegenden Schienenstück, auf
dem je nach Bedarf ein Güterwagen von
der Schwarzatalbahn nach oben oder unten transportiert oder ein Personenwagen
aufgestellt werden kann. Das war eine
sehr wichtige Sache, als Oberweißbach
keine Straßenverbindung zum Tal hatte
und die Bergbahn die einzige Möglichkeit
für die auf dem Gebirge liegenden Betriebe war, Fracht an- und abzufahren.
Heute allerdings, wo Kraftfahrzeuge aller
Art über die inzwischen gebaute und ausgebaute Straße rollen, ist der Güterverkehr auf die Bergbahn längst eingestellt;
das Verbindungsgleis zur im Tal verlaufen-
den Strecke der DR ist noch zu sehen,
samt Drehscheibe.

Erreichen wir nun in Lichtenhain die
Höhe, so steht dort ein Triebwagen bereit:
Zwei solcher zweiachsigen Wagen befahren die Strecke nach Oberweißbach-Dees-
bach und weiter nach Cursdorf, mit elektrischer Oberleitung und 600 V Gleichstrom. 10 min dauert die Fahrt, und es ist
heute eine reine Ausflugsbahn in ein beliebtes Wandergebiet. Ein Kuriosum ist zu

*Die neuen Doppeltriebwagen der Wendelstein-
bahn*

*Alter Zug auf der »Hohen Mauer« der Wendel-
steinbahn*

berichten: Beim Bau der Adhäsions-
strecke herrschte strengste Sparsamkeit.
Deshalb wurden die Stromabnehmer seitlich versetzt, und die Masten kamen mit
sehr kurzen Auslegern für die Oberleitung
aus. Eine Wendemöglichkeit gab es sowieso nicht. Bei der Rekonstruktion dieses technischen Denkmals allerdings
wurde dann die Oberleitung zur Gleis-
mitte gerückt.

Die Wendelsteinbahn

Seit 1991 gibt es eine fast neue Wendelsteinbahn. Die Strecke und die großartige Aussicht sind dieselben wie seit 1912 gewohnt. Neu sind die modernen Doppeltriebwagen, mit denen die Fahrt beschleunigt und damit das Vergnügen auf 25 min begrenzt wurde. Land, Kreis und Gemeinde haben zusammengestanden, der Bahn eine Perspektive bis weit in das nächste Jahrtausend hinein zu geben. Dem Nostalgiker sei der Trost, daß von den alten Lokomotiven und Vorstellwagen zwei Zuggarnituren erhalten wurden und zu Sonderfahrten für Gruppen, aber auch zu öffentlichen Nostalgie- und Mondscheinfahrten eingesetzt werden. Das ist genau im Sinne des bayerischen Königs Maximilian II., der 1858 bei seiner Besteigung des Berges noch zu Fuß gehen mußte, ihn aber als »Vorposten« der Alpen mit herrlichem Rundblick besonders auszeichnete und den Grundstein für seine Beliebtheit legte. Diese fand 1910 ihren Höhepunkt in einem kühnem Bahnbau, der 1912 vollendet wurde.

Dem Eisenbahnfreund kann nur empfohlen werden, sich nach einer der »Nostalgiefahrten« zu erkundigen (Wendelsteinbahn, Direktion, Postfach 4002, 80702 München, Tel 089 – 38 19 02-0), denn die inzwischen 80 Jahre alten kleinen Lokomotiven und die der preußischen Bauart nachempfundenen gelben Abteilwagen sind eine Reise wert, die dann auch 55 min auf der 7,66 km langen Strecke für einen Weg dauert und damit längeren Genuß garantiert. Er kann sich so um 80 Jahre zurückversetzen: Die mit der von Niklaus Riggenbach erfundenen Zahnstange erbauten Schweizer Bergbahnen hatten sich bewährt und als totsichere Investition erwiesen, der Fremdenverkehr boomte, denn die Eisenbahn brachte Touristen – zügeweise, aus der nahen Landeshauptstadt wie aus allen Ecken Europas.

Das Interesse gilt natürlich in erster Linie den Lokomotiven: zwei Achsen mit Triebzahnrädern und Rädern auf den Schienen, alle angetrieben, zwei Motoren von je 100 kW, aber nur 4 000 mm lang und 16 t schwer. Die Lokomotiven wirken vor den beiden Vorstellwagen wie mutige

Zwerge. Ihre Geschwindigkeit ist 8 bis 10 km/h auf der 6,15 km langen Zahnstange, bis 15 km/h auf den übrigen Teilen. Die Personenwagen haben jeweils ein Bremszahnrad, die Türen werden von außen zugeschlagen und sind von innen nicht zu öffnen. Dagegen läßt man beim geruhsamen Bergbahntempo gern die Fenster an den altbekannten gelochten Lederriemen herab. Bei Hochbetrieb fahren zwei Züge in Sichtweite hintereinander her.

Die Strecke ist immer wieder modernisiert worden, mit aufwendiger Lawinenverbauung und Galerien, davon eine mit verschließbaren Schiebefenstern. Beliebtes Fotomotiv ist die »Hohe Mauer« zwischen zwei Tunneln gleich unter der Bergstation. Zur Entlastung der Wendelsteinbahn gibt es seit 1970 eine ebenfalls gut frequentierte Seilschwebebahn.

Die Zugspitzbahn

Sie ist die jüngste Zahnradbahn Deutschlands, am 8. Juli 1930 dem Verkehr übergeben – seitdem wurden für die touristische Erschließung der Bergwelt Seilschwebebahnen gebaut. So ist heute die Zugspitze, Deutschlands höchster Berg, abgesehen von der Gletscherbahn, welche Eisenbahnhof und Gipfel verbindet, auf drei Wegen zu erreichen, nämlich
- mit der bayerischen Zugspitzbahn von Garmisch-Patenkirchen über Eibsee zum Bahnhof Zugspitzplatt auf der Schiene und
- mit Seilbahnen vom Eibsee direkt zum Gipfel sowie vom österreichischen Ehrwald aus.

Dann an der höchsten Stelle Deutschlands zu stehen, mag ein gutes Gefühl sein, wenn die Eisenbahnfahrt vielleicht auch etwas anders verlief, als sie der eine oder andere erwartet hatte: Die letzten rund 5 km, wenn die Bahn sich vom Riffelriß (1 640 m hoch) zum Zugspitzplatt (2 580 m hoch) hinaufschraubt, fährt sie im Tunnel. So wird der Genuß, immer höher getragen zu werden und ein immer weiteres Blickfeld zu haben, ersetzt durch die Überraschung, beim Verlassen des Bahnhofs unvermittelt in der hochalpinen Welt

zu stehen. Übrigens war der Tunnel, der Schutz gegen Schneeverwehungen, Lawinen- und Steinschlaggefahr bietet, zur Zeit seiner Erbauung der längste Deutschlands. Er wurde nicht allein von seinen Enden aus vorgetrieben, sondern auch mit Hilfe einiger Stollen, die von außen in den Berg gebohrt wurden und die heute als Tunnelfenster fortbestehen, und dorthin führender Materialseilbahnen gebaut, so daß es eine ganze Anzahl von Vortriebsstellen gab. Die Station Tunnelfenster dient heute dem Skibetrieb. 1987 wurde neben der Station Schneefernerhaus der Gletscherbahnhof Zugspitzplatt eröffnet, mit der Hauptstrecke verbunden durch den Rosi-Tunnel. Der Bahnhof Schneefernerhaus wurde inzwischen stillgelegt.

Lassen Sie uns den Betrieb auf der Bayerischen Zugspitzbahn betrachten. Er vollzieht sich mit 1 000 mm Spurweite in zwei Abschnitten, auf der Talstrecke von Garmisch-Patenkirchen bis Grainau als Adhäsionsbetrieb mit maximal 37 ‰ Steigung. Die Talstrecke ist eigentlich nur Zubringer für die Bergstrecke sowie die Kreuzeck- und Alpspitzbahn und gleichzeitig Garmischer Vorortbahn. 1930 wurden für die Talstrecke vier Elektroloks der Achsfolge Bo beschafft, die bei jedem, der einst eine Modellbahn von Märklin besaß, Nostalgiegefühle erwecken. Sie zogen bis zu sieben Wagen und sind heute nur noch zu besonderen Anlässen zu sehen.

In Grainau heißt es umsteigen, früher in Züge mit kleinen zweiachsigen Lokomotiven mit drei Zahnrädern, die nur noch für Bau- und Dienstzüge eingesetzt werden. Das ist schade, denn die Lokomotiven sind sehenswert; sie waren damals äußerst »fortschrittlich« mit Kurzschlußbremsung, mit zwei auf die Triebradwellen wirkenden voneinander unabhängigen Handbremsen, mit Vaakumbremse, selbsttätiger Geschwindigkeitsbremse und einer auf die bergseitigen Laufräder wirkenden Handbremse. Die maximale Geschwindigkeit ist 9 km/h, die Kapazität der eingleisigen Strecke war also trotz der Ausweichen in Eibsee und im Tunnel begrenzt, bis 1954 Zahnrad-Triebwagen eingesetzt wurden, von denen man inzwischen über sechs verfügt, die jeweils einen Personenwagen (vierachsig, mit Bremszahnrad)

Bayerische Zugspitzbahn. Moderner Doppeltriebwagen für Adhäsions- und Zahnstangenbetrieb

Bayerische Zugspitzbahn, Zahnrad-Triebwagen mit Personenwagen

schieben, Nr. 5 und 6 einen Steuerwagen. Die befahren die Strecke von Grainau zum Eibsee mit maximal 250 ‰ Steigung mit etwa 20 km/h je nach Gefälle und Fahrtrichtung. Die Fahrzeit beträgt etwa 40 min.

Die für 40 km/h zugelassene Talstrecke mit den alten Lokomotiven und vielen ungesicherten Bahnübergängen stellte sich als Nadelöhr heraus. Zunächst wurde unabhängig davon zumindest in der Skisaison der Verkehr auf der Bergstrecke verdichtet. Dann aber lösten 1992 zwei Maßnahmen das Problem: Dazu gehörte die Anschaffung moderner Doppeltriebwagen

für Adhäsions- und Zahnradbetrieb mit 114 Sitzplätzen und 90 Stehplätzen, mit einer zugelassenen Geschwindigkeit von 70 km/h. Um die aber ausfahren zu können und damit einen Halbstundentakt auf der Talstrecke zu ermöglichen, mußte die Bahn besser gesichert werden. Das ist geschehen. Für die weitere Entwicklung dürfte ein Anhaltspunkt sein, daß die heute auf der Talstrecke eingesetzten Doppeltriebwagen als einzige Fahrzeuge die gesamte Strecke vom Zugspitzbahnhof Garmisch-Partenkirchen (neben dem Bahnhof der DB) bis zum Zugspitzplatt befahren können – ohne Umsteigen.

Die Harzer Schmalspurbahnen

Touristenbahnen haben sich mit dem Niedergang und dem Ende der Nebenbahnen meist weniger schwer getan. Der erste

Grund: Sie verkaufen nicht nur die Transportleistung, sondern auch die Landschaft. Man fährt mit ihnen weniger, um anzukommen als um die Fahrt zu genießen. Der zweite Grund: Viele von ihnen verkehren auf Strecken, wo die Konkurrenz des Individualverkehrs nicht zu fürchten ist. Sie machen Tarife selbst und sind in ein Tourismuskonzept eingebunden, das in sich schlüssig und gewinnbringend sein muß, auch wenn die Bahn rote Zahlen schreibt. Voraussetzung allerdings ist, daß die Bahnfahrt für den autogewohnten Zeitgenossen und seine Familie, wobei die Kinder eine wesentliche Rolle spielen, ein außergewöhnliches Erlebnis ist. Ein wesentlicher Bestandteil dessen ist zum Beispiel der Dampfbetrieb, der ja auch zum Erfolgskonzept der Museumsbahnen gehört, ein anderer publikumswirksame Sonderveranstaltungen mit Buffet- und Barwagen, Sonderfahrten für Vereine und Gesell-

Die 99 244 mit einem Personenzug auf dem Weg zum Brocken. Die Aufnahme entstand, bevor der Verkehr auf der Brockenbahn wegen der »Grenzsicherung« eingestellt wurde.

Bahnhof Stiege – heute geht es ohne Umsteigen von Gernode bis hinauf zum Brocken.

schaften, Kombinationen von Fahrten und Festen bis hin zur Mitfahrt auf dem Führerstand und zum Erwerb des Ehren-Lokführer-Patents.

Aus einer Anzahl von dampfbetriebenen Schmalspurbahnen sollen die des Harzes herausgehoben werden. Es handelt sich um die frühere Nordhausen-Wernigeroder und die Gernrode-Harzgeroder Eisenbahn, bekannter als Harzquerbahn

und Selketalbahn, die 1949 verstaatlicht, also der Deutschen Reichsbahn zugeschlagen wurden. Im Zuge allgemeinen »Fortschrittdenkens« gingen alle Bestrebungen in Richtung Modernisierung, das heißt Abschaffung der alten Dampfloks, also Verdieselung, und parallel Übernahme des Verkehrs auf die Straße mit dem Ende der Einstellung des Nebenbahnbetriebs. Doch mußte man sich in der DDR auf die Haupt-

strecken konzentrieren, und auf den Nebenbahnen blieb alles beim alten, Vorhandenes wurde sorgsam gepflegt und geflickt und rekonstruiert, weil das billiger als Neuanschaffungen kam. So blieb uns eine Reihe dampfbetriebener Nebenbahnen erhalten. Die Aufgabe der Eisenbahnfreunde war es, in der Euphorie des Beitritts die unbedachte Modernisierung dieser Bahnen, das heißt ihre Umstellung auf »westliches Niveau« zu verhindern.

Es war es eine zweite glückliche Fügung, daß der Zusammenbruch der DDR in eine Zeit fiel, in der man sich im Westen vieler Sünden gegen Umwelt und Tradition bewußt wurde. Daraus ergab sich eine Chance. Im Zuge der »Regionalisierung«, mit der die Bundesbahn wie die Reichsbahn Ballast abwerfen, um zu überleben, entstand, getragen von Land, Kreisen und Gemeinden, das »private« Unternehmen Harzer Schmalspurbahnen GmbH (HSB), das die Harzbahn und die Selketalbahn übernahm und zu einen Teil des Harzer Fremdenverkehrs machte. Dazu gehört natürlich die Erhaltung des Dampfbetriebs – die schon vorhandenen, auf Schmalspur umgebauten zehn Dieselloks wurden in die zweite Reihe gestellt, zumal unter den veränderten Gegebenheiten sowieso kaum jemand Frachten für den Rollwagenverkehr aufgeben wollte.

Ermutigend ist, daß wieder Dampflokomotiven für Nebenbahnen gebaut werden, in Winterthur in der Schweiz. Die ersten drei für Bergbahnen, die nicht auf den Dampfbetrieb verzichten wollen, weil sie sonst große Einbußen befürchten, und die neuen Maschinen sind mit Ölfeuerung und Einmannbetrieb und manchen Finessen wesentlich wirtschaftlicher als die bis zu 100 Jahre alten Veteranen.

Das dritte Pfund, mit dem gut wuchern ist, stellt der Brocken dar, der sich ähnlich der Wartburg wieder zu einem nationalen Symbol entwickelt hat. Alle, die ihn jahrzehntelang scheu aus der Ferne bewundert haben, entdecken ihre Sehnsucht, zu verwirklichen, was bisher verboten war. Es ist schon interessant, wie die Diskussion wogte, ob die empfindliche Natur des Brockenmoors und der Bergkuppe nach Abbau der Befestigungen den Ansturm der Besucher einigermaßen unbeschadet überstehen würde. Eher durch unübersehbare Kolonnen von Fußwanderern, die sich nicht an die ausgeschilderten Wege halten würden oder durch eine Bahn, auf keinen Fall aber durch eine Autozufahrt mit großem Parkplatz. Die Bahn, so argumentierten deren Verfechter, ergäbe die Möglichkeit, die Zahl der Fahrenden zu kontingentieren. So war die Wiederherstellung der Bahn für den Personenverkehr eine der ersten Aufgaben, die in Angriff genommen wurden. Am 1. Juli 1992 wurde der planmäßige Verkehr aufgenommen.

Der Eisenbahnfreund muß aber auch zur Kenntnis nehmen, daß ein Fahrplan aufgestellt wurde, der den Bedarf der Pendler und der zu einer Abendveranstaltung fahrenden Harzer ignoriert und sich nur auf die Bedürfnisse des Tourismus stützt, die Tagesrandverbindungen also ausläßt. Der Wald bleibt nach wie vor dem Harz-fressenden Automobil ausgeliefert.

Inselbahnen

Sie waren die liebenswertesten Kleinbahnen, die Bahnen auf den Nordseeinseln – oder sie sind es noch, zum Beispiel auf Borkum. Doch da kommen wir später hin.

Die 99 7234 mit einem Personenzug in Drei Annen Hohne

Die 99 7239 bei einem Halt in Eisfelder Talmühle

Nochmals Harzquerbahn: zwischen Drei Annen Hohne und Elend

Spiekeroog

Zunächst setzen wir über nach Spiekeroog. Dort fuhr seit 1885 eine Pferdebahn vom Dorf zum Strand, ab 1896 auch zum neuen Anleger (die Gemeinde konnte 8 000 Holzbohlen als Gelegenheitskauf erstehen, als 1890 die finnische Bark »Neptun« mit einer solchen Ladung gestrandet war und die Insulaner deren größten Teil bargen). Allerdings wurde die Landungsbrücke nur im Sommer benutzt und der Brückenbelag im Winterhalbjahr abgebaut und in den Dünen gestapelt, der Stürme wegen. Dann mußte man wie vorher vom Schiff in die hochrädrigen Wattwagen ein- und ausbooten. Da schon 1883 die Küstenbahn Emden–Sande die Postkutsche abgelöst hatte, wurde die Fahrt in die Sommerfrische auf der Insel zur reinen Freude.

Den Tierfreunden sei gesagt, daß das Pferd nicht über die Schwellen stolperte, sondern seitlich vom 1 000-mm-Schienenstrang ging. Und das bis 1949, es handelte sich um die am längsten fahrplanmäßig verkehrende Pferdebahn in Deutschland. Dann wurde sie durch eine Eisenbahn abgelöst, die das Dampfzeitalter übersprang und gleich in den Dieselbetrieb einstieg. Die Strecke war neu trassiert und verlegt worden. Günther Steinfelder zählte auf: »Doch nicht nur im technischen Bereich waren mit der Motorisierung der Inselbahn große Änderungen eingetreten. Offenbar gehen Technik und Bürokratie Hand in Hand. Aus unserer so gemütlichen Pferdebahn war über Nacht amtlich eine ›nibuei Ei‹ geworden, eine nichtbundeseigene Eisenbahn des öffentlichen Verkehrs mit straßenbahnähnlichem Charakter. Während sich bei der Pferdebahn allenfalls der Tierschutzverein zuständig fühlte, fiel die Inselbahn jetzt plötzlich in den Zuständigkeitsbereich folgender Behörden und Dienststellen: Bundesbahndirektion Münster in Münster (Westf.), Bundesverkehrsamt Emden, Bundesbahnmaschinenamt Oldenburg (Oldb.), Oberzugleitung in Münster (Westf.), Regierungsbezirk Aurich, Kreis Wittmund, Gemeinde Spiekeroog, Finanzamt Wittmund, Arbeitsamt Emden, Oberstaatsanwalt Aurich, Landgericht Aurich, Amtsgericht Esens,

Ortspolizeibehörde Spiekeroog!« Es wurde eine über 20 Seiten reichende Betriebsordnung mit 28 Paragraphen und vielen Unterabschnitten erstellt.

Die Fahrzeugliste der Inselbahn, die übrigens schon 1981 stillgelegt wurde, zeigt, wie sehr man auf Kleinbahn-Ausverkauf eingestellt war. Eine Draisine (55 PS, die zwei Personenwagen zog) und eine B-Diesellok (36 PS) wurden von der Inselbahn Wangerooge übernommen, zwei B-Dieselloks (80 und 88 PS) in den Jahren 1957 und 1965 neu gekauft. 1963 kam ein vierachsiger Triebwagen von der Kleinbahn Emden–Pewsum–Greetsiel.

Schon die Personenwagen der Pferdebahn waren Secondhand-Käufe gewesen, zwei von der Inselbahn Juist. An Güterwagen gab es nur ein paar kleine Loren und Niederbordwagen und einen geschlossenen Mini-Güterwagen.

Die 1949 zum Start der Eisenbahn und danach hinzugekauften Personenwagen kamen von der Kleinbahn Leer–Aurich–Wittmund, der Geilenkirchener Kreisbahn, der Kleinbahn Hoya–Syke–Asendorf, der Kleinbahn Emden–Pewsum–Greetsiel, der Kleinbahn Zell–Todtnau (Baujahr 1891, Umbau) und der Mittelbadischen Eisenbahn. Bei den 54 Güterwagen kamen als frühere Eigner noch die Kreis Altenaer Eisenbahn und die Esso hinzu.

Secondhand-Kauf waren auch die neuen schwereren Schienen, mit denen 1966/67 die gesamte Strecke ausgestattet wurde; sie waren von der stillgelegten Kleinbahn Emden–Pewsum–Greetsiel günstig erworben worden. Für das Gepäck wurden Container angeschafft, die per Kran auf das Schiff umgeladen werden konnten.

Borkum

In Borkum fährt man noch. Zwar steht die Eisenbahn nicht unter Dampf, aber wenn das Schiff aus Emden eintrifft, blubbert der Diesel. Die Inselbahn hat eine Spurweite von 900 mm. Sie ist 1988 100 Jahre alt geworden und verfügte im Jubiläumsjahr über

3 Diesellokomotiven
17 vierachsige Personenwagen

2 vierachsige Sonderwagen
3 Gepäck- und Postwagen
3 Werkstätten- und Gerätewagen.

Hier hat man den Güterverkehr an die Straße abgegeben, seit das Roll-on-Roll-off-System das Umladen der Fracht auf die Inselbahn zu einer teuren Extravanz werden ließ. Güterbahnhof und Anschlußgleise wurden abgerissen. Für die weitere Personenbeförderung aber besteht keine Gefahr, denn die Bahn ist fest in das Tourismuskonzept eingebunden, sie ist ein Teil der Insel. Das heißt, daß im Winterhalbjahr – außerhalb der Saison – die Bahn stilliegt und der Verkehr durch Busse übernommen wird, die sommers andere Linien befahren. Ganz ohne den »Dünenexpreß« auszukommen, ist undenkbar, da die Fährschiffe von Generation zu Generation größer werden und sich daraus Verkehrsspitzen zwischen Reede und Ort ergeben, die nur von der Eisenbahn bewältigt werden können. Ein Zug reicht in der Hauptsaison gerade für die Passagiere einer Fähre, in der Nebensaison für je ein Schiff aus Emden und dem niederländischen Eemshaven. Die Beförderungsleistungen liegen bei mehr als 500 000 pro Jahr!

Die Bahn ist aber auch ein Teil der Insel-Geschichte, denn sie entstammt einer Materialbahn zum Bau eines Leuchtturms und hatte die zweifelhafte Ehre, die einzige zweigleisige Schmalspurbahn Deutschlands zu sein. Das verdankt sie der Marine, die in »glorreichen Zeiten« hier auf der Insel das Sagen hatte. Damals, als der Kaiser Borkum zur Seefestung erklärte, gab es auch eine ganze Reihe von Anschlußgleisen, und in den 30er Jahren fuhr man mit sechs Dampflokomotiven, die militärischen Fahrzeuge nicht eingerechnet – kaum mehr eine Nebenbahn. Doch inzwischen beschränkt man sich auf die Beförderung friedlicher und friedliebender Kurgäste auf der 7,4 km langen Strecke zwischen der sturmflutsicheren Landeanlage und dem Ort Borkum.

Auf die ersten beiden zweiachsigen Baulokomotiven gehen die 900-mm-Spur und das seltene Doppelpuffersystem mit zentraler Kettenkupplung zurück. Seit 1968 gibt es nur noch Dieselbetrieb. Die

Auf dem Bahnhof Borkum

letzte Dampflok »Borkum« hat zusammen mit dem Kaiserwagen einen überdachten Ehrenplatz am Borkumer Kurhaus gefunden. Den Streckendienst versehen die beiden B-Dieselloks »Emden« (III) und »Münster« (II) mit 169 kW, unterstützt von »Leer« (40 kW). »Emden« II fährt auf der Museumsbahn Bruchhausen-Vilsen–Asendorf. In den 40er Jahren kamen auch zwei Wismarer Schienenbusse »Schweineschnäuzchen« auf die Insel, die ebenfalls an Museumsbahnen gingen.

Die ältesten Personenwagen waren fünf wahrscheinlich in England als Doppelstockwagen hergestellte Gefährte, die über die Hannoversche Pferdebahn und ein verunglücktes Emdener Projekt nach Borkum kamen, in einstöckige Ausführung umgebaut wurden und teilweise noch bis zum Zweiten Weltkrieg fuhren. Weitere Wagen wurden in eigener Werkstatt gebaut, alle wiederum zweiachsig, teils mit Mitteleinstieg und einer kleinen Bremsplattform an einer Seite, auch einige Sommerwagen. 1905 wurde der Salonwagen »Kaiserwagen« beschafft. Der erste komfortable Vierachser mit offenen Plattformen, wie sie den Verkehr bis heute prägen, wurde 1908 eingesetzt. Die Wagen haben querstehende Sitzplätze für je zwei Personen und eine Längsbank, weitere Wagen von den Bielefelder Kreisbahnen die Sitzanordnung 2 + 2. Alle haben keine

duchgehende Bremse, so daß in der Regel mit einem Lokomotivführer und einem Bremser gefahren wird, durch eine ebene Strecke und geringe Geschwindigkeit ermöglicht. Die Erneuerung der Personenwagen ist im Gespräch.

Langeoog

Die Bahn ist bunt wie ein Regenbogen. Und auf der Höhe der Zeit: Sie hat einen Traditionszug von historischen Nebenbahnwagen mit offenen Plattformen.

Auch hier begann es mit einer Pferdebahn, die gegenüber den hochrädrigen Wattwagen – es war 1901, als die holländische Tjalk »Gertudide« die ersten Wagen brachte – einen Höhepunkt von Komfort darstellte: Drei vornehm-elegante offene Sommerwagen, ein geschlossener Perso-

nenwagen und ein Gepäckwagen waren bei Freudenstein in Tempelhof bei Berlin bestellt worden, bald kamen auch Güterwagen hinzu. »Fast spielend zogen die munteren Rosse den federnden Wagen«, wird von der Eröffnung berichtet.

1927 ging die Bahn von der Dampfschiffsreederei Esens-Bensersiel-Langeoog an die Inselgemeinde Langeoog. Zwei gebrauchte Straßenbahntriebwagen ohne Motoren wurden als Pferdebahn eingesetzt, die geplante Motorisierung der Bahn zog sich bis 1937 hin, auf dem Parallelgleis löste die Dieseltraktion die Pferde ab. Es gab zwei Dieselloks mit 24 und 36 PS, vier Personen- und acht Güterwagen von der Steinhuder-Meer-Bahn, während die Personenwagen der Pferdebahn bis auf einen Wagen, der nach Spiekeroog ging, verschrottet wurden.

Heute fährt der Inselbahnzug, bestehend aus Fahrzeugen unterschiedlichster Herkunft, von eingestellten Kleinbahnen und Eigenbauten unter Verwendung alter Fahrgestelle, mit zwei Triebwagen an Spitze und Ende als Pendelzug. Auch einen zweiten, »alten« Zug mußte man wegen der immer größer werdenden Schiffe zusammenstellen. So ist die Inselbahn mit ihren Triebwagen und Dieselloks, Personenwagen und Güterwagen unversehens zu einem sehenswerten Nebenbahn-Museum geworden. Inzwischen ist beabsich-

Der »alte Zug« der Inselbahn Langeoog

Der »bunte Zug« der Inselbahn Langeoog, Pendelzug mit je einem Triebwagen vorn und hinten

tigt, neue Loks und Wagen zu beschaffen, die Züge also nicht mehr mit Triebwagen an jedem Ende zu bespannen.

Sylt

Die längst stillgelegte meterspurige Inselbahn stellte im Jahre 1952 einen Sattelschlepper-Triebwagen mit 95-PS-Dieselmotor ein, um der wirtschaftlichen Schwierigkeiten Herr zu werden. Da die Vorderachse nicht fest montiert war, konnte das seltsam anmutende Fahrzeug sehr kleine Gleisradien befahren. Natürlich mußte es am Endpunkt der Reise wenden, und man tat das mit Hilfe einer Drehscheibe in Westerland, eines Gleisdreiecks in List und einer Schleife in Hörnum.

Sylter Inselbahn mit einem Sattelschlepper als Triebwagen

Wangerooge

Diese Inselbahn ist die einzige mit variablem Fahrplan, da die Schiffahrt von Harlesiel herüber von Ebbe und Flut abhängig ist und sich demzufolge von Tag zu Tag die Zeiten ändern. Das Kursbuch zeigt demzufolge umfangreiche Tabellen, in denen jeder Tag des Jahres verzeichnet ist, und führt die Bahn wie die Schiffahrt als Einheit auf.

Gerade hat die Inselbahn Wangerooge ein Zeichen für kundenfreundliches Verhalten gesetzt: Der erste ihrer vom Reichsbahnausbesserungswerk Wittenberge umgebauten Wagen ist für Rollstuhlfahrer und Kinderwagen geeignet, mit Auffahrrampe und einer Sitzbank an einer Längsseite.

13

„Wenn sie erst weg ist ..." – Das Nebenbahnsterben

Kleinbahnen waren fast immer in Geldnöten. Besonders schwierig gestalteten sich die Zeiten der weltweiten Rezession zu Beginn der 30er Jahre. Dann stellte der nationalsozialistische Staat die Eisenbahn in die zweite Reihe, Kraftwagen hatten für die Kriegsvorbereitungen Vorfahrt.

Rückschläge bedeuteten auch die Demontagen, der ganze Bahnlinien in der damaligen sowjetischen Besatzungszone zum Opfer fielen, insbesondere Nebenbahnen natürlich, die zum Teil auch nicht wieder hergestellt wurden.

Über das mit der Nachkriegs-Erholung einsetzende, durch die Konkurrenz des Straßenverkehrs ausgelöste weitere Kleinbahnsterben ein Bericht aus der damaligen DDR: »Anfang bis Mitte der 60er Jahre setzte durch die zunehmende Motorisierung ein Strukturwandel im Verkehrswesen ein, d. h. der Verkehr verlagerte sich zunehmend auf die Straße. Nach 1966 erfolgten deshalb umfangreiche Untersuchungen über die Rentabilität der Strecke. Als Ergebnis war u. a. ein erheblicher Rückgang der Verkehrseinnahmen zu verzeichnen. Erschwerend kam hinzu, daß der Bahn immer weitere Kunden durch den inzwischen wesentlich schlechter gewordenen Zustand der Strecke – teilweise waren nur noch Geschwindigkeiten von 10 km/h möglich – verloren gingen. Eine völlige Rekonstruktion der Strecke wäre nötig gewesen und hätte etwa 12 000 000

Mark gekostet. Aus diesen Gründen wurde die Strecke 1969 stillgelegt. Auf dem Abschnitt Bürgel–Eisenberg erfolgte die Stillegung am 1. April 1969, nachdem am Tag zuvor der letzte Zug von der Bevölkerung herzlich verabschiedet worden war. Zwischen Bürgel und Porstendorf verkehrten die Züge noch ein wenig länger, bis am 1. August 1969 auch dieser Teil der Strecke nach einem Unwetter vollständig stillgelegt werden mußte.«

»Kaputtsparen« nennen Kritiker diese Entwicklung, wenn durch mangelnde Unterhaltung, durch Vernachlässigung von Gleisen und rollendem Material, eine Bahnstrecke für die Benutzer unattraktiv gemacht wird. So kann man dann – böse Absicht wird unterstellt – mit Hinweis auf mangelnde Kostendeckung weitere Einsparungen durchsetzen, sei es eine »Verdünnung« des Angebotes, sei es eine Teilstillegung, die natürlich weitere Kunden vergraulen, und wenn man das Glück hat, daß ein Unwetter den Bahndamm unterspült und/oder eine Brückenreparartur viel zu kostspielig und deshalb nicht machbar ist, dann kann die Verwaltung eine weitere ungeliebte, sie belastende Strecke aufatmend abschreiben. So hat man es uns in den USA vorgelebt, mit dem Unterschied, daß die Struktur des Landes dort eine andere ist, und dem Ergebnis, daß man dort inzwischen versucht, die Fehler zu korrigieren.

Von einer anderen Nebenbahn wird berichtet, daß das Frachtaufkommen erheblich zurückging, als die Langholzabfuhr per Lkw (warum noch einmal umladen?) über die verbesserte Straße erfolgte. Lediglich 20 % der Ausgaben wurden noch durch Einnahmen gedeckt, und das fast ausschließlich durch Pendler- und Schüler-Sozialtarife. Die Verringerung der Zugzahl und die Einführung von langsamen Pmg (Personenzügen mit Güterbeförderung) führten zu weiterer Abwanderung.

»Der Wettbewerb der Straße zwingt die Bahn in die Knie« schrieb man über die Bröltalbahn zum Abschied. Auch hier kamen verschiedene Entwicklungen zusammen. 1921 war das Unternehmen zur Rhein-Sieg Eisenbahn-Aktiengesellschaft (RSE) umgegründet worden, unter anderem, weil die wirtschaftlichen Interessen weit über das Bröltal hinaus sich entwickelt hatten. 1925 war es dann soweit, daß die ersten sechs Autobusse in Dienst gestellt wurden. Fünf Linien wurden befahren.

Lassen Sie mich hier kurz daran erinnern, daß in der Mitte der 20er Jahre nach allgemeinem Urteil Straßenverkehr (und insbesondere Güterverkehr) bis zu einem Umkreis von 50 km konkurrenzfähig war. Das war natürlich je nach Straßennetz und Straßenzustand unterschiedlich, doch hätte sich in den damaligen Knochen-

Bergen bei Celle – heute ein Ort ohne Bahnanschluß

Verbrennungstriebwagen der Mindener Kreisbahnen

Der Wismarer Schienenbus – hier zusammen mit der V 36 231 im Eisenbahnmuseum Bochum-Dahlhausen – fand in den 30er Jahren große Verbreitung.

schüttlern nie jemand auf eine Autobusreise zum Beispiel bis nach Sizilien oder Südspanien eingelassen oder wäre auf die Idee gekommen, Güter per Lastwagen in die Türkei oder noch weiter in die Golfstaaten zu verfrachten. Zug um Zug, mit besseren Straßen und leistungsfähigerem Gerät, konnte aber der Straßenverkehr aufholen und die Eisenbahn auf vielen Strecken überholen.

Damit wurden aus lokalen Bahnunternehmungen Verkehrsgesellschaften, die ihre Fahrzeuge flexibel einsetzen konnten, auch für Sonderfahrten und Gesellschaftsreisen auf beliebigen Routen – heute unterhalten die meisten von ihnen Reisebüros. Dazu gab es neue bisher nicht geahnte Konkurrenzverhältnisse. Als Nachfolger der längst abgeschlagenen Postkutsche erschien auf den Straßen der gelbe Postbus.

Inzwischen waren im Bröltal auch Triebwagen angeschafft worden. Das Wismarer »Schweineschnäuzchen« hatte nach einem Unfall nur noch einen Führerstand und wurde Dienstfahrzeug, die vierachsigen Dieseltriebwagen bewährten sich gut.

Schon 1932 hatte man gemahnt: »Den Eisenbahnen und Kleinbahnen erschwerte der wachsende Wettbewerb des Kraftwagens die Erfüllung ihrer Aufgaben immer mehr. Wenn man aber vom Standpunkt der gesamten nationalen Wirtschaft aus das Verhältnis Bahnen und Kraftwagen beurteilt, wird der Umstand nicht unberücksichtigt bleiben können, daß die Bahnen, für den größten Teil des Personen- und Güterverkehrs auch künftig unentbehrlich (?), ihre Aufgaben nur dann erfüllen können, wenn an die Stelle eines wilden Wettbewerbs eine geordnete Arbeitsteilung getreten ist.« Immerhin be-

Dieser Straße-Schiene-Bus sollte auf Schienen und auf der Straße gleichermaßen fahren und binnen weniger Sekunden das »Medium« wechseln können. Er kam über das Versuchsstadium nicht hinaus.

Der ehemalige Bahnhof Altenkirchen der Rügenschen Kleinbahnen

schaffte man selbst einen Kraftwagen mit Anhänger für Stückgut und bewies damit Zukunfts-Gespür.

Tatsächlich hat sich dann bald allerorten der Verkehr mit Dampfloks als der krisensichere herausgestellt. Jedermann war froh, daß im Krieg überhaupt gefahren wurde und fragte nicht nach dem Wie. Von Konkurrenz war keine Rede, bis die Währungsreform unternehmerische Kräfte freisetzte. Der dann aufblühende Schienenersatzverkehr, an dem auch kleinste Unternehmen mit nur einem bejahrten Fahrzeug teilnahmen, glich teilweise einem Goldgräber-Szenario. Natürlich blieben die schlechten Geschäfte und die Risiken bei der Eisenbahngesellschaft, die sich anläßlich der Konzessionierung zur Betriebspflicht hatte bekennen müssen und nun daraus von der Aufsichtsbehörde nur unter der Bedingung entlassen wurde, daß sie eine entsprechende Verpflichtung auch für den Betrieb auf der Straße übernahm – für Personen und Güter.

Es gab jahrelange Verhandlungen, und die Stillegung des Personenverkehrs der Rhein-Sieg-Eisenbahn-Aktiengesellschaft zog sich von 1951 bis 1956 hin, die des Güterverkehrs von 1951 bis 1967. Die Verpflichtung zum Schienenersatzverkehr wurde 1971 aufgehoben (»... entbinde ich hiermit die Rhein-Sieg Eisenbahn-Aktiengesellschaft in Bonn-Beuel mit Wirkung vom 15. Januar 1972 für dauernd von der ihr auferlegten Pflicht, auf den vorbezeichneten Strecken Güter mit Kraftfahrzeugen im Schienenersatzverkehr zu befördern ... Der Minister für Wirtschaft, Mittelstand und Verkehr des Landes Nordrhein-Westfalen«), der Lkw-Verkehr wurde 1972 eingestellt, so daß aus der Bröltal-Eisenbahn ein Autobus-Personenverkehrs-Unterneh-

men geworden war, das folgerichtig auch zum Jahreswechsel 1972/73 in die von Kreis, Städten und Gemeinden gegründete Rhein-Sieg-Verkehrsgesellschaft (RSVG) übernommen wurde. Auf dem Betriebshof der RSVG in Hennef erinnert eine Dampflokomotive an vergangene Zeiten, eine Diesellok steht in Niederpleis.

Ein paar Sätze zur längst vergessenen St. Andreasberger Kleinbahn im Harz. Der alten Bergstadt St. Andreasberg ging es wie so manchem, der zum Endpunkt einer staatlichen Bahnlinie erklärt wurde, zumal im Gebirge. Der Bahnhof St. Andreasberg, Endpunkt einer Stichbahn von der Südharzbahn Nordhausen–Northeim, war

3 km vom namengebenden Ort entfernt und – das war die Ursache für den unbefriedigenden Zustand – der Höhenunterschied betrug 170 m. Da mit dem Erliegen des Bergbaus aber eine neue wirtschaftliche Grundlage geschaffen werden mußte und der Tourismus sich sommers wie winters als eine solche empfahl, bekam eine ganzjährige zuverlässige und bequeme Zufahrtsmöglichkeit doppelten Wert. Das konnte damals nur eine Eisenbahn sein, und da weder das Gelände noch die Mittel der Eisenbahnverwaltung eine 6 km lange Normalspur zuließen, einigte man sich auf eine 1,7 km lange Zahnradbahn. Entgegen dem ursprünglichen Plan, mit der Zahnradlokomotive die Personen- und Güterwa-

Stillgelegte Drehscheibe

Das traurige Ende eines Bahnhofs

gen den Berg hinaufzuschieben, stellte es sich dann doch als notwendig heraus, besonders konstruierte Bergbahnwagen mit einem Bremszahnrad zu beschaffen. Man wählte die Zahnstangen nach dem System Abt, wie sie sich schon auf der benachbarten Rübelandbahn bewährt hatten.

1913 wurde der Verkehr aufgenommen, mit fünf, später sechs Zugpaaren täglich. Doch schon mit dem Ausbruch des Krieges setzten die Rückschläge ein, die sich dann über Inflation und Weltwirtschaftskrise fortsetzten. 1932, die Bahn war noch nicht 20 Jahre alt, wurden zur Verbesserung der Rentabilität bei geringem Fahrgastaufkommen die ersten Omnibusse eingesetzt, später auch Lastkraftwagen. Damit war das Ende schon vorprogrammiert, denn in der Begründung der Betriebseinstellung 1955 hieß es, der Güterverkehr sei nur gering und der Personenverkehr würde sowieso zum größten Teil mit Autobussen abgewickelt. So bestehe kein Grund, die reparatur- und erneuerungsbedürftigen Anlagen von der verbrauchten Zahnstange bis zum verworfenen Gleis zu sanieren. Die Bundesbahn drängte auf die Stillegung ihrer Stichbahn, kühne Pläne zur Zusammenfassung beider Bahnen für gemischten Betrieb mit einem Zahnrad-Triebwagen scheiterten am Geldmangel. 1959 fuhr der allerletzte Zug, und die Gleise wurden abgebrochen. Der Bahnhof erinnert die St. Andreasberger an ihre Eisenbahnzeit und läßt sie sich ausmalen, was die dampfende kleine Zahnradbahn für eine Attraktion wäre, die viele Fremde in die Stadt brächte – gäbe es sie noch.

Schon die Ankündigung von Streckenstillegungen löst meist Schockwellen aus. Große Bevölkerungsteile, darunter viele Menschen, die selbst seit langen Jahren nie mit »ihrer« Lokalbahn gefahren sind, gehen im wahrsten Sinne des Wortes auf die Straße und entwickeln nun ein Zugehörigkeits- und Zusammengehörigkeitsge-

Bahnhof Dippoldiswalde an der Strecke Freital-Hainsberg–Kipsdorf

Der Bahnhof in Dassel (in der Nähe von Holz-minden) wird nur noch von Güterzügen bedient. Das Empfangsgebäude ist unter anderem einem Verein von Eisenbahnfreunden Vereinslokal.

fühl, das regelmäßig erstaunen läßt und sich in tränenreichen volksfestartigen Abschiedsfahrten mit Girlanden und Musik niederschlägt.

Hin und wieder wird nur ein Teil des Betriebs eingestellt, zum Beispiel der Personenverkehr, während die Güterbeförderung – vielleicht für einen bestimmten Großkunden – weiterläuft, oder umgekehrt. Dadurch sind wesentliche Einsparungen beim Betrieb möglich, meist ist es aber der Anfang vom bitteren Ende.

Ein Kapitel für sich sind die Bahnhofsgebäude, die durch die Stillegung von Nebenbahnen, aber auch durch Rationalisierungsmaßnahmen an noch betriebenen

Strecken frei werden – da genügen ein Fahrkartenautomat und ein Dach zum Unterstellen auf dem Bahnsteig. Oft wird die alte Funktion des Bahnhofs als Teil des gesellschaftlichen Lebens von einer Gaststätte weitergeführt, wie sie schon früher dort war und nun erweiterte Räumlichkeiten zur Verfügung hat. Oft aber hat die Suche nach einem vernünftigen Konzept eine ganz andere Nutzung ergeben. Zugegeben, in einem früheren Bahnhof zu wohnen, das ist ein ganz besonderes Gefühl, wenn auch der Schnitt und die Höhe der Räume vielleicht nicht optimal sind.

So gibt es in Ebernburg, einem Ortsteil von Bad Münster am Stein-Ebernburg einen nicht mehr benötigten Bahnhof, der von einem gemeinnützigen Verein zur Förderung von Kunst und Kultur als »Künstlerbahnhof« geführt wird. Alljährlich verbringen hier vier Künstler einen zwei Monate währenden kostenlosen Arbeitsurlaub. Es steht ihnen die Wohnung im Obergeschoß zur Verfügung, im Untergeschoß Atelier und Austellungsräume, der Ankauf eines Werkes zumindest für den Aufbau einer städtischen Kunstsammlung wird garantiert, und zahlende Mitglieder des Förderkreises bekommen 20 % Rabatt.

Nicht weit davon, in Nackenheim, geht es weniger elitär zu. In der Heimat des Fröhlichen-Weinberg-Dichters Carl Zuckmayer wurde der Bahnhof gesellschaftliches Zentrum: Nach Umbau und Sanierung zogen Volksbildungswerk, Arbeiterwohlfahrt und Jugendklub ein, und der Bürgermeister meinte, daß es der Gemeinde gut anstände, den Bahnhof, der immerhin über 100 Jahre Ortsmittelpunkt gewesen sei, nun auch wieder dazu zu machen.

14

Ein Kapitel Nostalgie

Wenn der Traditionszug von Radeburg »rein« ist, die Passagiere ausgestiegen sind und sich auf dem ebenso historisch wirkenden Bahnsteig von Radebeul Ost verlaufen haben, greift der Zugführer zum Besen, und das Lokpersonal schraubt die blank polierten Messingschilder von der grünen Lok, auf daß sie nicht die Beute von Fans werden. Sie entledigen sich im Umkleideraum der dem 19. Jahrhundert nachempfundenen Uniform und machen sich in Jeans und Shirt auf den Heimweg.

Ähnlich wie sie üben allsonntäglich mehrere hundert, vielleicht sogar mehr als tausend Hobby-Eisenbahner ihre Liebhaberei aus. Das Niveau ist unterschiedlich wie Ziel und Zweck. Den einen geht es darum, liebevoll und gewissenhaft ein Stück Kulturgeschichte zu konservieren, andere möchten in erster Linie sich und den Gästen eine Freude bereiten. Auch bei den Sammlungen haben wir zwischen denen zu unterscheiden, die einem Thema mit oft eng begrenztem Rahmen verpflichtet sind, und denen, die eine möglichst große Vielfalt zeigen wollen. Wesentlich sind auch die Voraussetzungen, die man findet. Der Betrieb von Dampfloks zum Beispiel ist immer problematischer geworden, seit die Bundesbahn ihre Dampfrösser außer Dienst gestellt hat (und nun wieder zu Sonderfahrten einsetzt). Museumszüge müssen vom Ausgangsbahnhof mit »Schmierdampf« von einer Diesellok auf

ihre eigentliche Strecke geschleppt werden, so beim »Kuckucksbähnel« in der Pfalz und bei der Kandertalbahn im südlichen Schwarzwald.

Zu einem optimalen Interessenausgleich kamen, um hier eins der glücklichen Beispiele zu nennen, die Eisenbahnfreunde Breisgau in Freiburg mit ihrem Museumszug »Rebenbummler«. Er fährt auf den Gleisen der Kaiserstuhlbahn zwischen Riegel und Breisach, ungestört, seit die Südwestdeutsche Eisenbahngesellschaft an Wochenenden den Verkehr eingestellt hat. Und da wir gerade bei diesem Beispiel einer Museumsbahn sind, die in weinseliger Landschaft ein Stück Fremdenverkehr geworden ist, soll hier auch der Museumszug vorgestellt werden, bei dem der Vielfalt der Vorzug gegeben wird:

Wagen 38, 39, 66, 67, 68, Baujahr 1926, zweiachsig, letzte Wagen mit Holzaufbauten, geschlossene Plattformen, von verschiedenen Strecken der Süddeutschen Eisenbahn-Gesellschaft (SEG).

Wagen 41, 42, 43, Baujahr etwa 1904, zweiachsig mit offenen Bühnen und Übergang. Der Wagen 41 ist mit 9700 mm Länge über Puffer der kürzeste. Alle drei Wagen liefen bis zur Betriebseinstellung auf der Kaiserstuhlbahn.

Wagen 45, Baujahr 1912, wurde von den Museumseisenbahnern zum bei solchen Zügen beliebten unhistorischen Barwagen umgebaut.

Wagen 36, Post- und Gepäckwagen, Baujahr 1883. Vermutlich für die Preußische Staatsbahn gebaut.

Dazu führt der Museumszug noch ein bis zwei geschlossene Güterwagen mit, einen Bierkühlwagen Jahrgang 1910 mit der Aufschrift ›Riegeler Bier‹ mit Vorräten für den Barwagen, und einen des Jahrgangs 1906.

Eine ganze Reihe von Museumsbahnen und Eisenbahnmuseen gibt so einen Einblick in den Betrieb von Nebenbahnen, Lokalbahnen und Kleinbahnen in ihrer großen Zeit, und deshalb kann ein Besuch nur empfohlen werden. Daneben gibt es Oldtimer- und Nostalgiefahrten auch auf ganz normalen Eisenbahnstrecken. Sie können selbst bei der Bundesbahn Sonderfahrten für die Gäste Ihrer Geburtstags-, Hochzeits- oder Jubiläumsfeier buchen. Die folgenden Seiten geben Ihnen eine – sicherlich nicht vollständige – Übersicht. Immer wieder finden sich neue Gemeinschaften zusammen, es werden Pläne geschmiedet und Projekte gestartet. Und auch dort, wo der Museumsbahnbetrieb aufgenommen oder ein Museum eingerichtet wurde, gibt es ständig Veränderungen: Neuerwerbungen, Ausleihe, Aufarbeitung, oder es ist ganz einfach ein Fahrzeug nicht zu sehen, weil es sich in der Revision befindet. Da auch die Betriebs- und Öffnungstage der Bahnen und Museen oft nur wenige innerhalb des Sommerhalbjah-

res sind, empfiehlt sich eine vorherige Anfrage oder der Kauf des alljährlich erscheinenden »Kursbuches der deutschen Museums-Eisenbahnen« aus dem Verlag Uhle & Kleimann, 32312 Lübbecke, Postfach 15 43. Preis DM 5,–.

Nach der Fahrt werden die Messingschilder abgeschraubt …

Traditionszug Radebeul Ost–Radeburg. Die sächsische 132 vor historischen Personenwagen

Baden-Württemberg

Die Lok Nr. 28, eine T 3, wird für die Fahrt vor dem Museumszug auf der Achertalbahn vorbereitet.

Achertalbahn Achern–Ottenhöfen. Historische Dampfzugfahrten der Südwestdeutschen Verkehrs AG und des Achertäler Eisenbahnvereins. T 3 und Nebenbahnwagen der Baujahre 1896 bis 1927. Gepäckwagen mit Postabteil und Seitengalerie. Achertäler Eisenbahnverein e. V., Willi Reichert, 77656 Offenburg, Schäffersheimer Straße 12, Tel. 07 81-5 87 89. Kursbuch Nr. 718, Kursbuch der deutschen Museums-Eisenbahnen Nr. 47.

Albtalbahn, Dampflokfahrten der Albtal-Verkehrsgesellschaft mit den Ulmer Eisenbahnfreunden auf der Strecke Ettlingen Stadt–Bad Herrenalb. Dampflokfeste in Ettlingen. Die Museumszüge werden mit der Lok 58 311 – bewährte Nebenbahnlok für den gemischten Dienst – und stilechten Eilzugwagen gefahren. Albtal- Verkehrsgesellschaft mbH, Bahnverwaltung Ettlingen, 76275 Ettlingen, Wilhelmstraße 2, Tel. 0 72 43-1 81 16. Kursbuch Nr. 714, Kursbuch der deutschen Museums-Eisenbahnen Nr. 46

Amstetten, historische Dampfzüge der Ulmer Eisenbahnfreunde e. V. Auf der Strecke Amstetten–Gerstetten fahren die bayerischen GtL 4/4 98 812 von 1914 und die badische VIc 75 1118 mit einer Reihe von Nebenbahn-Plattformwagen. Auf dem 1 000-mm-Albbähnle Amstetten–Oppingen verkehrt die badische 99 7203 von 1904 auf der Steilstrecke der ehemaligen »Laichinger Bahn« mit drei ehemals Appenzeller Personenwagen. Kontaktadresse Rathaus 73340 Amstetten, Tel. 0 73 31 – 30 06 – 0 oder Hans J. Möller-Döling, 79650 Langenau, Ahornweg 5/23, Tel. 0 73 45-77 76. Kursbuch Nr. 758, Kursbuch der deutschen Museums-Eisenbahnen Nr. 51 und 51a.

Der Museumszug der Dampfbahn Kochertal mit der 80 106 zwischen Gaildorf und Untergröningen

Gaildorf–Untergröningen, Dampfzugfahrten auf der Strecke der Württembergischen Eisenbahngesellschaft (WEG). Museumszug meist mit C n2t, 80 106 von Esslingen 1952. Dampfbahn Kochertal e. V., 74429 Sulzbach-Laufen, Postfach 41, Tel. 07 11-47 57 06 (Hellwig). Kursbuch Nr. 785, Kursbuch der deutschen Museums-Eisenbahnen Nr. 70.

Kandertalbahn, Museumsbahn Kandern–Haltingen (–Basel Badischer Bahnhof). Eine Preußische T 3 (Borsig 1904) führt den Museumszug, der aus bunt zusammengewürfelten Personenwagen Jahrgang 1882 bis 1936 aus Deutschland und der Schweiz besteht. Auch eine ex SBB E 3/3 »Tigerli« und einer der ältesten Dieseltriebwagen von 1928. Kontakt: Eurovapor, Betriebsleitung Kandertalbahn, 79400 Kandern, Gartenstraße 7, Tel. 0 76 26-86 81. Kursbuch Nr. 12733, Kursbuch der deutschen Museums-Eisenbahnen Nr. 54

Neresheim, Eisenbahnmuseum und Vorbereitung einer Museumsbahn. Der Verein verfügt über zwei B-Dampfloks und Nebenbahnwagen, dazu einen umgebauten Wismarer Schienenbus und einen Triebwagen B'B' aus den Beständen der Härtsfeldbahn, kann also einen stilreinen Nebenbahnbetrieb ausrichten. Härtsfeldbahn-Museum, 73450 Neresheim, Dischinger Straße 11. Geschäftsstelle 73416 Aalen, Postfach 91 26. Kursbuch der deutschen Museums-Eisenbahnen Nr. 64

Ochsenhausen–Warthausen, 750-mm-Schmalspur-Museumsbahn »Das Öchsle«. Der Museumszug besteht aus der Schmalspur-Dampflok System Mallet und Nebenbahn-Personenwagen mit offener Plattform. Aushilfsweise fahren auch

die Schmalspur-Diesellok V 51 902, der Wismarer Schienenbus VT 1 »Schweineschnäuzchen« und der VT 2 »Fliegendes Öchsle«. Öchsle-Schmalspurbahn, 88416 Ochsenhausen, Postfach 12 28, Tel. 0 73 52-22 03 oder 0 73 91-5 45 88. Nach neuesten Meldungen findet ein Museumsbetrieb vorerst nicht statt.

Rebenbummler (Kaiserstuhlbahn). Kontaktadresse MECF Eisenbahnfreunde Breisgau, 79106 Freiburg, Eschholzstraße 40, Tel. 07 61-70 20 33. Kursbuch Nr. 723, Kursbuch der deutschen Museums-Eisenbahnen Nr. 52.

Strohgäubahn, historischer Dampfzug »Feuriger Elias« auf der Strecke Korntal–Weissach. Die Dampflok Nr. 16, D h2t, ex Hzl 16, ex DR 92 442, 1928 für die Kreis-Oldenburger-Eisenbahn gebaut, führt den Museumszug, eine stilreine württembergische Nebenbahngarnitur aus zwei- und vierachsigen Plattform-

wagen. Gesellschaft zur Erhaltung von Schienenfahrzeugen e. V., 70607 Stuttgart, Postfach 71 01 16, Tel. 0 70 25-43 69 oder 07 11-44 67 06. Kursbuch Nr. 790.7, Kursbuch der deutschen Museums- Eisenbahnen Nr. 48.

Tälesbahn, historischer Dampfzug »Sofazügle« auf der Strecke Nürtingen–Neuffen. Die Dampflok Nr. 11, D h2t, ex Hzl 11, 1911 von der Maschinenfabrik Esslingen für die Hohenzollerische Landesbahn gebaut, führt den Museumszug, eine stilreine württembergische Nebenbahngarnitur aus zwei- und vierachsigen Plattformwagen. Kontakt wie Strohgäubahn. Kursbuch Nr. 762, Kursbuch der deutschen Museums-Eisenbahnen Nr. 49.

Wutachtalbahn. Dampflokfahrten zwischen Zollhaus-Blumberg und Weizen (»Sauschwänzlebahn«). Einst strategische Bahn längs der Schweizer Grenze mit aufwendigen Kunstbauten. Kontakt: Stadt Blumberg, Verkehrsamt, 78176 Blumberg, Tel. 0 77 02-51 27. Kursbuch Nr. 12737, Kursbuch der deutschen Museums-Eisenbahnen Nr. 53.

Zollernbahn, Dampflokfahrten auf dem gesamten Streckennetz der Hohenzollerischen Landesbahn AG., Stammstrecken Gammertingen–Kleinengstingen–Münsingen und Eyach–Haigerloch–Hechingen sowie zwischen Bad Friedrichshall–Jagstfeld und Ohrnberg, der Unteren Kochertalbahn der Württembergischen Eisenbahn-Gesellschaft. Dampflokfeste. Für den Museumszug stehen die 64 289 (1′C1′ h2t) und die 52 7596 (1′E h2) zur Verfügung. Eisenbahnfreunde Zollern-

Historischer Dampfzug der Gesellschaft zur Erhaltung von Schienenfahrzeugen. Der »feurige Elias« zu Gast auf der Tälesbahn, zwischen Linsenhofen und Neuffen.

Museumszug der Eisenbahnfreunde Zollernbahn auf dem Bahnhof Bad Friedrichshall-Jagstfeld

Dampfloktreffen der Eisenbahnfreunde Zollernbahn in Hechingen

bahn e. V., 72336 Balingen, Postfach
10 02 01, Tel. 0 74 76-79 49. Kursbuch
Nr. 12763, 12767, Kursbuch der deutschen Museums-Eisenbahnen Nr. 50,
50a.

*Museumszug der Eisenbahnfreunde Zollernbahn
bei Engstingen*

Bayern

Bayerisch Eisenstein, Localbahn-Museum
am Bahnhof in Vorbereitung. Träger ist
der Bayerische Localbahnverein, 83684
Tegernsee, Postfach 1311, Tel.
0 96 21-3 17 35.

Chiemseebahn, Dampfbahn zwischen
Prien Bahnhof und Hafen Stock, siehe
Seite 122, Kontaktadresse Chiemsee-
Schiffahrt Ludwig Feßler, Postfach 1162,
83209 Prien, Tel. 0 80 51-60 90. Kurs-
buch Nr. 10602, Kursbuch der deutschen
Museums-Eisenbahnen Nr. 59.

Dollnstein–Rennertshofen, Museumsbahn.
Der Museumszug besteht aus einer
C-Dampflok (Krupp) und österreichischen
Plattformwagen sowie Umbauwagen der
DB. VEHE eV Museumsbahn Dollnstein,

85010 Ingolstadt, Postfach 10 10 06, Tel.
08 41-8 57 49. Kursbuch der deutschen
Museums-Eisenbahnen Nr. 69.

Ebermannstadt–Behringersmühle, Dampf-
Museumsbahn, B-Industrieloks und eine
D-Elna-Lok mit DB-Nebenwagen. Vorhanden ist auch ein zweiachsiger Neben-
bahn-Dieseltriebwagen, der schon vor Einstellung des regulären Verkehrs auf der
Wiesentalbahn fuhr. Dampfbahn Fränkische Schweiz e. V., 91320 Ebermannstadt, Postfach 1, Tel. 0 91 31-6 58 73.
Kursbuch Nr. 12821, Kursbuch der deutschen Museums-Eisenbahnen Nr. 56.

Forchheim–Höchstadt/Aisch, Museums-
bahnverkehr vorerst mit Uerdinger Schie-
nenbusgarnitur, späterer Dampflokbetrieb

Die Lok Nr. 2 »Ebermannstadt« der Dampfbahn Fränkische Schweiz nach der Hauptuntersuchung im Raw Meiningen

Die V 36 123 der Dampfbahn Fränkische Schweiz, ausgerüstet mit einem kanzelähnlichen Aufbau für eine bessere Streckensicht.

Die 75 501 im Deutschen Dampflokomotiv-Museum Neuenmarkt-Wirsberg

geplant. Localbahn Aischgrund eV, 91325 Adelsdorf, Postfach 29, Tel. 0 91 95-55 85, Kursbuch der deutschen Museums-Eisenbahnen Nr. 76.

Fünfstetten–Monheim, Dampfzugverkehr mit der B-Lok »Ries« und zwei Abteilwagen sowie einem bayerischen Post-/Personenwagen, also einer stilreinen bayerischen Lokalbahngarnitur. Bayerisches Eisenbahnmuseum e. V., 86720 Nördlingen, Postfach 13 16, Tel. 0 90 81-98 08. Kursbuch Nr. 914, Kursbuch der deutschen Museums-Eisenbahnen Nr. 58 b.

Kahl–Schöllkrippen. Den Museumsbahnbetrieb auf der Kahlgrundbahn teilen sich die Deutsche Museums-Eisenbahn und die Dampfbahnfreunde Kahlgrund. Deren Museumszug führt die C n2t Nr. 6, man verfügt über zehn Personen- und zwei Güterwagen. Die Deutsche Museums-Eisenbahn nennt als Zugfahrzeuge die bayerische BB II, eine kleine sehenswerte Mallet Nr. 98 727, sowie die 24 009. Kontakt: Dampfbahnfreunde Kahlgrund e. V., 63741 Aschaffenburg, Ahornweg 36, Tel. 0 60 21-8 88 72; Deutsche Museums-Eisenbahn GmbH, 64291 Darmstadt, Steinstraße 7, Tel. 0 61 51-37 64 01. Kursbuch Nr. 642, Kursbuch der deutschen Museums-Eisenbahnen Nr. 62.

Neuenmarkt/Oberfranken, Deutsches Dampflokomotiv-Museum, an der »Schiefen Ebene«, 95339 Neuenmarkt, Tel. 09 27-57 00 während der Öffnungszeiten. Geöffnet im Sommer Dienstag–Freitag 9–12 und 13–17 Uhr, Samstag und Sonntag 10–17 Uhr; Winter (November bis April) am Dienstag und Freitag–Sonntag

10–12 und 13–16 Uhr. Eine Schmalspurbahn fährt an Sonn- und Feiertagen. Dampftage. Im Ringlokschuppen neben Schnellzuglokomotiven einige Ausstellungsstücke zum Thema Nebenbahnen: 98 307 Lokalbahn-Tenderlokomotive ex bayr. PtL 2/2 »Glaskasterl«, Baujahr 1909; 86 283 Güterzug-Tenderlokomotive der Einheitsbauart 1′D1′ h2, Baujahr 1937, 75 501 Personenzug-Tenderlokomotive ex sächs. XIV HT, 1′C1′ h2, Baujahr 1915; 64 295 Personenzug-Tenderlokomotive der Einheitsbauart 1′C1′ h2, Baujahr 1934.

Nördlingen, Bayerisches Eisenbahnmuseum, Hoher Weg 30, gegenüber dem Bahnhof. (Geschäftsstelle 86720 Nördlingen, Postfach 13 16, Tel. 0 90 81-98 08). Der Verein, der auch die Museumsbahnen Nördlingen–Dinkelsbühl und Nördlingen–Wassertrüdingen (Kursbuch Nr. 912 und 913, Kursbuch der deutschen Museums-Eisenbahnen Nr. 58 und 59) betreibt, erhält mit dem Museum ein Bahnbetriebswerk mit allen dazugehörigen Anlagen. Mehr als 100 Lokomotiven und Wagen der unterschiedlichsten Herkunft. Zum Thema Nebenbahnen die 1′C1′ ht der Tegernseebahn, eine 1′C1′ h2t der Baureihe 64, Uerdinger Schienenbusse, B- und C-Industrieloks.

Nürnberg, Verkehrsmuseum, 90443 Lessingstraße 6, Tel. 09 11-2 19 24 28. Geöffnet täglich 9.30 bis 17 Uhr, Sonderregelungen für Fest- und Feiertage. Führendes deutsches Eisenbahn-Museum mit vielen Originalen und Modellen, auch zum Thema Nebenbahnen, Fahrzeughalle mit Lokomotiven aus der Reichsbahnzeit. Veranstalter von Nostalgie-Fahrten (Auskunft Tel. 09 11-2 19 28 44).

Regentalbahn, Oldtimerfahrten auf der Strecke Lam–Kötzing, veranstaltet vom Bayerischen Localbahn Verein. Als Mu-

Bayerisches Eisenbahnmuseum: die »Luci«

Schienenbus des Bayerischen Localbahn Vereins mit der Lok »J. A. Maffei« auf der Fahrt nach Tegernsee

Schienenbus des Bayerischen Eisenbahnmuseums im Museumsverkehr bei Dinkelsbühl

seumszug verkehrt eine stilreine bayerische Lokalbahn-Garnitur aus den Jahren 1889/90, gezogen von der österreichischen »Mizzi« Nr. 378.32, einer 1′D1′ h2t mit Lentz-Ventilsteuerung. Bayerischer Localbahn Verein e. V., 83684 Tegernsee, Postfach 13 11, Tel. 0 89-4 60 27 39, Kursbuch Nr. 877, Kursbuch der deutschen Museums-Eisenbahnen Nr. 57.

Tegernseebahn, Dampfzugfahrten Tegernsee–Schaftlach mit »TAG 7« (1′D1′ h2t) und »J. A. Maffei« (C n2t), Baujahr 1902. Bayerischer Localbahn Verein e. V. 83684 Tegernsee, Postfach 13 11, Tel. 0 89-4 60 27 39. Kursbuch Nr. 957, Kursbuch der deutschen Museums-Eisenbahnen Nr. 60.

Berlin

Berlin, Berliner Eisenbahnfreunde, Geschäftsstelle 10963 Berlin, Stresemannstraße 30 (mittwochs 16–19 Uhr) , Tel.

0 30-2 51 10 81. Fahrten auf der Strecke Reinickendorfer Industriebahn und auf der Strecke Tegel–Lübars u. a. mit der

Museumszug der Berliner Eisenbahnfreunde mit der Lok »Ampflwang« auf der Reinickendorfer Industriebahn

österreichischen D n2t »Ampflwang«, der 65 1057 (1'D2' h2t) und DR-Nebenbahnwagen. Schienenbus. Kursbuch der deutschen Museums-Eisenbahnen Nr. 14.

Berlin, Museum für Verkehr und Technik, 10963 Berlin, Trebbiner Straße 9, Tel. 0 30-2 54 84-0 , Anfahrt mit U-Bahn Linie 1 bis Gleisdreieck, Linie 7 bis Mökkernbrücke, Busse 129 und 341 bis Schöneberger Ufer, S-Bahn Anhalter Bahnhof 15 min Fußweg. Geöffnet Dienstag–Freitag 9–17.30 Uhr, Samstag und Sonntag 10–18 Uhr, montags, Heiligabend, 1. Weihnachtsfeiertag, Silvester, Neujahr, 1. Mai geschlossen. Das Museum liegt auf dem ehemaligen Bahnbetriebsgelände des Anhalter Bahnhofs mit den beiden Ringlokschuppen, Beamtenwohnhaus und Wasserturm.

Brandenburg

Weißwasser, Waldeisenbahn Muskau. Reste der 600-mm-Bahn des früheren nichtöffentlichen Verkehrs zwischen den Unternehmungen der Herrschaft Muskau. Sonderfahrten mit Dampf und Diesel auf der »Tonbahn« zwischen der Tongrube Mühlrose und der Ziegelei Weißwasser. Kontakt: Waldeisenbahn Muskau, 02943 Weißwasser, Postfach 1. Kursbuch der deutschen Museums-Eisenbahnen Nr. 96.

Hamburg

Aumühle, Lokschuppen des Vereins Verkehrsamateure und Museumsbahn e. V., 20537 Hamburg, Dimpfelweg 10, Tel. 0 40-6 56 42 25. Arbeitstage an Wochenenden. Dampflokomotiven B nt, C nt, 1'C1' h2t. Kursbuch der deutschen Museums-Eisenbahn Nr. 3.

Hessen

Bad Nauheim, Museumsfahrten auf der Strecke Bad Nauheim Nord–Münzenberg der Butzbach-Licher Eisenbahn. Museumszug mit Dampflok EFW 1. Museum mit der größten Draisinen-Sammlung. Eisenbahnfreunde Wetterau e. V., 61231 Bad Nauheim, Postfach 12 12, Tel. 0 60 32-3 21 25 oder 0 60 31-1 54 01. Kursbuch Nr. 12630, Kursbuch der deutschen Museums-Eisenbahnen Nr. 38.

Darmstadt–Kranichstein, Eisenbahnmuseum, am (hinter dem) Bahnhof. Anschrift Deutsche Museum-Eisenbahn GmbH, 64291 Darmstadt, Steintraße 7, Tel. 0 61 51-64 01 Sonntag 10–16 Uhr. Das Museum ist sonntags und von April bis Oktober auch mittwochs 10–16 Uhr geöffnet. Die Gesellschaft betreibt auch die Museumsbahnen Darmstadt Ost–Bessunger Forsthaus und Kahl–Schöllkrippen (Kursbuch der deutschen Museums-Eisenbahne Nr. 41 und 62). 14 Dampfloks, darunter die bayerische Lokalbahnlok 98 727, normalspurige Mallet, zwei komplette Nebenbahn-Museumszüge mit »Donnerbüchsen« und mit Privatbahnwagen aus den 20er Jahren mit Holzaufbau. Triebwagen VT 79 902 (A1, 1932).

Kassel, Hessencourrier, Arbeitskreis historischer Zug, Dampfzugfahrten auf der Strecke Kassel-Wilhelmshöhe–Emstal–Naumburg der Kassel-Naumburger Eisenbahn. Lokomotive 52 4544 oder Lokomotive HC 206 (E h2t) mit »Interkommunikationswagen« von verschiedenen Klein- und Nebenbahnen, auch »Langenschwalbacher«. AK Hessencourrier e. V., 34131 Kassel, Kaulenbergstraße 5, Tel. 05 61-58 15 50. Kursbuch der deutschen Museumsbahnen Nr. 34.

Wiesbaden, Museumsbahnbetrieb Wiesbaden-Dotzheim–Bad Schwalbach (Aartalbahn). Steilrampenbetrieb mit 34 ‰ über mehrere Kilometer. Eine polnische D-Dampflok oder eine D-Diesellok zieht

den Museumszug, der aus verschiedenen Länderbahn- und Umbauwagen (ab 1900) besteht. Nassauische Touristik-Bahn e. V., 65191 Wiesbaden, Hügelstraße 10 a, Tel. an den Betriebstagen 06 11-41 04 66. Kursbuch 12628, Kursbuch der deutschen Museums-Eisenbahnen Nr. 75.

Auf der Aartalbahn: eine polnische Dampflok (TKp 4408) im Bahnhof Wiesbaden-Dotzheim

Mecklenburg-Vorpommern

Kleinbahn Bad Doberan–Kühlungsborn, »Molli«, 900 mm Spurweite, täglich fahrplanmäßiger Dampfzugbetrieb. Lokomotiven $1'D1'$ h2 der Baureihen 99^{31} und 99^{32}. Kursbuch Nr. 154.

Putbus–Göhren, »Rasender Roland«, Spurweite 750 mm, täglich fahrplanmäßiger Dampfzugbetrieb. Lokomotiven $1'D$ h2t der Baureihe 99^{46}. Kursbuch Nr. 199.

Der Zug fährt auf der Straße: der »Molli« (hier mit der 99 322) in Bad Doberan

Niedersachsen

Almetalbahn, Museumseisenbahn Bad Salzdetfurth-Solebad–Bodenburg–Segeste mit Dampf- und Dieselloks. Eine echte T 3 mit einem originalgetreuem »Bummelzug«. Arbeitsgemeinschaft historische Eisenbahn e. V., 36448 Bairoda, Schwarze Heide 44, Tel. 0 51 21-13 88 oder 77 72 93.

Braunschweig, Verein Braunschweiger Verkehrsfreunde e. V., 38037 Braunschweig, Postfach 47 24, Tel. 05 31-69 20 02 oder 0 53 51-46 43. Fahr-

zeugsammlung zur regionalen Verkehrsgeschichte im früheren DB-Ausbesserungswerk Schwartzkopffstraße. Der Verein betreibt den »Preußenzug« mit dem Schwerpunkt preußische Personenwagen mit Holzaufbau, den »Celler Land-Expreß« mit zweiachsigen Personenwagen von Privatbahnen und den »Harz-Heide-Expreß« mit Schwerpunkt Reichsbahn. Kursbuch Nr. 12118 Celle–Müden (Örtze), 12119 Celle–Wittingen West, Braunschweig–Wittingen. Kursbuch der deutschen Museums-Eisenbahnen Nr. 12, 13, 13 a.

*Historischer Zug des Vereins Braunschweiger Ei-
senbahnfreunde im Harzvorland bei Vienenburg*

Bruchhausen-Vilsen, Erste Museumseisenbahn Deutschlands Bruchhausen-Vilsen–
Asendorf mit Zubringer von Syke und Ey-
strup. Dampfzug- und Triebwagenverkehr
an allen Wochenenden im Sommer, Büffet-
wagen, Nikolausfahrten. Schmalspur
1 000 mm. B- und C-Lokomotiven, Trambahnlokomotive »Plettenberg«, fünf Triebwagen, darunter ein Wismarer Schienenbus. Wagen aller Bau- und Verkehrsarten,
z. B. ein Fakultativwagen. Vier komplette
Zuggarnituren (Kleinbahn Hoya–Syke–
Asendorf, Kreis Altenaer Eisenbahn,
Franzburger Kreisbahn, Spreewaldbahn).
Es entsteht ein das gesamte Thema abdek-
kendes Museum Deutsches Kleinbahnwe-
sen. Deutscher Eisenbahnverein e. V.,
27305 Bruchhausen-Vilsen, Postfach
11 06, Tel. 0 42 52-21 11. Kursbuch der
deutschen Museums-Eisenbahnen Nr. 11
und 67.

Buxtehude–Harsefeld, Triebwagenfahrten
der Buxtehuder-Harsefelder Eisenbahnfreunde (21698 Harsefeld, Am Bundesbahnhof 2 Tel. 0 41 64-42 81 außer diens-
tags). Vierachsiger WUMAG-Triebwagen
761 (Nürnberg) von 1926. In Harsefeld
Süd u. a. Opel-Schienenkraftdraisine.
Kursbuch Nr. 12 121, Kursbuch der deutschen Museums-Eisenbahnen Nr. 7.

Delmenhorst, Historische Kleinbahn »Jan
Harpstedt« Delmenhorst–Harpstedt.
Triebwagenzug mit Triebwagen T 121
(WUMAG 1940), Beiwagen und Postwa-
gen. Delmenhorst-Harpstedter Eisenbahn-
freunde e. V., 27732 Delmenhorst, Post-
fach 12 36, Tel. 0 42 03-96 23. Kursbuch
Nr. 12 398.

Geesthacht, Dampfzugfahrten auf der
Strecke Bergedorf-Süd–Geesthacht–Krüm-
mel mit zweiachsigen Plattformwagen der
Bergedorf-Geesthachter Eisenbahn. Ge-
päck- und Postwagen von 1909. Arbeitsgemeinschaft Geesthachter Eisenbahn e. V.,
21502 Geesthacht, Postfach 13 41, Tel.
(8–12 Uhr werktags) 0 41 52-1 32 78.

Haselünne, Museumszugfahrten auf den
Strecken Meppen–Löningen der Meppen-
Haselünner Eisenbahn und Lathen–
Werlte der Hümmlinger Kreisbahn.
C-Dampflokomotive mit zwei- und drei-
achsigen Personenwagen. Eisenbahn-
freunde Hasetal–Haselünne e. V. 49716
Meppen. Postfach 44 73, Tel.
0 59 61-68 65. Kursbuch Nr. 12 395,
Kursbuch der deutschen Museums-Eisen-
bahnen Nr. 77.

Hildesheim, historischer Reichsbahnzug
von 1928 im Leine- und Weserbergland
auf den Strecken Emmertal–Bodenwerder–Vorwohle, Voldagsen–Salzhemmen-
dorf–Duingen, Kreiensen–Kalefeld. Lokomotiven 24 083 oder 89 7513 (oder vertre-
tungsweise Dieselloks V 36, V 34), Ein-
heitspersonwagen von 1928 und preußische Länderbahnwagen. Dampfzug-Betriebs-Gemeinschaft, 31103 Hildesheim,
Postfach 10 03 27 , Tel. 05 11-88 55 69.
Kursbuch Nr. 12358, 12364, 12373, Kursbuch der deutschen Museums-Eisenbahnen Nr. 20, 21.

*Die 24 083 der Dampfzug-Betriebs-Gemein-
schaft Hildesheim*

Küstenbahn Ostfriesland, Museumsbahn auf der ehemaligen DB-Strecke Norden–Dornum. Dieselbetrieb. Kontakt: Norbert Hanke, 26524 Hage, Heidkamp 25 , Tel. 0 49 31-7 45 13. Kursbuch Nr. 12 399.

Letter–Wunstorf–Mesmerode, Schienenbusfahrten mit VT 798 794 und VT 96 001. Auch andere Strecken. Interessengemeinschaft Schienenbus e. V. 30926 Seelze, Lange-Feld-Straße 52, Tel. 0 51 37-70 38 11, abends 40 08. Kursbuch der Deutschen Museums-Eisenbahnen Nr. 15.

Salzgitter, Oldtimerfahrten auf der DB-Strecke Salzgitter Bad–Börßum. D- und C-Industrielokomotiven, bei geringer Fahrgastzahl Triebwagen. Dampflok-Gemeinschaft 41 096, 38241 Salzgitter, Postfach 51, Tel. 0 53 46-23 33. Kursbuch der deutschen Museums-Eisenbahnen Nr. 79

Soltau, Wismarer Schienenbus »Ameisenbär« auf der Strecke Soltau–Bispingen–Döhle der Osthannoverschen Eisenbahnen. Kontakt: Verkehrsverein Soltau, 29614 Soltau, Postfach 14 42, Tel.

0 51 91-24 72. Kursbuch der deutschen Museums-Eisenbahnen Nr. 65.

Zeven, Triebwagenfahrten Wilstedt–Zeven–Tostedt auf der Strecke der EVB Eisenbahnen und Verkehrsbetriebe Elbe-Weser. Dieselelektrischer Triebwagen T 170, 2′Bo′, ehem. VT 137 der DR. Eisenbahnfreunde der WZTE, 27404 Zeven, Anemonenweg 3, Tel. 0 42 81-21 74 oder 56 22.

Nordrhein-Westfalen

Barntrup, Landeseisenbahn Lippe (Lemgo–Barntrup) und Extertalbahn (Barntrup–Rinteln Süd). Die Extertalbahn ist eine der seltenen elektrischen Nebenbahnen. Dampflok 93 1410 ex ÖBB, Diesellok, Elektroloks Baujahr 1927 (unter Denkmalschutz), Plattformwagen der Mindener Kreisbahnen und Umbauwagen der DB. Landesbahn Lippe/Freundeskreis der Extertalbahn, 32657 Lemgo, Postfach 364, Tel. 0 52 61-34 35. Kursbuch

Nr. 12376, Kursbuch der deutschen Museums-Eisenbahnen Nr. 19.

Bochum-Dahlhausen, Eisenbahnmuseum mit Ringlokschuppen in Eisenbahn-Atmosphäre an der Ruhrtalstrecke. 44879 Bochum, Dr.-C.-Otto-Straße 191, Tel. während der Öffnungszeiten 02 34-49 25 16. Geöffnet Mittwoch und Freitag 10–17 Uhr, an Sonn- und Feiertagen 10–12.45 Uhr. Zubringer ab Bahnhof Bochum-Dahlhau-

Regionales Eisenbahnmuseum Hamm, Abfahrt des Museumszuges

sen Wismarer Schienenbus (Kursbuch der deutschen Museums-Eisenbahnen Nr. 28). Mehr als 140 Fahrzeuge. Zum Thema Nebenbahn der Ruhrtal-Museumszug Hattingen–Wengern Ost (Kursbuch Nr. 12452, Kursbuch der deutschen Museums-Eisenbahnen Nr. 28a), mit preußischer P 8 und T 12. Württembergische Zahnradlok 97 502 für die Strecke Honau–Lichtenstein, ELNA-Dampflokomotive, Nebenbahn-Personenwagen, der Wismarer Schienenbus und der Straße-Schiene-Bus der DB, Uerdinger Schienenbus.

Essen, Hespertalbahn, Museumszug auf der Strecke Essen–Kupferdreh–Haus Scheppen (ehem. Zechen-Anschlußbahn). Dampflok C und Diesellok, vierachsige Personenwagen der Wilhelmshavener Vorortbahn, Talbot-Triebwagen 28 007 von 1938. Verein zur Erhaltung der Hespertalbahn e. V. 45243 Essen, Postfach 15 02 23, Tel 0 21 04-2 78 57. Kursbuch Nr. 12446, Kursbuch der deutschen Museums-Eisenbahnen Nr. 27.

Hamm, Regionales Eisenbahnmuseum im Maximilianpark (Hammer Eisenbahnfreunde, 59016 Hamm, Postfach 2611 Tel. 0 23 81-2 34 00). Museumsbahn Hamm–Lippborg mit Lokomotiven C n2t und B n2t und Nebenbahn-Einheitswagen der DRG. Kursbuch Nr. 12430, Kursbuch der deutschen Museums-Eisenbahnen Nr. 25.

Krefeld, historische Züge St. Tönis–Krefeld Nord–Hüls–Hülser Berg. Eine D-Tenderlok (Henschel 1947) mit restaurierten zweiachsigen Nebenbahn-Personenwagen. »Schluff« nennen die Krefelder ihre

Lokalbahn. Städtische Werke Krefeld AG (SWK), Traditionsabteilung Bus und Bahn, 47804 Krefeld, St. Töniser Str. 270, Tel. 0 21 51-71 80. Kursbuch der deutschen Museums-Eisenbahnen Nr. 29.

Minden, Museums-Eisenbahn auf Strecken der Mindener Kreisbahnen und Wittlager Kreisbahnen. Holzhausen-Heddinghausen–Schwegermoor, Minden–Hille-Kanalhafen, Minden–Kleinenbremen und Rahden–Uchte. Vier Dampfloks B,C und D, vier Dieselloks und drei Triebwagen sowie eine lange Reihe historischer Personenwagen. Museums-Eisenbahn Minden e. V. 32384 Minden, Postfach 27 51, Tel. 0571-58 30 0. Kursbuch Nr. 12377, 12387, 12388, Kursbuch der deutschen Museums-Eisenbahnen Nr. 16, 17 und 44.

Moers, Museumsbetrieb mit zwei Dieseltriebwagen auf der Strecke Moers–Hoerstgen-Sevelen der Moerser Kreisbahn. Niederrheinische Verkehrsbetriebe AG (NIAG), 47409 Moers, Postfach 19 40, Tel. 0 28 41-20 53 41 oder 20 50. Kursbuch der deutschen Museums-Eisenbahnen Nr. 61.

Plettenberg, Schmalspur-Dampfzüge der Märkischen Museums-Eisenbahn. Unter dem Namen »Sauerländer Kleinbahn« verkehrt der Museumszug mit Dampflok oder Diesellok (Diesel-Betriebstage) mit zwei Schweizer Personenwagen oder der Talbot-Triebwagen 94 431 (1A)'(A1)'. Ausgestellt sind Kleinbahn-Güterzüge mit Kleinbahn-Güterwagen und Rollböcken. Märkische Museums-Eisenbahn, 58813 Plettenberg, Postfach 13 46, Tel. 0 23 91-1 30 35.

Rinteln, Dampfeisenbahn Weserbergland, Museumszugfahrten mit Dampf und Diesel zwischen Rinteln Nord und Stadthagen West. B-, C- und D-Dampfloks, Dieseltriebwagen und Diesellokomotiven, historische Nebenbahn-Personenwagen verschiedener Herkunft. Dampfeisenbahn Weserbergland e. V., 31704 Bad Eilsen, Postfach 12 11, Tel. an Betriebstagen 0 57 51-52 13, sonst 0 57 25-85 79. Kursbuch Nr. 12374, Kursbuch der deutschen Museums-Eisenbahnen Nr. 18.

Selfkantbahn, Museumsbahn Gillrath–Schierwaldenrath auf der ehemaligen Geilenkirchener Kreisbahn. Spurweite 1000 mm, C- und B-Dampfloks, Nebenbahnwagen verschiedener Herkunft, zwei Dieseltriebwagen im Einsatz. Interessengemeinschaft Historischer Schienenverkehr e. V., 52007 Aachen, Postfach 603, Tel. 02 41-8 23 69 oder 0 24 54-66 99. Kursbuch Nr. 12422, Kursbuch der deutschen Museums-Eisenbahnen Nr. 33.

Tecklenburger Land, Museumsbahnbetrieb des Vereins Eisenbahn-Tradition e. V., Lengerich, auf der Teutoburger Wald-Eisenbahn Ibbenbüren–Bad Laer–Gütersloh sowie auf der Tecklenburger Nordbahn Rheine-Stadtberg–Osnabrück-Eversburg. Die Lokomotive 38 1772 ist eine von zwei noch betriebsfähigen Exemplaren der preußischen P 8. Plattformwagen der 20er Jahre, Buffetwagen, Postwagen. Tourist-Information Tecklenburger Land e. V., 49537 Tecklenburg, Postfach 11 47, Tel. 0 54 82-7 08 10 und 7 08 15. Kursbuch Nr. 12400, Kursbuch der deutschen Museums-Eisenbahnen Nr. 24 und 81.

Rheinland Pfalz

Brohltalbahn, Oltimerfahrten des »Vulkan-Expreß« von Brohl/Rhein nach Oberzissen und Engeln. Interessengemeinschaft Brohltal-Schmalspureisenbahn e. V., 53476 Sinzig, Postfach 1231, Tel 0 26 36-8 73 52 (Verkehrsbüro Brohltal). Kursbuch Nr. 12426, Kursbuch der deutschen Museums-Eisenbahnen Nr. 37.

Neustadt an der Weinstraße, Eisenbahnmu-

seum hinter dem Bahnhof, Heimatbahnhof des zwischen Neustadt und Elmstein verkehrenden Museumszugs »Kuckucksbähnel«. 67403 Neustadt an der Weinstraße, Schillerstraße, Postfach 100318, Tel 0 63 21-3 03 90 oder 3 25 72 (Horst Kayser). Das Museum ist am Samstag von 9 bis 16 Uhr und am Sonntag von 10 bis 12.30 Uhr geöffnet. Den Museumszug bilden die preußische T 3 (89 7159), die

V 36 127 und acht Länderbahn- und Reichsbahnwagen. Kursbuch Nr. 12670, Kursbuch der deutschen Museums-Eisenbahnen Nr. 45

Eisenbahnmuseum Neustadt/Weinstraße. Die T 3 mit der Nummer 89 7159 war die Seele vom »Kuckucksbähnel«.

Die V 36 ist bei den Museumsbahnen als »Mädchen für alles« beliebt. Beim »Kuckucksbähnel« zum Beispiel transportiert sie den Zug von Neustadt/Weinstraße zur Hausstrecke nach Lambrecht, da auf DB-Gleisen nicht mit Dampf gefahren werden darf.

Saarland

Museumszug der Saar-Hochwald-Museumsbahn mit der Lok Nr. 34 der Saar-Bergwerke

Saar-Hochwald-Museumsbahn auf der Strecke Merzig–Losheim–Wadern-Nunkirchen der Merzig-Büschfelder Eisenbahn. D-Dampflokomotive von 1947, ehemals Nr. 34 der Saarbergwerke. MECL-Eisen-

bahnfreunde e. V., 66679 Losheim, Tulpenstraße 6, Tel. 0 68 72-35 92 (ab 17 Uhr). Kursbuch Nr. 12670, Kursbuch der deutschen Museums-Eisenbahnen Nr. 43.

Sachsen

Schmalspurbahnen in Sachsen. Spurweite 750 mm. Auf den Schmalspurstrecken der damaligen Sächsischen Staatseisenbahnen verkehren noch täglich fahrplanmäßig Dampfzüge:
– Cranzahl–Kurort Oberwiesenthal (Kursbuch Nr. 518)
– Freital-Hainsberg–Kurort Kipsdorf. Weißeritzbahn (Kursbuch Nr. 513)
– Zittau–Kurort Oybin/Kurort Jonsdorf (Kursbuch Nr. 238)
– Radebeul Ost–Radeburg. Lößnitztalbahn (Kursbuch Nr. 509)
– Oschatz–Mügeln–Kemmlitz (nur Güterverkehr).
Zwischen Radebeul Ost und Radeburg fährt auch der Traditionszug mit der echtgrün sächsischen Lok 132 und historischen Wagen (vgl. Seite 143). Traditionsbahn Radebeul e. V., 01445 Radebeul, Postfach 56, Tel. 03 51-4 61-41 00. Auf den sächsischen Schmalspurstrecken sind noch Lokomotiven der Gattung IV K (B'B' n4vt, Meyer), Baureihen 99 [73–76] und 99 [77–79] (1'E1' h2t) zu sehen.

Dresden, Verkehrsmuseum im Johanneum am Neumarkt, 01067 Dresden, Augustusstraße 1, Tel. 03 51-4 95 3002 (am Wochenende 4 95 30 24). Geöffnet täglich außer Montag 9–17 Uhr. Das Museum gibt in seinen ständigen Ausstellungen Eisenbahnwesen und Städtischer Nahverkehr wertvolle Einblicke in die Geschichte der Nebenbahnen. Neben vielen Modellen findet der Besucher die Tenderlokomotive

»Hegel«, die sächsische IV K, eine Fairlie und die Forster Trambahnlok. Dem Verkehrsmuseum unterstehen die nicht betriebsfähigen Museumsfahrzeuge in der ehemaligen DDR.

Oberrittersgrün, Schmalspurbahnmuseum. Sächsische IV K, Dieselloks, Personen- und Güterwagen von 1892 bis 1920, »abfahrbereite« Personenzugeinheit der sächsischen Schmalspurbahn von 1971. Mehr

als 35 Fahrzeuge. Eisenbahnmuseum, 08355 Rittersgrün, Tel. 03 77 57-4 40 oder Rat der Gemeinde Rittersgrün, Tel. 2 48. Kursbuch der deutschen Museums-Eisenbahnen Nr. 85.

Sachsen-Anhalt

Schmalspurbahnen im Harz. Auf den Strecken der Harzquerbahn Wernigerode–Nordhausen und der Selketalbahn Gernrode–Eisfelder Talmühle (1 000 mm Spurweite) verkehren nach wie vor täglich fahrplanmäßig Dampfzüge. Der Betrieb der Brockenbahn ist wieder aufgenommen worden. Das Rückgrat des Verkehrs bilden die Lokomotiven der Baureihe 99^{23}

(1'E1' h2t), daneben steht derzeit noch eine Mallet zur Verfügung. Für Sonderfahrten gibt es einen Triebwagen (187 001). Kursbuch Nr. 325 und 326, 333. Traditionszug von Wernigerode bis Benneckenstein (Auskunft Harzer Schmalspurbahnen – HSB – 38855 Wernigerode, Unter den Zindeln, Tel. 0 39 43-3 30 36, App. 3 38).

Schleswig-Holstein

Schönberger Strand, Regionales Verkehrsmuseum mit Museumsbahn Schönberg–Schönberger Strand. Schwerpunkt der Sammlung norddeutsche Personenwagen, Staats- und Privatbahnen. Wismarer

Schienenbus. Verein Verkehrsamateure und Museumsbahn e. V., 20537 Hamburg, Dimpfelweg 10, Tel. 0 40-7 89 21 (an Wochenenden 0 43 44-23 23, Fahrbetrieb an allen Wochenenden im Sommerhalbjahr).

Thüringen

Schleusingen–Themar–Meiningen. Der Museumsbahnbetrieb liegt in den Händen der Dampfbahnfreunde Kahlgrund e. V., 63741 Aschaffenburg, Ahornweg 36, Tel. 0 60 21-8 88 72. Der Museumszug wird von der Dampflok 94 1292 (E, preußische T 16^1) gezogen.

Museumszug Schleusingen–Meiningen mit der 94 1292, ausgerüstet mit einer Riggenbach-Gegendruckbremse für Gebirgsstrecken

15
Nebenbahnen fahren in die Zukunft

Sondervorschriften für Nebenbahnen

Zur Charakterisierung der »aktuellen« normalspurigen Nebenbahn ein paar Einzelheiten aus der Eisenbahn-Bau- und Betriebsordnung vom 8. Mai 1967:

Die *Gleisbögen* bei den Hauptgleisen sollen nicht weniger als 180 m Halbmesser haben (bei Hauptbahnen 300 m), es sind Übergangsbögen anzulegen und Überhöhungen der äußeren Schiene bis 150 mm, mit Überhöhungsrampen dazu.

Vorschriften über die *Neigung* besagen, daß auf freier Strecke Nebenbahnen bis 40 ‰ geneigt sein dürfen, für Hauptbahnen ist nicht mehr als 12,5 ‰ vorgesehen. Bahnhofsgleise sollen nicht mehr als 2,5 ‰ Neigung haben.

Auch bei der *Belastbarkeit des Oberbaus und der Bauwerke*, also Brücken zum Beispiel, gibt es besondere Werte für Nebenbahnen, nämlich 16 t pro Radsatz und 4,5 t pro m Fahrzeuglänge. Bei Neubauten allerdings soll der Oberbau für möglichst 18 t pro Radsatz eingerichtet sein, und die Bauwerke – da sind die Zahlen mit denen für Hauptbahnen gleich – 25 t und 8 t pro m Fahrzeuglänge. 16 t ist auch die höchstzulässige *Radsatzfahrmasse* für Nebenbahnen unter der Voraussetzung, daß die Abstände der Radsätze 1,5 m nicht unterschreiten.

Erleichterungen genießen Nebenbahnen bei der Gestaltung von Bahnübergängen, wobei der Verkehrsfluß das entscheidende Kriterium bildet:

– Bei schwachem Verkehr, das sind täglich – neben anderen Verkehrsteilnehmern – nicht mehr als 100 Kraftfahrzeuge, genügt die »Übersicht auf die Bahnstrecke« auf Grund der vorhandenen Sichtverhältnisse.

– Dazu kommen bei eingleisigen Bahnübergängen mit mäßigem Verkehr – 100 bis 2500 Kraftfahrzeuge – die »hörbaren Signale der Eisenbahn«, also Pfeiftöne, zu denen der Triebfahrzeugführer durch Signaltafeln aufgefordert wird.

– Wenn die »Übersicht auf die Bahnstrecke« nicht gegeben ist, so ist das vereinfachte, durch den Pfeifton gegebene Verfahren der Sicherung nur möglich, wenn bei schwachem und mäßigem Kraftfahrzeugverkehr die Geschwindigkeit der Bahn nicht höher als 20 km/h ist, bei Feld- und Waldwegen 60 km/h.

Treffen die genannten Voraussetzungen nicht zu, so ist die Strecke durch Schranken (auch Anrufschranken) zu sichern oder durch Posten, was hauptsächlich für Industriebahnen und Anschlußgleise in Frage kommen dürfte.

Einfahr- und Ausfahrsignale sind bei Nebenbahnen nur vorgeschrieben, wenn die Einfahrt in den Bahnhof mit mehr als 50 km/h, die Ausfahrt mit mehr als 60 km/h erfolgt. Übrigens definiert die Eisenbahn-Bau- und Betriebsordnung den Bahnhof als eine Bahnanlage mit mindestens einer Weiche, wo Züge beginnen, enden, ausweichen oder wenden dürfen, beginnend am Einfahrsignal oder an den Einfahrweichen. Auf der freien Strecke oder in Bahnhöfen liegende *Weichen* sind durch Signale zu sichern. Wenn sie mit mehr als 50 km/h gegen die Spitze befahren werden, müssen sie signalabhängig verschlossen oder durch Handverschluß gesichert sein. *Vorsignale* sind notwendig, wenn im Bremswegabstand mit mehr als 60 km/h gefahren wird.

Streckenblockung und Zugbeeinflussung sind für Nebenbahnen kein Thema, doch die durch *Fernsprecheinrichtungen* untereinander und mit Schrankenposten und Streckenfernsprechern zu verbindenden Zuglaufmeldestellen.

Züge mit einer Höchstgeschwindigkeit von mehr als 50 km/h müssen mit einer *durchgehenden selbsttätigen Bremse* gefahren werden. Die Anzahl der zu bremsenden Wagen zeigt die von der Aufsichtsbehörde genehmigte Bremstafel. Als größter Bremsweg ist 700 m zulässig.

Generell wurde die *Höchstgeschwindigkeit* für Nebenbahnen auf 80 km/h festgelegt, über Bahnübergänge ohne technische Sicherungen dürfen geschobene Züge nur mit 20 km/h fahren, nachgeschobene (mit Zug- wie gesondert gesteuerter

Schiebelok oder anderem Triebfahrzeug) mit 40 km/h.

Die Triebfahrzeuge sind mit *Sicherheitsfahrschaltung* auszurüsten, wenn sie einmännig gefahren werden, doch kann auch ein kundiger Zugbegleiter die Funktion des Beimannes übernehmen, wie bei zweimännig besetzten Triebfahrzeugen der sonst vorgeschriebene Zugbegleiter eingespart werden kann. Der Führer des Triebfahrzeugs allein darf mit dem Zug unter gewissen Bedingungen unterwegs sein, darunter Sicherheitsfahrschaltung, unter bestimmten Bedingungen auch Zugbeeinflussung und Zugfunk, wenn der Zug nicht mehr als 100 m lang ist und die Türen automatisch geschlossen werden.

Im Laufe der Zeit sind aus vielen Nebenbahnen Hauptbahnen geworden. Der Vergleich alter und neuerer Eisenbahn-Streckenkarten ist ein empfehlenswerter Zeitvertreib, ermöglicht er es doch, den Wandel deutschen Eisenbahnwesens nachzuvollziehen, wie das Setzen von Prioritäten ein verändertes Netz entstehen ließ, weitmaschiger, aber aus leistungsfähigerem Material.

Eisenbahnen im europäischen Konzert

Die Unverzichtbarkeit der Eisenbahn, dazu mögen Erfahrungen zum Beispiel in den USA beigetragen haben, ist in Europa keine Frage. So formulierte der Rat der Europäischen Gemeinschaften am 20. Mai 1975:

»Die Eisenbahnen in Europa haben allgemein, vor allem aber im Hinblick auf ihre Eigenschaft als öffentliche Unternehmen, eine erhebliche Bedeutung im Verkehrssystem. Sie arbeiten relativ umweltfreundlich sowie raum- und energiesparend. Sie sind für viele Transportaufgaben oft der geeignetste Verkehrsträger und daher sowohl volkswirtschaftlich als auch gesellschaftspolitisch in den meisten europäischen Ländern nicht zu ersetzen. ...

Die schrittweise Sanierung der finanziellen Lage der Eisenbahnunternehmen könnte die Lage des Verkehrsmarktes erheblich verbessern. Diese Sanierung schließt ein, daß diese Unternehmen in die Lage versetzt werden, ihre Betriebser-

gebnisse mit dem Blick auf die Herstellung des finanziellen Gleichgewichts zu verbessern. Sie können dieses Gleichgewicht nur erreichen, wenn ihre finanzielle Eigenständigkeit und kaufmännische Verantwortung soweit gestärkt werden, wie dies mit der Aufgabe, die sie für die Allgemeinheit erfüllen, zu vereinbaren ist. ...

Hierzu ist es wichtig, den Grundsatz der Aufteilung der Verantwortung auf das Unternehmen einerseits und den Staat andererseits aufzustellen und die sich aus dieser Teilung ergebenden Zuständigkeiten festzulegen.«

Zu allerlei Gedankenspielen, die dabei aufkommen, gehört auch das, einen Schienenweg vielen Benutzern zur Verfügung zu stellen, wie eine Autobahn oder Wasserstraße von jedermann befahren werden kann, manche gegen Entrichtung von Gebühren. Das Problem ist nicht neu, es wurde in der Anfangszeit der Eisenbahnen ge- und bedacht, erledigte sich dann aber durch die Praxis des Betriebs mit Lokomotiven, des dafür notwendigen Sicherheitsstandards und der dafür entwickelten Sicherheitseinrichtungen.

Wenn heute die Trennung des Besitzes von Eisenbahnanlagen und Fahrzeugen, wenn ein Betriebsrecht mit der Pflicht zur Zahlung von Benutzungsgebühr als ein wesentlicher Punkt zur wirtschaftlichen Gesundung der Eisenbahnen angesehen wird, dann fragt man sich bald, warum dieses Betriebsrecht nur einem, einer Monopolgesellschaft also, zustehen soll. Warum nicht ein Bahnhof von mehreren »Veranstaltern« benutzt werden soll wie ein Flughafen und ein Kanal von mehreren wie — eben wie der Nord-Ostsee-Kanal. Da kämen Spediteure in Frage, die Güterzüge wegschicken, der »Werksfernverkehr« von Großverfrachtern wie Stahlwerken, die Erz heran-, und Autofabriken, die Limousinen in Ganzzügen fortfahren, schließlich der »Ferien-Expreß« der Reiseveranstalter oder der Autoreisezug des ADAC. Der Phantasie sind keine Grenzen gesetzt.

Und wo die Überführung der Nebenbahnen in die Hand regionaler Gesellschaften betrieben werden soll, erscheinen die nichtbundeseigenen Eisenbahnen nicht

wie ein Relikt der alten Zeit, sondern fortschrittlich (und ihr Erscheinungsbild betont das auch oft). Wenn dazu von der im Rahmen der SWEG fahrenden Achertalbahn erzählt werde soll, darf die Geschichte nicht ausgeklammert werden.

Die Achertalbahn – nie bundeseigen

Nein, es ist keine Rede davon, die Achertalbahn stillegen zu wollen. Es gibt auch keinen Schienenersatzverkehr auf der Straße in verkehrsschwachen Zeiten oder gar Sonntagsruhe auf den Schienen. Die 10,7 km lange Strecke verbindet Achern (gegenüber dem Bundesbahnhof) mit Ottenhöfen, sie steigt vom Rheintal 154 m zum Schwarzwald hinauf, hat eine größte Steigung von 1:30 und eine Anzahl von Industrie-Anschlußgleisen, die letztendlich auch Anlaß waren, daß der Traum der Achertäler von einer eigenen Eisenbahn sich erfüllte, denn erst durch sie »rechnete sich« die Eisenbahn.

Man ist heute recht froh, daß die ersten Pläne einer Schmalspurbahn sich zerschlugen. 1896 wurde die Konzession für eine Normalspurbahn erteilt, deren Kosten nach vorliegenden Berechnungen nur wenig über denen einer Schmalspurbahn liegen sollten. Wortführer war der Steinbruchbesitzer J. Leuther aus Kappelrodeck. Die Interessenten legten zusammen: 700 000 Mark gab die Firma Vering & Wächter in Berlin, die den Bau und die Betriebsführung übernahm, 200 000 Mark das Großherzogtum Baden, das sich dafür Einfluß auf Linienführung und Stationen, Betriebsmittel, Fahrplan und Tarif vorbehielt, 55 000 Mark schossen die Gemeinden, Waldgenossenschaften und der Kreis zu, davon allein die Gemeinde Kappelrodeck 25 000 Mark, und weitere Beiträge kamen von Fabrikanten und Privatleuten. Die Liste wird angeführt mit 15 800 Mark von der Bindfadenfabrik in Oberachern, und sie endet mit je 100, 75 und 50 Mark vom Breitenbronnwirt, Ruhsteinwirt und Adlerwirt in Sasbachwalden, Baiersbronn und Ottenhöfen, die alle den Bau einer Eisenbahn als belebend für ihre Geschäfte honorierten. Domänenamt und Grundbesitzer stellten Grundstücke

Eine V 126 der Südwestdeutschen Eisenbahnen in Ottenhöfen

kostenlos zur Verfügung. Am 1. September 1898 fuhr der Eröffnungszug.

Die Art der Finanzierung und der Betriebsführung kann als typisch für private Nebenbahnen gelten. Vering & Wächter wie Hermann Bachstein in Berlin und Lenz & Co. in Stettin waren die größten der Firmen, die überall in Deutschland (und darüber hinaus) solche Bahnen finanzierten, bauten und betrieben. Aus Bahnen der erstgenannten ging die Deutsche Eisenbahn-Betriebs-Gesellschaft (DEGB) hervor, die bis 1963 auch die Achertalbahn betrieb. Dazu gehörten im Rheintal

die Strecken Rhein–Orschweier–Ettenheimmünster, Krozingen–Münstertal–Sulzburg und Haltingen–Kandern (wo es auch heute Museumszugbetrieb gibt), sowie in Norddeutschland die Kleinbahn Voldagsen–Duingen–Delligsen.

Eine Einschätzung des Betriebs ermöglichen die Daten, daß täglich sechs Zugpaare mit der Höchstgeschwindigkeit von 30 km/h fuhren, die für die 11 km lange Strecke etwa 40 min benötigten. 1904 waren 19 Bedienstete beschäftigt, darunter ein Nachtheizer. Die Lokomotiven einschließlich der des heutigen Museumszugs waren durchweg Dreikuppler.

Beginnend mit den 30er Jahren bewirkte der vom konkurrierenden Kraftfahrzeugbetrieb ausgehende Druck auch hier

die Beschaffung der ersten Triebwagen. 1935 erschien der zweiachsige T 281, 2 x 95 PS, ab 1952 vierachsige, teils neu, teils von anderen Bahnen gekauft. Der seit 1982 eingesetzte VT 125 ist eine Gemeinschaftsentwicklung süddeutscher Privatbahnen und stammt aus einer sechs Wagen umfassenden Bestellung der Südwestdeutschen Eisenbahn-Gesellschaft, die – im Besitz des Landes – 1963 die Achertalbahn übernahm und daneben neun weitere, die inzwischen zum Teil stillgelegt wurden:
– Haltingen–Kandern
– Krozingen–Münstertal–Sulzburg
– Rhein–Orschweier–Ettenheim
– Biberach–Oberharmersbach
– Bruchsal–Odenheim-Ost/Menzingen

VB 233 und VT 125 der Südwestdeutschen Eisenbahnen an der Haltestelle Bindfadenfabrik

- Wiesloch–Walldorf–Schatthausen/Waldangelloch
- Neckarbischofsheim-Nord–Hüffenhardt
- Oberschefflenz–Billigheim
- Möckmühl–Dörzbach (Schmalspur 750 mm).

1971 fusionierte die SWEG mit der in Lahr residierenden Mittelbadischen Eisenbahngesellschaft, wodurch weitere Nebenbahnen hinzukamen:
- Kaiserstuhlbahn Riegel–Breisach
- Bregtalbahn
- Bühl–Schwarzach–Greffern/Söllingen (Güterbahn)
- Meckesheim–Aglasterhausen (1981 an die DB).

Die Achertalbahn – um zu dieser zurückzukommen – bekam zu den Triebwagen drei passende dreiachsige Anhänger von der stillgelegten Merzig-Büschfelder Eisenbahn, die (sie kamen aus dem Saarland) von einer französischen Waggonbauanstalt gebaut worden waren. Die Personenwagen mit offenen Plattformen wurden ausgemustert und fahren zum Teil heute noch im Museumszug, die Dampflokomotiven wurden auf den Güterverkehr beschränkt und in einem nächsten Schritt durch Dieselloks ersetzt. Man hatte eine für Eisenbahnfreunde interessante Bo'Bo' von Gmeinder, Baujahr 1973, mit dieselelektrischem Antrieb und einer Leistung von 1150 PS, die auf einem verschlungenen Weg von der Hohenzollerischen Landesbahn über die Mittelbadische Eisenbahn ins Achertal gefunden hat. Inzwischen ist sie nach Italien verkauft worden. Den täglichen Dienst leistet die V 100.

Die Schwerpunkte des Bahnbetriebs mit jährlich rund 350 000 Personen und 100 000 t Gütern sind der Schülerverkehr und der Transport von Schotter. Unnötiger Aufwand wird abgelehnt. Das einzige Signal der Strecke an der Ausfahrt des Bahnhofs Achern wurde abgebaut. Doch in Triebwagen und Dieselloks sind Sprechfunkgeräte installiert, und es gibt tragbare Geräte für Dampfloks und Sonderzüge. Die Achertalbahn hat heute 16 Mitarbeiter, und es fahren täglich zwölf Zugpaare

Der VT 521 der Südwestdeutschen Eisenbahnen in Kappelrodeck

im Personenverkehr und im Durchschnitt sechs Güterzüge in der Woche. Der moderne VT 125-Triebwagen schafft die Strecke in 20 min. Lediglich der Schülerzug, der aus dem Triebwagen und zwei Anhängern besteht, braucht 23 min.

Typisch für diese Art von Bahnen ist aber auch, daß sich begeisterte Eisenbahnfreunde im Achertäler Eisenbahnverein zusammenfanden und die Gelegenheit erhielten, eine Museumsbahn einzurichten und zu betreiben, die sich in das Tourismus-Konzept der weinreichen Ortenau einfügt.

Ob wir's schaffen? – Die Brohltalbahn

Die Eifel ist reich an Bodenschätzen, an vulkanischen und nichtvulkanischen Gesteinen, Erden, Heilwässern. All das sind »Massengüter«, der Gedanke lag also nahe, zum Wohle der Region und ihrer Menschen als auch der Kunden nah und fern eine Eisenbahn von den Gewinnungsstätten bis zum Verladehafen in Brohl am Rhein zu bauen. Das geschah 1901. Die Entwicklung war besser als vorausgesehen, die gesamte Region blühte, neben dem Güterverkehr entwickelte sich auch ein lebhafter Personenverkehr.

Zur Charakterisierung des Betriebs ein paar Einzelheiten: Die 23,83 km lange Strecke wurde als 1000-mm-Schmalspurbahn von der Westdeutschen Eisenbahn-Gesellschaft gebaut und betrieben. Zum Rheinhafen Brohl gibt es einen 1,5 km langen dreischienigen Anschluß. Um die als Verfrachter in Frage kommenden Betriebe alle erreichen zu können, wählte die WEG nicht die für den Eisenbahnbetrieb günstigste Trasse, sondern nahm Geländeschwierigkeiten in Kauf. Das führte zu der Notwendigkeit eines Zahnstangenabschnittes System Abt auf der oberen Strecke, so daß die gesamte Bahn geteilt wurde in eine untere Strecke bis Oberzissen, die mit Adhäsionslokomotiven befahren wurde, und eine obere, für die fünf kombinierte Zahnrad/Adhäsionslokomitiven (B und C1) zur Verfügung standen. Als Adhäsionslokomotiven gab es außer drei BB-Mallets (von denen eine, die 11sm, von der DGEG zurückgekauft werden konnte und der Aufarbeitung entgegensieht) die zur Umstellung der Zahnstangenstrecke auf Adhäsionsbetrieb angeschaffte E-Dampflok und ein paar zusammengewürfelte Einzelstücke, die meist als Gelegenheitskauf erworben wurden. Seit 1965 wurde der Güterverkehr mit C-Dieselloks abgewickelt.

1921 war das Gesellschafterkapital von den Gebietskörperschaften und interessierten Industriebetrieben übernommen, 1934 die Zahnstange nach der Beschaffung der bereits erwähnten E-Adhäsionslok (zunächst mit Bremszahnrad) demontiert, 1961 der Personenverkehr eingestellt worden, 1974 wurde auch der Güterverkehr auf der Teilstrecke Engeln–Kempenich eingestellt, 1975 folgte deren Abbau. Auf der Reststrecke gibt es seit 1984 nur noch einen Verfrachter, und es ist nicht zu übersehen, daß dieser Betrieb sich so bald wie möglich von der Eisenbahn-Verfrachtung lösen will, das aber derzeit kaum kann, da der erstrebte Straßenbau durch ein Wasserschutzgebiet denkbar schwierig ist. Letzteres als glücklicher Umstand für die Bahn, die sicherlich im anderen Falle längst das grassierende Kleinbahnsterben ereilt hätte.

Doch gibt es in der aktuellen Bilanz auch Aktiva, weshalb das Problem Brohltalbahn hier vorgestellt wird. Seit 1977 existiert ein fahrplanmäßiger Schienenausflugsverkehr der Brohltalbahn, der als »Vulkan-Expreß« einen großen Bekanntheitsgrad erreicht hat. Lange Zeit war das eine B'B'-Diesellokomotive mit einem Personenwagen – früherer Triebwagen VT 50 – und bei gutem Wetter einem offenen, insbesondere bei der Jugend beliebten Vierachser mit Sitzbänken. Inzwischen gibt es auch Dampfzugverkehr mit zwei aus Polen stammenden D-Schlepptenderloks und einer bunten Reihe historischer Personenwagen, meist typische Lokalbahnwagen mit offenen Plattformen, von der Schweizer Nebenbahn Frauenfeld–Wil, von der Bayerischen Zugspitzbahn und von der alten Brohltalbahn. Denn: »Den Erhalt dieser landschaftlich so reizvollen wie abwechslungsreichen Strecke sicherten nicht zu-

letzt aber auch die engagiert und energisch auftretenden Eisenbahnfreunde der bereits 1987 gegründeten Interessengemeinschaft Brohltal-Schmalspurbahn.«

Nun besteht im Zuge gegenläufiger Bewegungen die Aufgabe, ein zukunftsträchtiges Konzept zu zimmern. Sicherlich liegt im Ausflugsverkehr noch manches drin, auch mit einfallsreichen Sonderveranstaltungen. Ebenso sicher ist aber auch, daß der Wochenendverkehr und zwei Züge unter der Woche keine Existenzgrundlage sichern können. Ausflugsverkehr und Güterverkehr liegen inzwischen in den Händen der Interessengemeinschaft, sie ist auch alleiniger Gesellschafter der neuen Betriebsgesellschaft. Doch wer hilft? Ehrenamtliche Arbeit von Idealisten? Spenden? Schließlich bleibt noch ein Restaufkommen des Güterverkehrs, für den die Bahn einmal gebaut wurde. Bei der Planung spielt die Überfuhr vom DB-Bahnhof Brohl zum Rheinhafen eine wesentliche Rolle. Da werden auf dem Dreischienen-Gleis mit Schmalspur-Dieselloks Normalspur-Güterwagen befördert, und man ist der Ansicht, daß diese Tätigkeit, die wirtschaftlich für das Gesamtunternehmen sich wesentlich auswirkt, im Rahmen einer Verkehrspolitik pro Umwelt, pro Flußschiffahrt, pro Schiene zukunftsträchtig ist.

Erwähnenswert erscheint aber auch, daß sich die Interessengemeinschaft eisenbahnbegeisterter Nicht-Eisenbahner, die ihre Freizeit zur Verfügung stellen, sich von der Bundesbahn schulen lassen und härtesten Dienst tun, keinesfalls nur für die Touristikbahn und den Vulkan-Expreß engagiert, sondern auch für den täglichen Frachtverkehr auf der Schiene. Inzwischen gibt es wieder fünf bezahlte Arbeitskräfte, doch ist »Eisenbahnern aus Leidenschaft« eine feste Größe, ohne die ein Überleben undenkbar ist.

Zauberwort Regionalisierung

Daß es bei der Eisenbahn nicht so weitergehen kann, darüber sind sich alle Beteiligten klar: Das Unternehmen – ob staatlich oder Aktiengesellschaft – rutscht immer weiter in die roten Zahlen und häuft

Schulden auf, die jedes vernünftige Wirtschaften von vornherein aussichtslos erscheinen lassen. Trotzdem, wo auch nur ein paar Kilometer der defizitären Dienste stillgelegt werden sollen, braust Empörung auf auch bei denen, die jahrelang kein Eisenbahnabteil mehr betreten haben. Da Streckenstillegungen die Möglichkeiten der sozial benachteiligten Schichten noch weiter einschränken und gleichzeitig den Verkehrsinfarkt auf den Straßen programmieren, werden Alternativen angemahnt.

Es ist nicht neu, daß die Eisenbahnverwaltungen für die Unterhaltung des extrem defizitären Personennahverkehrs und für die durch Sozialtarife entgangenen Gewinnne Ausgleichszahlungen von denen erwarten, die sie aus politischen Gründen dazu zwingen, fernab jeder wirtschaftlichen Vernunft bestimmte Bevölkerungsgruppen zu extrem niedrigen Tarifen zu befördern und weitere kaum mit ihrem Geschäft zusammenhängende Kosten zu übernehmen.*

* Leistungen des Bundes an die DB im Jahre 1990:
Abgeltung von gemeinwirtschaftlichen Verpflichtungen

Schienen-Personennah- verkehr	DM	3 560 600 000
Schienen-Personen- fernverkehr zu Sozialtarifen	DM	45 000 000
Ausbildungsverkehr Bus	DM	6 500 000
Aufrechterhaltung von Strecken	DM	33 800 000
DB-/DR-Verkehr	DM	131 300 000

Ausgleich von Wettbewerbsverzerrungen

Betrieb und Erhaltung höhengleicher Kreu- zungen Schiene/Straße	DM	253 100 000
Überhöhte Versorgungs- lasten	DM	3 826 800 000
Zusatzversorgung für Arbeiter und Angestellte	DM	836 600 000
Nicht betriebsnotwendige Arbeitsplätze	DM	83 100 000
Betriebsfremde Versor- gungslasten (Heimatvertriebene, Westberliner, Kriegsversorgungs- berechtigte)	DM	160 600 000
Restkosten Bus	DM	55 000 000

Typischer Nebenbahn-Wendezug der DB. Eine Diesellok der Baureihe 212 mit zwei »Silberlingen« auf dem Viadukt über den Harkortsee (Strecke Dortmund–Lüdenscheid)

Der VT 614 als Eiltriebwagen im Nebenbahndienst über längere Strecken

Es ist auch nicht neu, daß die staatlichen Eisenbahnen von Anfang an den Bau bestimmter Linien kategorisch ablehnten, so daß die Interessenten zusammenlegen mußten, den Bau einer ihnen wichtigen Strecke zu finanzieren und für die beim Betrieb enstehenden Verluste aufzukommen. Oft einigte man sich, und die staatlichen Bahnen waren bereit, Bau und Verkehr gegen bestimmte Zuschüsse und Garantien der interessierten Kreise zu übernehmen.

Ähnliche Überlegungen stehen auch am Beginn einer neuen Entwicklung, Strecken, die nach den Regeln wirtschaftlicher Rechnungsführung stillgelegt werden müßten, in die Hand regionaler Körperschaften zu geben. Dabei stehen zwei Erwartungen Pate:

Erstens will die DB das Risiko für derzeit defizitäre Strecken in die Hand derer legen, die den weiteren Betrieb für notwendig halten. »Wer die Musik bestellt ...« Dabei wird der Verdacht zurückgewiesen, es gehe nur darum, sich elegant aus der Affäre zu ziehen, das heißt um die Bezahlung der Verluste herumzukommen.

Denn zweitens ist man der Ansicht, daß sich so ausgegliederte kleine Einheiten wirtschaftlicher betreiben lassen. Es wird auf das Beispiel nichtbundeseigener Bahnen, wie der Achertalbahn, hingewiesen. Solch ein Unternehmen ist übersichtlicher, näher am Kunden, kann beweglicher auf dessen Erwartungen eingehen, unbürokratischer geführt werden. Ganz global wird angenommen, daß »die NE-Bahnen durch einfachere Betriebsverfahren Möglichkeiten haben, den regionalen Güter- und Personenverkehr auf der Schiene auch dort noch wirtschaftlich zu betreiben, wo DR und DB dazu nicht mehr in der Lage sind«. Ob es dabei auch um Arbeitsbedingungen und die Bezahlung der Mitarbeiter geht, bleibt vorerst unbeantwortet – in der Vergangenheit waren die Arbeitsbedingungen der staatlichen Eisenbahner stets besser als bei »Privatbahnen«.

Und am Ende schließt sich der Kreis: Kommunen und Länder stellen sich auf den Standpunkt, wenn der Bund so die Lasten der Nahverkehrsversorgung abwälze, dann müsse er die neuen Zahlmeister durch den Finanzausgleich zwischen Bund und Ländern entsprechend unterstützen. Hinzu kommt, daß die neuen Eigner fürchten, nun die Rechnung für eine über lange Jahre gehende Vernachlässigung der Nebenbahnen zahlen zu müssen: verrottete Bahnhöfe, verbrauchte Waggons und Gleisstrecken.

Nun gibt es einen »Meilenstein auf dem Weg zur Regionalisierung der Eisenbahn«, wie es Bahn-Chef Heinz Dürr feiert: Vier Nebenstrecken im Raum Bremerhaven mit insgesamt 159 km Länge wurden von der DB an die Eisenbahn Elbe Weser GmbH »verkauft«. Die Käufer – als Mehrheitsgesellschafter das Land Niedersachsen, daneben Landkreis, Städte und Gemeinden – zahlen dabei nicht, sondern erhalten mit der Eisenbahn zugleich 21 Millionen Mark, rechnen aber auch mit einem Verlust von einer Million jährlich, weil nur so ein Personenverkehr erhalten werden kann, und haben sich verpflichtet, die Millionen zurückzugeben, wenn sie ihrer Verkehrspflicht nicht mehr nachkommen.

Ähnliche Abmachungen werden an vielen Stellen angestrebt, mit Hochdruck, und es werden sicherlich manche Arrangements geschlossen sein, wenn dieses Buch das Licht der Welt erblickt. Man verhandelt im Taunus und bei Düren. In Süddeutschland soll das Netz der Hohenzollerischen Landesbahn abgerundet werden, im Ruhrgebiet ein Bündel aus DB-Strecken, Industriebahnen und Hafenbahnen entstehen. Es soll kein Schema geben, nach dem verfahren wird, vielmehr wird jede Privatisierung nach den jeweiligen Verhältnissen ausgehandelt. Es ist also keineswegs ausgeschlossen, daß die Bundesbahn auch auf privatisierten Strecken den Betrieb führt, eben auf Rechnung der neuen Besitzer, wie bereits heute Privatbahnen auf Strecken der Bundesbahn den Verkehr aufrechterhalten.

In Karlsruhe sind elf Zweisystem-Stadtbahnwagen in Auftrag gegeben worden, die mit zehn Achsen sowohl auf der Stadtbahn als auch auf Bundesbahnstrecken fahren und damit den Pendlern aus dem Umland der Stadt eine Fahrt ohne Umsteigen ins Zentrum ermöglichen. Sie fahren neben dem 15-kV-Bundesbahn-Strom auch mit den 750 V der Karlsruher Straßenbahn. Aus der Schweiz sind gegen eine solche auch dort geplante Vermischung des Straßenbahn- und Eisenbahnverkehrs ernste Bedenken erhoben worden. Es geht um die Sicherheit der Fahrgäste. Denn wenn wirklich einmal eine Eisenbahn und eine Straßenbahn bei gemeinsamem Verkehr zusammenstoßen, wird sich der Unterschied der Bauweise, der »passiven Sicherheit«, sehr schnell zu Lasten der Straßenbahn ermessen lassen.

Im Kreis Reutlingen haben Bürger die Ermstal-Verkehrs-AG gegründet und geben 18 000 neue Inhaber-Aktien aus, um den Verkehr auf der stillgelegten Strecke Bad Urach–Metzingen wieder einzurichten und damit das Ermstal vom umweltbelastenden Autoverkehr zu entlasten.

Von besonderer Bedeutung wird das Konzept für die neuen Bundesländer sein, wo 1949 alle Privatbahnen verstaatlicht wurden, während es in den alten Bundesländern ein nicht zu unterschätzendes Netz nichtbundeseigener Eisenbahnen gibt – in Niedersachsen zum Beispiel etwa 1 000 km. Im Harz enstand zunächst die Harzer Schmalspurbahnen GmbH als Zusammenfassung der Harzquerbahn mit Brockenbahn und Selketalbahn. Gesellschafter sind Gebietskörperschaften.

Doch mit der Übertragung von Strecken, Gebäuden und Rollmaterial ist das Programm keineswegs ausgereizt. Die Regierung des Bundeslandes Rheinland-Pfalz rüstet sich zu einem Kraftakt, den öffentlichen Personennahverkehr mit Landesmitteln zu verbessern. Für die Schiene heißt das – so Verkehrminister Brüderle –, daß auf einigen von der Stillegung bedrohten Strecken der Verkehr attraktiver werden soll und andere bereits stillgelegte Strecken reaktiviert werden. Für 64 Millionen DM will das Land 17 Triebwagenzüge der Baureihe VT 628 kaufen. Allerdings ist Brüderle der Ansicht, daß sich der Bund nicht aus der Verantwortung für den Personennahverkehr »herausschleichen« kann und räumt ein, daß sein Programm für Bus und Bahn zu etwa zwei Dritteln auf Bundeszuschüssen beruht.

Rollmaterial für morgen

Von der DB wurde ein dieselhydraulisch angetriebener Triebzug entwickelt, der auf nicht elektrifizierten Nebenstrecken in den nächsten Jahren weitgehend das Bild bestimmen wird. Der Dieseltriebzug 628.2/928.2 als Weiterentwicklung der Prototypen 628.0 und 628.1 besteht aus kurzgekuppeltem Maschinen- und Steuerwagen, jeder mit zwei Drehgestellen in Stahlleichtbauweise. Der Triebzug ist für Einmannbedienung vorgesehen, eine Fahrkartenverkaufsanlage ist in den Arbeitsplatz des Triebfahrzeugführers integriert. Mit Vielfachsteuerung können drei Triebzüge bedient werden. Hier einige Daten:

	VT 628.2	VS 928.2
Gesamtlänge über Puffer	45 400 mm	
Länge eines Wagenkastens	21 940 mm	
Drehgestellmittenabstand	15 100 mm	
Radstand der Drehgestelle	1 900 mm	
Raddurchmesser neu	770 mm	
Fußboden über Schienenoberkante	1 210 mm	
Größte zulässige Geschwindigkeit	120 km/h	
Kleinster Gleisbogenhalbmesser	125 m	
Sitzplätze 1. Klasse	–	10
2. Klasse	64	48
Klappsitze	8	13
Gesamtmasse	44 500 kg	32 400 kg
Maschinenanlage	12 Zyl. wassergek.	
	Daimler-Benz	
	410 kW	
Vorräte Kraftstoff Motor	960 l	
Kraftstoff Heizung	240 l	
Brauchwasser	200 l	
Sand	100 kg	50 kg
Bremsen	Druckluftscheibenbremse	
	Magnetschienenbremse	

Daß aus diesem Triebzug eine schnellere Version mit gleisbogenabhängiger Wagenkastensteuerung mit dem Namen Pendolino und der Bezeichnung VT 610 entwickelt wurde und daß die ersten Wagen bereits im Einsatz stehen, ist für Nebenbahnen wohl nur am Rande von Bedeutung. Es geht um die »RegionalSchnellBahn« auf kurvenreichen Strecken, wo mit erhöhten Reisegeschwindigkeiten 30 bis 40 % Zeitersparnis herausgefahren werden sollen, mit Reisebetreuer und Am-Platz-Bedienung mit Speisen und Getränken aus einer Pantry.

Auch bei Privatbahnen tauchen moderne Triebwagen auf, und es ist vorauszusehen, daß, ähnlich wie in der Schweiz, dem benachbarten Paradies der »Privatbahnen«, nach einer Regionalisierung der

Der VT 628 im Juli 1991 in Traben-Trarbach

deutschen Bahnnetze auch hier gemeinsame Beschaffungsprogramme aufgestellt und erfüllt werden. Das dient sicher der Wirtschaftlichkeit und der Konkurrenzfähigkeit des Bahnbetriebs, führt aber zu einer den Bahnfreund enttäuschenden Uniformierung wie auf so vielen Gebieten der modernen Technik, wo letztendlich nur die Bemalung mit den grellen Unternehmensfarben und der Namenszug das eine vom anderen unterscheidbar machen.

Der VT 80 »Spessart« der Kahlgrundbahn in Alzenau dahinter der Museumszug der Eisenbahnfreunde Kahlgrund